"一带一路"

沿线国家农产品贸易非关税措施及其影响研究

◎ 顾 蕊 郭俊芳 聂凤英 等 著

中国农业科学技术出版社

图书在版编目（CIP）数据

"一带一路"沿线国家农产品贸易非关税措施及其影响研究／顾蕊等著. --北京：中国农业科学技术出版社，2021.5

ISBN 978-7-5116-5316-1

Ⅰ.①一… Ⅱ.①顾… Ⅲ.①非关税壁垒-影响-农产品贸易-国际贸易-研究-中国 Ⅳ.①F752.652

中国版本图书馆 CIP 数据核字（2021）第 089452 号

责任编辑　徐定娜
责任校对　马广洋
责任印制　姜义伟　王思文

出 版 者	中国农业科学技术出版社 北京市中关村南大街 12 号　邮编：100081
电　　话	（010）82105169（编辑室）　（010）82109702（发行部） （010）82109709（读者服务部）
传　　真	（010）82109707
网　　址	http：//www.CASTP.cn
经 销 者	各地新华书店
印 刷 者	北京建宏印刷有限公司
开　　本	185 mm×260 mm　1/16
印　　张	11.5
字　　数	276 千字
版　　次	2021 年 5 月第 1 版　2021 年 5 月第 1 次印刷
定　　价	58.00 元

◆◆◆ 版权所有·翻印必究 ◆◆◆

前　言

2013年9月和10月，中国国家主席习近平在出访中亚和东南亚国家期间，先后提出共建"丝绸之路经济带"和"21世纪海上丝绸之路"（简称"一带一路"）的重大倡议，得到国际社会的高度关注。自提出以来，共建"一带一路"在政策沟通、设施联通、贸易畅通、资金融通、民心相通方面取得长足进展，并在新型冠状病毒肺炎暴发的2020年表现出十足的韧劲。"一带一路"倡议是践行"人类命运共同体"理念的重要平台，也是推动新型经济全球化的中国方案。"一带一路"倡议不仅推动着农业"走出去"战略的实施，而且推动着新型农业国际合作的开展，为稳定中国的农产品进出口贸易和提升农业可持续发展能力奠定基础。但是，"一带一路"沿线国家数量众多，各国在政治、经济、文化和宗教上存在较大差异，地缘政治错综复杂，共建"一带一路"面临着种种挑战和风险。在农产品贸易方面，分析和研究"一带一路"沿线国家的贸易格局和贸易规则是制定政策和防范风险的前提，理解和探讨贸易规则变化对贸易格局的影响将有助于稳步推进"一带一路"沿线国家的贸易合作。

当前，非关税措施已经成为国际货物贸易规则的突出特征。与关税不同，非关税措施缺乏必要的行为准则、涉及范围广、作用方式多样且十分隐蔽，很难量化其对贸易的影响。非关税壁垒数目繁多，有技术性措施，如卫生检疫措施和技术贸易壁垒，也有非技术性措施，如进口许可证、配额、价格控制、歧视性政府采购等，其中技术性措施最为常见。尽管许多非关税措施是出于健康和安全考虑，具有一定的合理性，但是它们也可以被用来作为贸易壁垒，为贸易保护的目的而设立。随着"一带一路"倡议的实施与推动，不断深化的经贸合作必将进一步提升沿线各国之间的贸易便利化程度，减少各国之间的贸易壁垒，稳定农产品贸易。本书借助联合国贸易和发展会议（UNCTAD）的贸易分析信息系统（TRAINS）数据库，对"一带一路"沿线国家的非关税措施数据进行分析和研究，旨在帮助读者更好地理解"一带一路"沿线国家的非关税措施的现状、特征及影响，希望能够对国内的非关税措施研究做出有益的补充，为中国企业拓展国外市场、政府制定相关政策提供参考。

本书得到中国农业科学院科技创新工程"海外农业研究大数据支撑和智库建设"（CAAS-ASTIP-2016-AII）和中央级公益性科研院所基本科研业务费"一带一路沿线国家农产品贸易非关税壁垒及其影响研究"（JBYW-AII-2017-22）的资助。第一部分由顾蕊、聂凤英执笔，第二部分由顾蕊执笔，第三部分由郭俊芳、顾蕊执笔，第四部分由郭俊芳执笔，第五部分由王文智执笔，第六部分由顾蕊、郭俊芳执笔，第七部分由郭俊芳、顾蕊执笔，全书由顾蕊、郭俊芳统稿。感谢中国农业科学院海外农业中心给予的支持，感谢曲春红、王晶和毕洁颖三位老师在项目协调方面给予的帮助，感谢潘雪婷、蒋禹含、杜吕鹏和张鹤萌四位同学在资料收集、整理及书稿校对过程中给予的帮助。由于时间和能力所限，书中如有疏漏和不足之处，恳请广大读者批评指正。

著　者

2021 年 3 月

目 录

1 导 论 ……………………………………………………………… (1)

2 "一带一路"沿线国家的农产品贸易布局 …………………………… (7)
  2.1 "一带一路"沿线国家的农产品贸易规模 ……………………… (8)
  2.2 中国与"一带一路"沿线国家的农产品贸易 …………………… (9)
  2.3 中国与"一带一路"沿线国家的贸易结合度指数和互补性指数 … (15)
  2.4 本章小结 ……………………………………………………… (21)

3 "一带一路"沿线国家农产品贸易非关税措施的现状及特征 ……… (23)
  3.1 非关税措施的分类 …………………………………………… (24)
  3.2 不同区域实施的非关税措施 ………………………………… (25)
  3.3 农产品进出口实施的非关税措施 …………………………… (27)
  3.4 "一带一路"沿线国家对农产品实施的非关税措施 ………… (31)
  3.5 本章小结 ……………………………………………………… (69)

4 "一带一路"沿线国家非关税措施的测算 ………………………… (71)
  4.1 非关税措施的定量测算方法 ………………………………… (72)
  4.2 "一带一路"沿线国家农产品非关税措施的测算 …………… (75)
  4.3 本章小结 ……………………………………………………… (89)

5 非关税措施对贸易和福利的影响机理 ……………………………………… (91)
5.1 非关税措施 ………………………………………………………………… (92)
5.2 反倾销措施 ………………………………………………………………… (94)
5.3 技术性贸易措施 …………………………………………………………… (95)
5.4 保障措施 …………………………………………………………………… (97)
5.5 本章小结 …………………………………………………………………… (98)

6 非关税措施对农产品贸易的影响：基于中国与"一带一路"沿线国家的实证分析 ……………………………………………………………………… (99)
6.1 文献回顾 …………………………………………………………………… (100)
6.2 贸易引力模型 ……………………………………………………………… (101)
6.3 模型设定 …………………………………………………………………… (103)
6.4 模型估计结果 ……………………………………………………………… (104)
6.5 本章小结 …………………………………………………………………… (105)

7 总结、国际经验及行动建议 …………………………………………………… (107)

参考文献 …………………………………………………………………………… (111)

附录 ………………………………………………………………………………… (119)

1 导 论

经济全球化是世界日益相互依存、商品和服务跨境贸易规模不断扩大、国际资本流动不断增强以及技术广泛快速传播的结果。经济全球化是人类经济活动的客观进程，是不可逆转的全球经济发展趋势（Gao，2000），同时，人类社会特别是各国政府对经济全球化进程的认知也会影响各国参与经济全球化进程的广度和深度，并最终影响这一进程的发展速度（季志业，2020）。当前，世界已进入经济全球化3.0时代，各类经济体的利益处于相互渗透、交叉重合的状态，更具包容性和均势性的全球发展符合大多数国家的利益，全球发展在客观上向着"利益共同体"的方向演变（金碚，2016）。但是，在全球化推进过程中，"逆全球化"思潮也始终相伴而生。尤其是近几年，在经济危机和发展中国家崛起的双重挑战下，发达国家采取了以"贸易保护"和"再工业化"为主要特征的逆全球化战略，无疑会对中国经济乃至全球经济的发展产生严重影响（戴磊，2017）。逆全球化的直接诱因是西方资本主义国家自由贸易与国家利益失衡，而深层根源则是资本主义的基本矛盾（鲁明川，2021）。

党的十八大以来，习近平总书记就经济全球化提出了一系列新论断、新观点、新思想。新型经济全球化不仅创构了以"一带一路"为标志的经济全球化大平台，而且生成了以"人类命运共同体"为指向的经济全球化新愿景（曹绿，2021）。"人类命运共同体"理念与"一带一路"倡议的提出与实施，标志着中国由经济全球化的参与者转化为推动者，中国实现了应对经济全球化的战略转变（薛金华，2020），也为人类推进新型全球化提供了中国方案。新型冠状病毒肺炎（简称新冠肺炎）疫情暴发后，全球发展面临更为严峻的挑战，面对世界政治格局的分裂和经济下行的复杂形势，"新全球化"理念显示出思想前瞻性和发展超越性，得到国际社会越来越多的认同（张福贵，2020）。未来，中国将从"人类命运共同体"的理念出发，以"一带一路"为抓手，密切与新兴经济体和广大发展中国家的经济关系，积极参与和推动经济全球化发展。

2013年9月，中国国家主席习近平在哈萨克斯坦纳扎尔巴耶夫大学发表题为《弘扬人民友谊 共创美好未来》的重要演讲，全面阐述中国对中亚国家睦邻友好合作政策，倡议用创新的合作模式，共同建设"丝绸之路经济带"。同年10月，习近平主席在印度尼西亚国会发表重要演讲，提出中国愿同东盟国家加强海上合作，使用好中国政府设立的中国—东盟海上合作基金，发展好海洋合作伙伴关系，共同建设"21世纪海上丝绸之路"。自此，"一带一路"倡议的雏形逐步形成并受到广泛关注。2015年2月，推进"一带一路"建设工作会议在北京召开，会议安排部署2015年及今后一段时期推进"一带一路"建设的重大事项和重点工作，强调推进"一带一路"建设对开创中国全方位对外开放新格局、促进地区及世界和平发展具有重大意义。2015年3月，中国国家发展改革委员会、外交部和商务部经国务院授权联合发布《推动共建丝绸之路经济带和21世纪海上丝绸之路的愿景与行动》，从时代背景、共建原则、框架思路、合作重点、合作机制、中国各地方开放态势、中国积极行动和共创美好未来8个方面来阐述"一带一路"政策，强调在政策沟通、设施联通、贸易畅通、资金融通、民心相通方面加强合作，促进各国共同发展，实现共同繁荣。2017年5月，首届"一带一路"国际合作高峰论坛在北京成功召开，截至2018年年底，论坛的269项成果已完成或转为常态化工作，落实率达到96.4%①。2019年4月22日，推进"一带一路"建设工作领导小组办公室发表《共建"一带一路"倡议：进展、贡献与展望》报告，全面梳理2013年以来共建"一带一路"倡议取得的进展和成果，并对未来发展提出原则和方向。农业交流和农产品贸易是古丝绸之路的主要合作内容，也是新时期中国和"一带一路"沿线国家共建利益共同体和命运共同体的最佳结合点之一。2017年5月，中国农业部（现农业农村部）、国家发展改革委员会、商务部、外交部四部委联合发布《共同推进"一带一路"建设农业合作的愿景与行动》，提出围绕"一带一路"沿线国家共同发展需求和优势，加强在农业政策平台对话、农业科技交流、农产品贸易、农业投资以及能力建设与民间交流等方面的合作，加强中国西部省区与中亚国家立足旱作农业开展的粮食、畜牧、棉花等领域合作，加强中国北部省区在俄罗斯远东地区开展粮食、蔬菜等种植合作，加强中国南部省区立足热带农业，与东南亚、南亚国家开展粮食、热带经济作物等种植合作，未来积极利用"南南合作援助基金"，开展农业领域南南合作，推动全球实现农业可持续发展。

"一带一路"倡议自提出至今，已在基础设施建设、贸易投资、经济发展、公共卫生合作等方面取得长足进展。在政策沟通方面，共建"一带一路"倡议及其核心理念已写入联合国、二十国集团、亚太经合组织以及其他区域组织等有关文件中，2017年3月，联合国安理会通过第2344号决议，首次载入"人类命运共同体"理念；签署共建"一带一路"合作文件的国家和国际组织数量逐年增加，截至2020年11月，中国已经与138个国家、31个国际组织签署201份共建"一带一路"合作文件②。在设施联通方面，新亚欧大陆桥、中蒙俄、中国—中亚—西亚、中国—中南半岛、中巴和孟中印缅等六大国际经济合作走廊建设取得明显进展，为构建高效畅通的亚欧大市场发挥了重要作用；铁路、公路、港口、航空的多方投入缩短了运输时间，降低了贸易成本，"一带一路"将全球运输的时间平均减少1.2%~2.5%，贸易总成本降低1.1%~2.2%（De Soyres et al.，2019）。在贸易畅通方面，"一带一路"倡议不断提高贸易便利化水平，促进贸易总量持续上涨。根据商务部发布的《中国"一带一路"贸易投资发展报告2020》，2013—2019年，中国与"一带一路"沿线国家货物贸易进出口总额从1.04万亿美元增至1.34万亿美元③。在资金融通方面，共建"一带一路"拓展了沿线国家和地区的金融合作空间，丝路基金、亚洲投资银行与世界银行等传统多边开发金融机构互为补充、各有侧重，为推动世界经济发展做出贡献。在产业合作方面，共建"一带一路"支持开展多元化投资，为沿线国家加快发展提供新的动能。根据商务部发布的《中国"一带一路"贸易投资发展报告2020》，2013—2019年，中国企业对"一带一路"沿线国家非金融类直接投资累计超过1 000亿美元，主要投向新加坡、越南、老挝、印度尼西亚等国家；合作区平台建设有序开展，截至2019年底，在"一带一路"沿线国家建设并纳入商务部统计的合作区累计投资350亿美元，为当地创造就业岗位

---

① http://www.xinhuanet.com/fortune/2019-01/22/c_1124027064.htm
② http://www.gov.cn/xinwen/2020-11/17/content_5562132.htm
③ http://fec.mofcom.gov.cn/article/fwydyl/zgxx/202009/20200903000037.shtml

33万个①。在民心相通方面，各国在文化交流、教育培训、旅游合作、卫生健康、救灾援助扶贫等方面开展形式多样的交流合作活动，为共建"一带一路"奠定了坚实的民意基础。在农业合作方面，农产品贸易得到进一步增长，农业投资合作得到大幅拓展。2018年，我国与"一带一路"参与国的农产品贸易总额超过了770亿美元，农业投资合作的项目已经超过了650个，投资存量达到94.4亿美元②。

在这样的背景下，本书旨在研究"一带一路"沿线国家的非关税贸易措施的现状及特征，并探讨非关税贸易措施的影响。尽管目前"一带一路"沿线国家已经超过100个，本书的研究范围仅限于64个沿线国家和地区（表1-1），2016年，这些"一带一路"沿线国家GDP之和约占全球GDP的16.0%，人口占全球人口的43.4%，对外贸易额占全球贸易总额的21.7%；中国与这些沿线国家间贸易额为9 535.9亿美元，占中国货物贸易总额的25.9%③。

表1-1 "一带一路"沿线国家分布情况

地区	国家
东南亚11国	新加坡、印度尼西亚、马来西亚、泰国、越南、菲律宾、柬埔寨、缅甸、老挝、文莱、东帝汶
南亚7国	印度、巴基斯坦、斯里兰卡、孟加拉国、尼泊尔、马尔代夫、不丹
中亚5国	哈萨克斯坦、吉尔吉斯斯坦、土库曼斯坦、塔吉克斯坦、乌兹别克斯坦
西亚北非20国	阿联酋、科威特、土耳其、卡塔尔、阿曼、黎巴嫩、沙特阿拉伯、巴林、以色列、也门、埃及、伊朗、约旦、叙利亚、伊拉克、阿富汗、巴勒斯坦、阿塞拜疆、格鲁吉亚、亚美尼亚
中东欧19国	波兰、阿尔巴尼亚、爱沙尼亚、立陶宛、斯洛文尼亚、保加利亚、捷克、匈牙利、北马其顿、塞尔维亚、罗马尼亚、斯洛伐克、克罗地亚、拉脱维亚、波黑、黑山、乌克兰、白俄罗斯（现白罗斯，下同）、摩尔多瓦
其他地区	俄罗斯、蒙古国

资料来源：中国一带一路网 http://www.yidaiyilu.gov.cn/。

非关税措施（NTM）是指除普通关税以外可能对国际货物贸易交易数量的变化或价格或两者都有经济影响的政策措施（UNCTAD，2019）。该定义涵盖了广泛的政策工具，包括传统的贸易政策工具，例如配额或价格控制，以及源自与健康和环境保护相关的重要非贸易目标（卫生和植物检疫）的监管和技术措施。与以往常用的非关税壁垒（NTB）概念相比，非关税措施的概念相对中性，非关税措施并不一定意味着会对贸易产生负面影响，有些措施也可能会对贸易产生积极影响；而且非关税措施所涵盖的范围更广一些，非关税壁垒属于非关税措施的子集，包括在非关税措施中。

本书关注非关税贸易措施的理由有以下几点：第一，随着经济全球化的发展，贸易

---

① https://www.yidaiyilu.gov.cn/xwzx/bwdt/78146.htm
② http://m.haiwainet.cn/middle/3541089/2019/0719/content_31595728_1.html
③ http://www.sic.gov.cn/archiver/SIC/UpFile/Files/Default/20170331094541370706.pdf

自由化进程也不断深入，关税的贸易保护作用大大减弱。与此同时，非关税贸易措施被越来越多地用于国际贸易管理中，非关税贸易措施对贸易产生的影响也将会越来越大。第二，非关税贸易措施包括一系列广泛的政策，这些措施具有隐蔽性且不容易衡量的特点，对贸易产生的影响具有差异性，但是人们缺乏对这些影响的理解和分析。例如，作为非关税贸易措施的主流，技术性措施可能对出口和消费产生截然不同的影响。从生产者的角度来看，技术性措施会产生合规成本，这些成本虽然不直接转化为生产成本和最终价格的从价变化，但是这些成本可能会涉及设备升级、改进流程、证书认证、改变营销策略等措施的固定成本，成为市场准入的障碍；从消费者的角度来看，技术性措施通过商标、标签、认证以及某些属性的详细描述，提升产品质量和健康水平，从而可能会增加进口需求（Fugazza，2013）。第三，非关税贸易措施有可能会具有歧视性。即便对所有进口商品都不加区别地施加非关税贸易措施，许多措施也会在一个国家的贸易伙伴之间区别对待，因为不同出口商的合规成本往往不同。尤其对于低收入国家，合规成本一般较高，因为非关税贸易措施相关的生产过程和出口服务往往比较昂贵或需要外包到国外。第四，虽然某些非关税贸易措施是以保护动植物及人类健康安全为主要出发点，有其合法性和合理性，但是也有可能是出于贸易保护主义目的（董银果 等，2019）。面对日益复杂的国际形势，各国政府正在使用越来越复杂的方法来保护国内产业，贸易壁垒已从过去采取的显性形式，如关税或配额，向更难识别和量化的隐性形式转化，关税的自由化可能会受到越来越多限制性的非关税贸易措施的阻碍。第五，农业是非关税贸易措施的重点领域，亚洲及欧洲是非关税贸易措施的重点地区，而且亚洲内部相互设置非关税壁垒现象严重（符磊 等，2018）。

目前，国内的"一带一路"农产品贸易研究多局限在中国与沿线上的某个国家或者某个区域（韩永辉 等，2015；谭晶荣 等，2016；余妙志 等，2016；赵静 等，2017）且多聚焦在贸易格局和贸易潜力方面（公丕萍 等，2015；邹嘉龄 等，2015；孙瑾 等，2016；何敏 等，2016；张会清，2017；孙楚仁 等，2017）。同时，虽然国内已有越来越多的学者开始关注非关税措施的量化及影响测算（鲍晓华，2010；吴国松，2012；李清如，2016；王婉如，2018），但是我国对于非关税措施的研究仍然比较落后。本书拟在"一带一路"倡议背景下梳理沿线国家的农产品贸易情况，重点关注各国农产品贸易的非关税措施及其类型，探讨非关税贸易措施对中国与沿线国家农产品贸易及福利的作用机制，在量化非关税措施的基础上，构建贸易引力模型来估计非关税措施的贸易影响，为中国制定农产品贸易策略以及企业应对相关风险提供参考。

本书的具体章节安排见图1-1。

第一部分阐述了本书的研究背景与路线。

第二部分分析"一带一路"沿线国家的农产品贸易布局，通过梳理"一带一路"沿线国家的农产品贸易规模、结构和流向，反映沿线各国的农产品贸易情况，同时结合重点国家和重点产品，阐述中国与沿线国家进行农产品贸易的重要性。

第三部分阐释"一带一路"沿线国家非关税贸易措施的现状及特征，通过对沿线国家的农产品贸易非关税措施进行总结和分类，分析和归纳各国农产品贸易的非关税措施特征，全面明晰沿线国家的非关税措施设置情况。

第四部分测算"一带一路"沿线国家的非关税贸易措施，基于对沿线国家的农产品贸易非关税措施的现状分析，结合区域和品种特点，选取合适的测算方法和指标，对各国非关税措施进行量化和比较分析。

第五部分和第六部分分析非关税措施对中国与沿线国家的贸易影响。基于非关税措施的量化以及非关税措施对中国与沿线国家的影响机制的探讨，尝试应用贸易引力模型估计非关税措施对中国与沿线国家的贸易影响。

第七部分总结发达国家应对非关税措施的经验，力求为中国制定农产品贸易策略提供相应的参考。

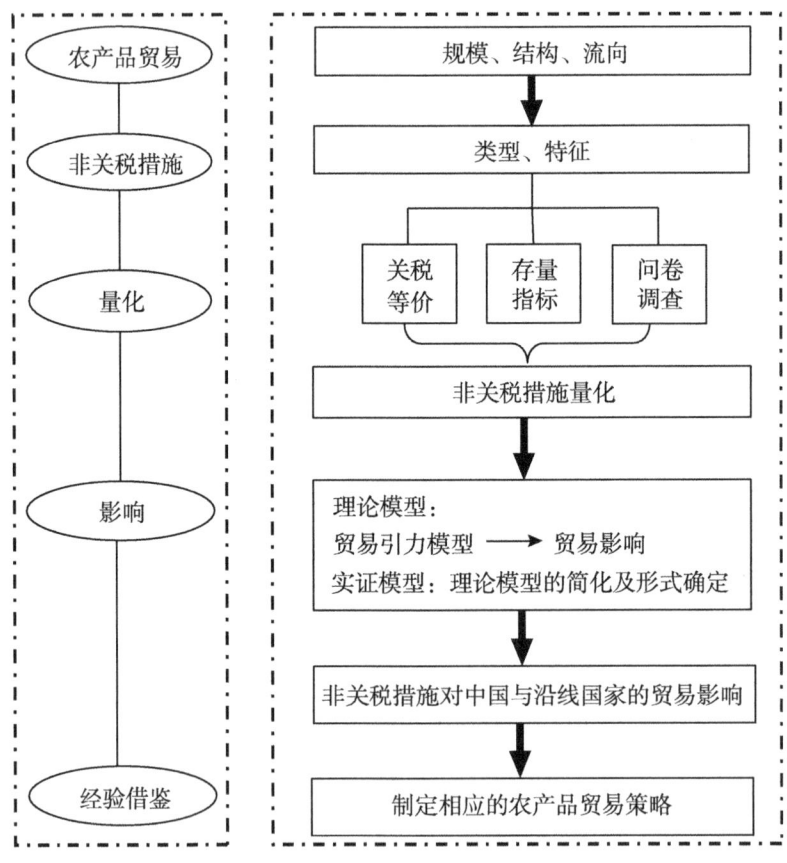

图 1-1 本研究的技术路线

2 "一带一路"沿线国家的农产品贸易布局

贸易往来是"一带一路"合作发展的重要内容。随着"一带一路"倡议的深入推进,中国与沿线国家的经贸关系日益加深,合作领域、合作方式不断向具体化、细致化和系统化的纵深阶段发展。本章将从贸易规模、贸易结构、贸易结合度、贸易互补性等方面阐述中国与沿线国家的农产品贸易特征。

2.1 "一带一路"沿线国家的农产品贸易规模

2012—2019 年,"一带一路"沿线国家农产品出口额和进口额呈现波动上升的态势,平均达到 3 310.23 亿美元和 3 364.61 亿美元,分别占世界农产品出口额和进口额的 22.74% 和 23.38%。"一带一路"沿线国家农产品出口额在 2014 年和 2018 年达到阶段性高点,分别为 3 516.60 亿美元和 3 836.01 亿美元;"一带一路"沿线国家农产品进口额在 2014 年和 2017 年达到阶段性高点,分别为 3 497.26 亿美元和 4 037.76 亿美元,如表 2-1 所示。从"一带一路"沿线主要区域来看,农产品出口最多的地区依次为东南亚、中东欧、西亚北非和南亚,基于 2012—2019 年的平均值,分别占 38.50%、29.03%、14.18% 和 11.34%;农产品进口最多的地区为西亚北非、东南亚和中东欧,基于 2012—2019 年的平均值,分别占 31.55%、24.17% 和 23.72%。从"一带一路"沿线主要农产品品种来看,基于 2012—2019 年的平均值,动物类产品出口约占 18.04%,植物类产品出口约占 46.73%,食品类产品出口约占 35.23%;动物类产品进口约占 20.23%,植物类产品进口约占 43.78%,食品类产品进口约占 35.99%。"一带一路"沿线国家对世界的农产品出口额、进口额分别详见附表 1-1、附表 1-2。

表 2-1 "一带一路"沿线国家农产品贸易规模

年份	"一带一路"沿线国家农产品出口总额（亿美元）	"一带一路"沿线国家农产品进口总额（亿美元）	世界农产品出口总额（亿美元）	世界农产品进口总额（亿美元）	"一带一路"沿线国家农产品出口占比（%）	"一带一路"沿线国家农产品进口占比（%）
2012	2 330.31	2 502.83	12 790.79	12 572.61	18.22	19.91
2013	3 192.57	3 225.71	14 447.90	13 934.18	22.10	23.15
2014	3 516.60	3 497.26	15 071.35	14 726.56	23.33	23.75
2015	3 179.68	3 246.25	13 763.58	13 710.26	23.10	23.68
2016	3 190.49	3 178.53	13 992.84	13 789.72	22.80	23.05
2017	3 667.37	4 037.76	15 213.62	15 446.38	24.11	26.14
2018	3 836.01	3 754.49	15 828.93	15 700.44	24.23	23.91
2019	3 568.80	3 474.02	15 354.30	15 229.29	23.24	22.81
2012—2019 平均	3 310.23	3 364.61	14 557.92	14 388.68	22.74	23.38

数据来源:WITS 数据库、UN COMTRADE 数据库,农产品包含 HS01-HS24。

2.2 中国与"一带一路"沿线国家的农产品贸易

近些年在全球经济不景气的情况下,中国和"一带一路"沿线国家的农产品贸易持续增长。从出口来看,如表 2-2 所示,2012 年中国对"一带一路"沿线国家农产品出口总额 159 亿美元,占中国农产品出口总额的 26.03%;2015 年突破 200 亿美元,占比超过 30%;2019 年达到 260.99 亿美元,占比达到 33.90%。从进口来看,2012 年中国对"一带一路"沿线国家农产品进口总额 197.09 亿美元,占中国农产品进口总额的 21.39%;2014 年突破 200 亿美元,占比为 18.79%;2016 年有所回落,占比 19.18%;2019 年突破 300 亿美元,占比达到 22.99%。

表 2-2 中国对"一带一路"沿线国家的农产品贸易规模

年份	中国对"一带一路"沿线国家农产品出口总额（亿美元）	中国对"一带一路"沿线国家农产品进口总额（亿美元）	中国对世界农产品出口总额（亿美元）	中国对世界农产品进口总额（亿美元）	"一带一路"沿线国家农产品出口占比（%）	"一带一路"沿线国家农产品进口占比（%）
2012	159.00	197.09	610.93	921.55	26.03	21.39
2013	180.18	189.15	653.66	1 007.93	27.56	18.77
2014	199.65	203.34	693.62	1081.94	28.78	18.79
2015	206.75	212.83	681.66	1 052.93	30.33	20.21
2016	219.15	195.90	711.33	1 021.53	30.81	19.18
2017	226.04	215.57	735.83	1 152.93	30.72	18.70
2018	237.50	258.37	775.45	1 263.42	30.63	20.45
2019	260.99	322.64	769.89	1 403.54	33.90	22.99
2012—2019 平均	211.16	224.36	704.05	1 113.22	29.84	20.06

数据来源：WITS 数据库、UN COMTRADE 数据库,农产品包含 HS01-HS24。

从出口的地区结构来看,中国的农产品出口区域比较集中,基于 2012—2019 年的平均值,67.26% 的农产品出口到东南亚地区。其中,越南、泰国、马来西亚、印度尼西亚以及菲律宾 5 国占中国对东南亚地区农产品出口的 90.62%,占中国对"一带一路"沿线国家农产品出口的 61.28%。因"中蒙俄经济走廊"建设的推动,出口到俄罗斯和蒙古国的农产品占比约为 9.71%。相对而言,对中亚、西亚北非和中东地区出口较少,如图 2-1 与附表 2-1 所示。

从进口的地区结构来看,中国的农产品进口区域也比较集中,基于 2012—2019 年的平均值,73.68% 的农产品从东南亚地区进口。其中,越南、泰国、马来西亚、印度尼西亚以及菲律宾 5 国占中国对东南亚地区农产品进口的 94.87%,占中国对"一带一路"沿线国家农产品进口的 69.15%。基于 2012—2019 年的平均值,中国从俄罗斯和蒙古国进口的农产品占比约为 9.80%,2016 年以来,占比均超过 10%,如图 2-2 与附表 2-2 所示。

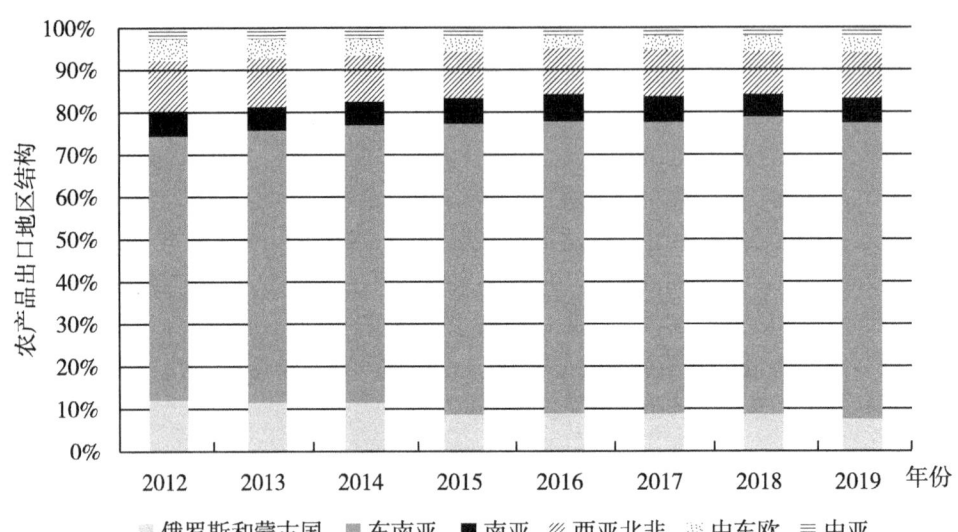

图 2-1　中国对"一带一路"沿线国家的农产品出口地区结构

（数据来源：WITS 数据库、UN COMTRADE 数据库，农产品包含 HS01-HS24）

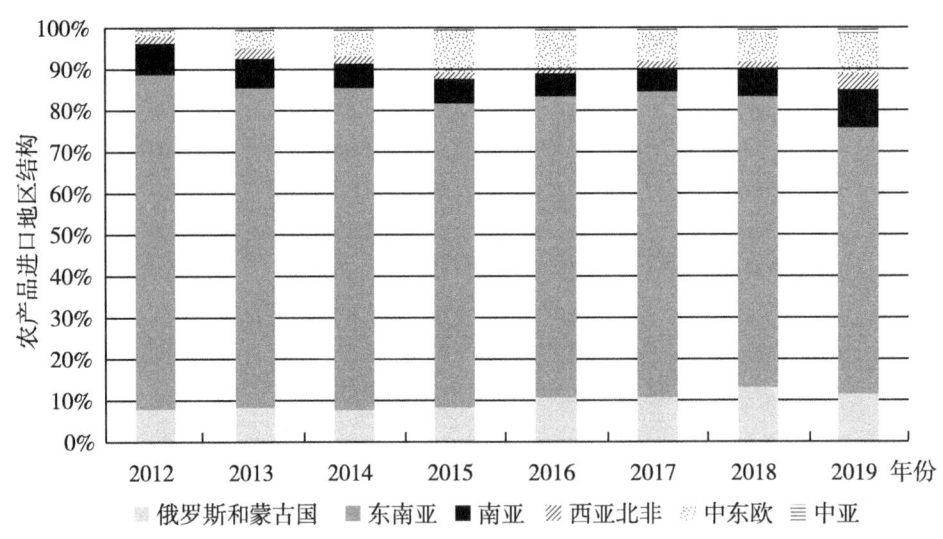

图 2-2　中国对"一带一路"沿线国家的农产品进口地区结构

（数据来源：WITS 数据库、UN COMTRADE 数据库，农产品包含 HS01-HS24）

从出口的产品来看，基于 2012—2019 年的平均值，中国对"一带一路"沿线国家出口排前 10 位的农产品分别是食用蔬菜（HS07）；食用水果及坚果（HS08）；鱼等水生动物（HS03）；蔬菜、水果及坚果制品（HS20）；肉、鱼及其他水生动物制品（HS16）；杂项食品（HS21）；子仁果实及工业用或药用植物（HS12）；糖及糖食（HS17）；咖啡、茶及调味香料（HS09）；食品工业残渣废料及动物饲料（HS23）。其中蔬菜、水果和水产品的出口最多，如图 2-3 所示。2012 年食用蔬菜（HS07）的出口额为 25.58 亿美元，2017 年超过 50 亿美元，2019 年达到 51.66 亿美元，占同期中国对

"一带一路"沿线国家农产品出口额的比例为20.06%。2012年食用水果及坚果（HS08）的出口额27.45亿美元，2016年突破40亿美元，2019年略低于50亿美元，占中国对"一带一路"沿线国家农产品出口额的比例为17.69%。水生动物（HS03）的出口额从2012年的18.11亿美元增长到2019年25.75亿美元，约占中国对"一带一路"沿线国家农产品出口额的12.05%（图2-3）。

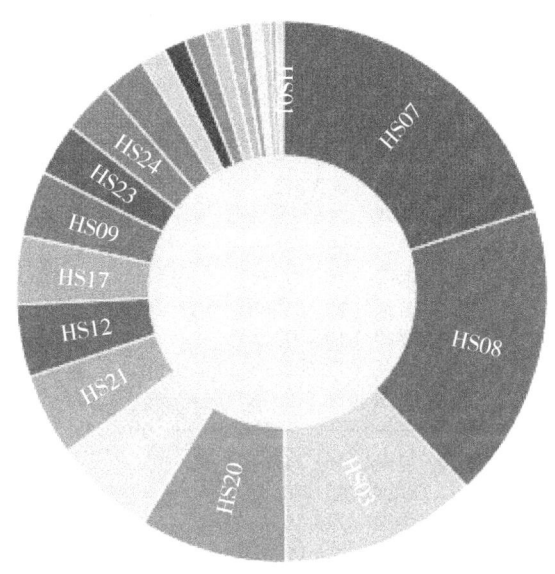

图2-3 中国对"一带一路"沿线国家出口的主要农产品

（数据来源：WITS数据库、UN COMTRADE数据库，农产品包含HS01-HS24）

具体来说，2019年中国出口食用蔬菜（HS07）的前5名国家分别是越南、马来西亚、泰国、印度尼西亚和俄罗斯，其中越南是最主要的出口国，2018年超过23亿美元，如表2-3所示。2019年中国出口食用水果及坚果（HS08）的前5名国家分别为越南、泰国、印度尼西亚、菲律宾和俄罗斯，其中越南和泰国是最主要的出口国，2015年中国对泰国的出口达到11.14亿美元，2019年中国对越南的出口达到14.23亿美元。2019年中国出口鱼等水生动物（HS03）的前5名国家分别为泰国、菲律宾、马来西亚、越南和俄罗斯，其中泰国和菲律宾是最主要的出口国，2015年，中国对泰国的出口接近10亿美元，中国对菲律宾的出口在2018年达到6.22亿美元（表2-3、附表4-1至附表4-10）。

表2-3 中国对"一带一路"沿线国家农产品出口的国家排名及出口额

项目	2014—2018历年第1名及出口额	2019年前5名及出口额
HS01，活动物	2014. 尼泊尔（301.93） 2015. 越南（320.55） 2016. 越南（3 525.33） 2017. 越南（5 999.51） 2018. 越南（5 418.21）	1. 越南（7 484.93） 2. 俄罗斯（306.12） 3. 尼泊尔（243.93） 4. 印度尼西亚（220.47） 5. 新加坡（181.79）

(续表)

项目	2014—2018 历年第 1 名及出口额	2019 年前 5 名及出口额
HS02，肉及食用杂碎	2014. 吉尔吉斯斯坦（122 411.47） 2015. 吉尔吉斯斯坦（86 230.31） 2016. 吉尔吉斯斯坦（55 574.41） 2017. 马来西亚（22 626.62） 2018. 马来西亚（46 237.92）	1. 马来西亚（32 821.09） 2. 蒙古国（25 774.65） 3. 巴林（15 030.32） 4. 格鲁吉亚（6 664.63） 5. 吉尔吉斯斯坦（6 597.41）
HS03，鱼等水生动物	2014. 泰国（687 371.49） 2015. 泰国（991 596.79） 2016. 泰国（909 114.51） 2017. 泰国（642 312.17） 2018. 菲律宾（622 011.51）	1. 泰国（666 898.68） 2. 菲律宾（537 531.78） 3. 马来西亚（256 804.18） 4. 越南（252 399.70） 5. 俄罗斯（231 594.14）
HS04，乳、蛋制品及蜂蜜	2014. 泰国（16 782.51） 2015. 泰国（23 501.68） 2016. 泰国（19 407.24） 2017. 波兰（17 603.77） 2018. 泰国（16 549.76）	1. 泰国（20 248.04） 2. 波兰（17 123.22） 3. 新加坡（15 007.34） 4. 沙特阿拉伯（7 437.83） 5. 菲律宾（5 075.94）
HS05，其他动物产品	2014. 越南（162 247.07） 2015. 泰国（151 784.70） 2016. 泰国（218 164.44） 2017. 越南（323 067.00） 2018. 越南（381 017.90）	1. 越南（375 355.23） 2. 泰国（131 132.16） 3. 缅甸（68 153.97） 4. 印度尼西亚（54 551.81） 5. 波兰（50 295.26）
HS06，活植物及插花等	2014. 缅甸（132 235.38） 2015. 新加坡（9 545.69） 2016. 缅甸（12 267.12） 2017. 缅甸（14 483.16） 2018. 泰国（12 740.59）	1. 越南（20 607.38） 2. 泰国（14 433.73） 3. 新加坡（11 352.41） 4. 马来西亚（6 590.83） 5. 缅甸（5 713.82）
HS07，食用蔬菜	2014. 越南（1 258 827.77） 2015. 越南（1 476 539.68） 2016. 越南（1 583 740.48） 2017. 越南（1 959 785.37） 2018. 越南（2 316 957.37）	1. 越南（1862 758.95） 2. 马来西亚（774 046.76） 3. 泰国（715 514.26） 4. 印度尼西亚（54 7211.19） 5. 俄罗斯（375 534.70）
HS08，食用水果及坚果	2014. 泰国（643 713.08） 2015. 泰国（1 114 050.03） 2016. 泰国（953 667.21） 2017. 越南（1 049 586.12） 2018. 越南（999 219.70）	1. 越南（1 423 307.65） 2. 泰国（703 990.90） 3. 印度尼西亚（648 770.86） 4. 菲律宾（338 715.63） 5. 俄罗斯（324 159.37）
HS09，咖啡、茶及调味香料	2014. 马来西亚（106 784.24） 2015. 巴基斯坦（98 451.35） 2016. 越南（188 007.54） 2017. 越南（152 241.88） 2018. 越南（241 672.20）	1. 马来西亚（284 416.60） 2. 越南（265 196.40） 3. 泰国（100 095.04） 4. 巴基斯坦（85 630.46） 5. 孟加拉国（73 090.81）

(续表)

项目	2014—2018 历年第 1 名及出口额	2019 年前 5 名及出口额
HS10，谷物	2014. 越南（26 486.14） 2015. 越南（21 316.33） 2016. 巴基斯坦（32 116.72） 2017. 土耳其（25 013.08） 2018. 土耳其（56 621.33）	1. 埃及（132 476.74） 2. 土耳其（72 990.32） 3. 巴基斯坦（37 977.04） 4. 蒙古国（16 939.27） 5. 越南（16 278.49）
HS11，制粉工业产品	2014. 泰国（51 935.62） 2015. 泰国（54 325.78） 2016. 泰国（63 039.53） 2017. 泰国（67 911.38） 2018. 印度尼西亚（111 631.88）	1. 印度尼西亚（115 333.15） 2. 泰国（86 121.17） 3. 马来西亚（64 788.13） 4. 菲律宾（62 502.38） 5. 越南（46 036.92）
HS12，子仁果实及工业用或药用植物	2014. 越南（166 157.82） 2015. 越南（152 890.5） 2016. 伊朗（206 380.67） 2017. 越南（224 140.59） 2018. 越南（221 958.74）	1. 越南（265 511.78） 2. 土耳其（161 614.75） 3. 埃及（104 809.71） 4. 泰国（79 574.07） 5. 伊朗（72 628.02）
HS13，虫胶、树胶及树脂等	2014. 印度（72 310.30） 2015. 俄罗斯（45 024.08） 2016. 俄罗斯（46 683.52） 2017. 俄罗斯（53 120.75） 2018. 俄罗斯（62 697.32）	1. 俄罗斯（62 957.09） 2. 印度尼西亚（43 520.08） 3. 马来西亚（40 456.22） 4. 印度（38 449.90） 5. 泰国（27 701.42）
HS14，编结用植物材料	2014. 波兰（2 875.28） 2015. 波兰（3 025.13） 2016. 波兰（3 921.59） 2017. 新加坡（4 393.84） 2018. 波兰（3 062.13）	1. 波兰（2 334.72） 2. 马来西亚（1 798.44） 3. 俄罗斯（1 570.86） 4. 泰国（1 424.60） 5. 新加坡（1 229.82）
HS15，动、植物油、脂及蜡等	2014. 新加坡（20 156.33） 2015. 马来西亚（16 419.60） 2016. 新加坡（14 383.67） 2017. 马来西亚（22 402.57） 2018. 马来西亚（89 748.21）	1. 马来西亚（92 592.15） 2. 新加坡（17 949.91） 3. 泰国（14 970.64） 4. 印度尼西亚（14 012.12） 5. 印度（13 488.33）
HS16，肉、鱼及其他水生动物制品	2014. 俄罗斯（368 515.66） 2015. 俄罗斯（227 249.94） 2016. 俄罗斯（210 093.61） 2017. 俄罗斯（220 898.05） 2018. 俄罗斯（257 165.62）	1. 泰国（322 395.79） 2. 马来西亚（254 542.88） 3. 新加坡（198 616.54） 4. 俄罗斯（177 465.14） 5. 菲律宾（97 803.49）
HS17，糖及糖食	2014. 菲律宾（220 856.52） 2015. 菲律宾（293 161.97） 2016. 菲律宾（389 084.48） 2017. 菲律宾（340 850.83） 2018. 菲律宾（272 322.27）	1. 菲律宾（285 192.62） 2. 印度尼西亚（186 517.12） 3. 越南（104 820.05） 4. 泰国（99 222.18） 5. 马来西亚（70 310.92）

（续表）

项目	2014—2018 历年第 1 名及出口额	2019 年前 5 名及出口额
HS18，可可及其制品	2014. 菲律宾（29 585.49） 2015. 菲律宾（29 585.49） 2016. 菲律宾（30 592.34） 2017. 菲律宾（28 475.13） 2018. 菲律宾（27 061.72）	1. 菲律宾（26 455.83） 2. 泰国（13 587.96） 3. 马来西亚（12 005.78） 4. 爱沙尼亚（11 493.24） 5. 新加坡（8 982.85）
HS19，谷物制品	2014. 马来西亚（42 365.44） 2015. 马来西亚（41 571.55） 2016. 马来西亚（47 076.63） 2017. 马来西亚（48 323.90） 2018. 马来西亚（51 558.79）	1. 菲律宾（62 401.33） 2. 泰国（54 018.77） 3. 马来西亚（53 814.33） 4. 越南（26 527.59） 5. 俄罗斯（25 779.37）
HS20，蔬菜、水果及坚果制品	2014. 俄罗斯（439 921.63） 2015. 俄罗斯（315 656.7） 2016. 俄罗斯（336 807.76） 2017. 俄罗斯（304 234.52） 2018. 俄罗斯（321 773.08）	1. 俄罗斯（332 679.62） 2. 马来西亚（294 366.24） 3. 越南（274 719.92） 4. 泰国（256 463.13） 5. 菲律宾（157 882.42）
HS21，杂项食品	2014. 菲律宾（143 679.41） 2015. 菲律宾（141 680.28） 2016. 菲律宾（149 779.62） 2017. 印度尼西亚（160 541.71） 2018. 印度尼西亚（208 483.01）	1. 泰国（284 974.63） 2. 马来西亚（244 071.14） 3. 菲律宾（160 176.39） 4. 印度尼西亚（143 705.31） 5. 缅甸（105 296.15）
HS22，饮料、酒及醋	2014. 新加坡（109 122.20） 2015. 新加坡（59 548.04） 2016. 新加坡（44 744.82） 2017. 新加坡（37 772.24） 2018. 缅甸（42 912.03）	1. 缅甸（66 669.06） 2. 新加坡（40 134.06） 3. 马来西亚（28 770.78） 4. 阿联酋（25 857.14） 5. 越南（23 669.04）
HS23，食品工业残渣废料及动物饲料	2014. 越南（261 732.15） 2015. 越南（183 284.67） 2016. 越南（273 469.08） 2017. 越南（168 170.20） 2018. 越南（231 205.64）	1. 越南（210 751.10） 2. 印度尼西亚（110 797.28） 3. 俄罗斯（50 784.13） 4. 马来西亚（44 208.12） 5. 泰国（41 743.88）
HS24，烟草及代用品制品	2014. 印度尼西亚（264 318.65） 2015. 印度尼西亚（204 690.12） 2016. 印度尼西亚（190 799.53） 2017. 印度尼西亚（227 754.48） 2018. 印度尼西亚（16 5646.68）	1. 印度尼西亚（228 103.06） 2. 阿联酋（76 672.78） 3. 新加坡（68 970.73） 4. 菲律宾（56 879.38） 5. 越南（32 211.38）

数据来源：WITS 数据库、UN COMTRADE 数据库，农产品包含 HS01-HS24。

出口额的单位是 1 000 美元。

从进口的产品来看，基于 2012—2019 年的平均值，中国从"一带一路"沿线国家进口农产品排前 5 位的分别是动、植物油脂及蜡等（HS15）；食用水果及坚果

(HS08);鱼等水生动物(HS03);谷物(HS10);食用蔬菜(HS07)。其中油脂、水果和水产品的进口最多,如图2-4所示。2012年动、植物油脂及蜡等(HS15)的进口额为85.83亿美元,2016年回落至54.52亿美元,2019年回升至76.15亿美元,占同期中国从"一带一路"沿线国家进口农产品的比例为31.02%。2012年食用水果及坚果(HS08)的进口额21.74亿美元,2018年突破40亿美元,2019年超过50亿美元,占中国对"一带一路"沿线国家农产品出口额的比例为14.18%。鱼等水生动物(HS03)的进口额从2012年的20.59亿美元增长到2019年63.17亿美元,约占中国对"一带一路"沿线国家进口农产品的12.81%(图2-4)。

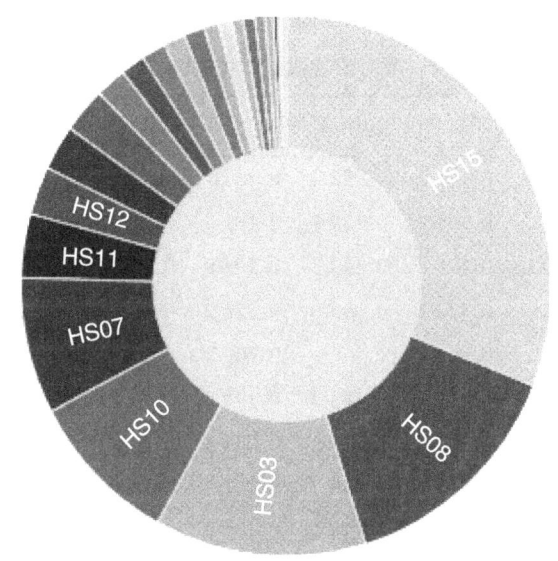

图2-4 中国对"一带一路"沿线国家进口的主要农产品

(数据来源:WITS数据库、UN COMTRADE数据库,农产品包含HS01-HS24)

具体来说,2019年中国进口动、植物油脂及蜡等(HS15)的前5名国家分别是印度尼西亚、马来西亚、乌克兰、俄罗斯和印度,其中印度尼西亚和马来西亚是最主要的进口国,2013年中国从马来西亚进口超过32亿美元,2019年中国从印度尼西亚进口接近40亿美元。2019年中国进口食用水果及坚果(HS08)的前5名国家分别为泰国、越南、菲律宾、伊朗和埃及,其中泰国是最主要的进口国,2018年中国从泰国进口超过20亿美元,2019年超过30亿美元。2019年中国进口鱼等水生动物(HS03)的前5名国家分别为俄罗斯、印度、越南、印度尼西亚和泰国,其中俄罗斯是最主要的进口国,2018年中国从俄罗斯进口超过20亿美元,2019年进口达到21.86亿美元(附表3-1、附表5-1至附表5-5)。

2.3 中国与"一带一路"沿线国家的贸易结合度指数和互补性指数

贸易结合度指数是一个比较综合性的指标,用来衡量两国在贸易方面的相互依存度。贸易结合度指数的计算公式为:

$$TCD_{ab} = (X_{ab}/X_a)/(M_b/M_w) \qquad \text{(式 2-1)}$$

其中，TCD_{ab} 为 b 国作为 a 国出口市场的重要性程度；X_{ab} 为 a 国对 b 国的出口额；X_a 为 a 国的出口总额；M_b 为 b 国的进口总额；M_w 为世界的进口总额。如果 TCD_{ab} 与 TCD_{ba} 均大于 1，表明两国在贸易方面联系紧密，两国互为对方重要的出口市场；反之，则表明两国的贸易联系并不紧密。

根据式 2-1 计算出中国与"一带一路"沿线国家的农产品贸易结合度指数，如表 2-4 和表 2-5 所示，发现东南亚 7 国（柬埔寨、老挝、马来西亚、缅甸、菲律宾、泰国、越南）、中亚 1 国（吉尔吉斯斯坦）、南亚 1 国（巴基斯坦）、俄罗斯和蒙古国与中国的农产品贸易联系紧密，中国与这些国家互为对方的重要农产品出口市场。

表 2-4　2012—2019 年"一带一路"沿线国家与中国的农产品贸易结合度指数（TCD_{ab}）

项目	2012年	2013年	2014年	2015年	2016年	2017年	2018年	2019年
阿尔巴尼亚	0.319 9	0.372 1	0.292 2	0.237 1	0.230 0	0.171 9	0.190 6	—
亚美尼亚	—	0.164 7	0.139 7	0.101 5	0.069 6	0.109 4	0.044 2	0.052 1
阿塞拜疆	0.129 6	0.175 8	0.149 3	0.108 9	0.067 3	0.098 0	0.078 8	0.090 2
巴林	—	0.420 2	0.399 0	0.375 9	0.362 9	0.473 0	0.356 5	
孟加拉国	0.652 3	0.804 4	—	0.708 1	—	—	—	—
白俄罗斯	0.130 8	0.147 6	0.143 4	0.144 8	0.155 9	0.170 2	0.218 7	0.200 6
波黑	0.131 7	0.036 5	0.033 8	0.036 9	0.030 9	0.039 8	0.042 2	0.061 2
文莱	—	0.449 1	0.446 7	0.451 7	0.543 6	0.699 0	0.752 5	0.591 2
保加利亚	0.221 6	0.228 6	0.198 2	0.172 9	0.140 4	0.163 5	0.186 0	0.203 8
柬埔寨	1.346 9	2.112 6	1.513 4	1.179 7	0.843 7	0.754 6	0.882 2	1.243 2
克罗地亚	0.267 3	0.253 4	0.157 5	0.155 6	0.141 0	0.118 1	0.107 4	0.088 4
捷克	0.099 5	0.114 0	0.124 5	0.108 4	0.108 5	0.117 6	0.114 3	0.119 0
埃及	—	—	0.301 8	0.321 4	0.277 1	0.345 7	0.349 4	0.473 2
爱沙尼亚	0.120 3	0.121 8	0.192 9	0.176 4	0.179 0	0.209 1	0.346 5	0.245 9
格鲁吉亚	0.424 8	0.452 5	0.547 2	0.486 2	0.548 9	0.539 5	0.415 0	0.495 3
匈牙利	0.048 3	0.053 4	0.062 5	0.069 3	0.059 0	0.074 3	0.080 0	0.080 9
印度	—	0.464 4	0.413 7	0.323 0	0.373 6	0.361 6	0.283 5	0.319 9
印度尼西亚	2.286 5	2.084 0	2.199 2	2.250 2	2.337 4	2.465 2	2.211 6	2.630 7
伊朗	—	0.196 3	0.333 2	0.627 4	0.902 0	0.693 7	0.471 9	—
以色列	0.733 7	0.839 0	0.771 5	0.701 3	0.726 0	0.713 5	0.655 0	0.668 7
约旦	0.551 5	0.414 8	0.331 5	0.283 9	0.296 9	0.371 9	0.430 2	0.509 9
哈萨克斯坦	0.923 1	1.071 5	1.157 3	1.412 0	1.394 3	1.902 0	1.717 6	1.494 1
科威特	—	0.247 1	0.271 2	0.163 6	0.155 7	0.129 1	0.116 5	0.115 9
吉尔吉斯斯坦	—	—	—	5.428 0	4.258 4	1.560 4	2.855 7	7.739 2

(续表)

项目	2012年	2013年	2014年	2015年	2016年	2017年	2018年	2019年
老挝	2.412 0	3.285 1	2.224 7	2.972 4	0.875 0	0.803 3	1.555 7	0.970 3
拉脱维亚	0.209 9	0.205 7	0.270 2	0.173 6	0.166 2	0.160 0	0.149 5	0.128 8
黎巴嫩	—	0.418 0	0.425 3	0.398 2	0.403 8	0.532 4	0.036 6	0.422 7
立陶宛	0.223 4	0.209 0	0.201 5	0.215 9	0.216 2	0.256 9	0.228 0	0.286 2
马来西亚	—	3.498 7	3.464 5	3.239 1	3.433 7	3.269 0	3.057 3	3.761 4
马尔代夫	0.166 5	0.180 2	0.172 0	0.203 6	0.285 4	0.265 6	0.204 6	—
摩尔多瓦	—	—	—	0.092 3	0.048 2	0.064 0	0.067 2	0.089 0
蒙古国	—	3.332 9	4.343 7	3.611 0	3.680 3	4.142 6	4.025 9	4.011 7
黑山	0.166 8	0.154 8	0.102 1	0.067 0	0.164 6	0.165 7	0.170 8	—
缅甸	2.940 7	4.725 5	5.853 7	3.371 9	2.443 5	3.417 6	4.238 8	5.882 8
尼泊尔	—	0.892 4	0.619 6	0.749 0	0.801 1	0.858 4	—	—
北马其顿	0.195 7	0.182 5	0.169 6	0.105 6	0.055 0	0.082 2	0.106 6	0.076 2
阿曼	0.166 1	0.151 5	0.129 5	0.161 1	0.135 4	0.192 7	0.210 5	—
巴基斯坦	0.979 4	1.016 6	0.952 9	1.159 7	1.051 4	1.022 6	0.960 2	1.233 1
菲律宾	—	—	—	—	—	3.596 1	3.122 6	2.787 2
波兰	0.341 4	0.336 6	0.327 4	0.342 3	0.291 9	0.317 9	0.269 8	0.265 8
卡塔尔	—	0.106 1	0.110 1	0.086 6	0.117 1	0.152 3	0.180 3	0.222 3
罗马尼亚	0.187 7	0.157 8	0.165 7	0.154 8	0.140 4	0.121 5	0.121 8	0.111 4
俄罗斯	0.933 0	0.979 2	1.165 9	1.297 5	1.393 6	1.320 1	1.331 8	1.206 8
沙特阿拉伯	0.251 5	0.238 0	0.255 9	0.255 6	0.260 0	0.308 9	0.278 9	0.315 3
塞尔维亚	0.138 5	0.139 7	0.135 1	0.102 5	0.101 5	0.118 5	0.100 2	0.087 2
新加坡	1.037 2	1.324 7	1.485 9	1.512 2	1.437 4	1.318 4	1.286 7	1.319 8
斯洛伐克	0.025 4	0.028 0	0.034 9	0.039 3	0.027 7	0.029 5	0.024 4	0.021 4
斯洛文尼亚	0.155 3	0.096 9	0.224 5	0.290 8	0.197 5	0.245 6	0.222 9	0.257 3
斯里兰卡	—	1.246 5	1.370 8	2.162 8	2.242 0	1.683 7	—	—
泰国	3.207 8	4.099 0	4.551 8	5.715 7	4.987 8	4.529 8	4.400 9	5.098 6
土耳其	0.310 0	0.298 6	0.300 6	0.332 7	0.252 8	0.398 7	0.541 2	0.594 9
乌克兰	—	—	0.525 2	0.487 1	0.545 6	0.652 7	0.713 0	—
阿联酋	0.479 2	0.739 0	0.663 7	0.615 9	0.625 1	0.562 5	0.512 2	0.597 1
乌兹别克斯坦	—	—	—	—	—	0.892 9	0.741 9	0.558 3
越南	3.993 9	4.257 8	4.699 5	4.683 4	4.706 5	5.368 3	5.415 5	5.329 2
也门	0.639 8	0.678 6	0.530 4	0.599 7	—	—	1.177 5	1.305 6

数据来源：作者根据相关数据计算而得。

表 2-5 2012—2019 年中国与"一带一路"沿线国家农产品贸易结合度指数（TCD_{ba}）

项目	2012 年	2013 年	2014 年	2015 年	2016 年	2017 年	2018 年	2019 年
阿尔巴尼亚	0.001 6	0.005 0	0.001 5	0.005 7	0.017 8	0.013 8	0.008 4	—
亚美尼亚	—	0.090 0	0.029 7	0.030 3	0.008 7	0.012 1	0.014 9	0.023 1
阿塞拜疆	0.016 2	0.036 6	0.062 6	0.037 3	0.027 1	0.023 2	0.015 7	0.022 1
巴林	—	0.007 2	0.000 0	0.001 8	0.004 5	0.001 7	0.000 9	—
孟加拉国	0.514 1	0.700 8	—	0.419 0	—	—	—	—
白俄罗斯	0.011 4	0.011 4	0.004 8	0.004 6	0.016 9	0.028 5	0.176 8	0.243 9
波黑	—	0.012 6	0.006 4	0.080 9	0.006 3	0.013 0	0.006 8	0.005 8
文莱	—	0.448 3	0.182 2	0.772 5	1.196 2	3.094 6	1.000 3	1.983 8
保加利亚	0.017 2	0.022 5	0.162 6	0.069 0	0.035 4	0.035 7	0.037 6	0.101 5
柬埔寨	0.779 3	1.280 7	2.185 9	1.920 6	2.718 8	3.188 2	3.470 9	3.336 7
克罗地亚	0.012 0	0.004 6	0.004 2	0.011 6	0.021 5	0.028 2	0.020 8	—
爱沙尼亚	0.000 0	0.000 0	0.063 0	0.140 5	0.212 9	0.565 2	0.536 7	0.817 9
格鲁吉亚	0.351 4	0.327 3	0.216 5	0.272 8	0.258 5	0.279 6	0.221 0	0.251 6
匈牙利	0.006 6	0.006 1	0.006 6	0.013 3	0.023 5	0.032 0	0.027 9	0.028 7
印度	—	0.003 3	0.010 1	0.021 2	0.036 0	0.029 0	0.015 6	0.011 5
印度尼西亚	0.000 0	0.478 2	0.313 6	0.290 3	0.277 7	0.280 8	0.446 7	0.827 6
伊朗	—	8.405 8	6.975 6	8.122 9	7.719 2	9.098 6	9.017 0	—
约旦	0.476 7	0.472 0	0.359 3	0.360 0	0.476 0	0.799 7	0.798 1	0.661 8
哈萨克斯坦	0.002 0	0.001 0	0.002 1	0.002 0	0.003 2	0.002 2	0.002 0	0.001 1
科威特	—	0.005 9	0.002 7	0.004 2	0.003 7	0.000 1	0.004 1	0.002 7
吉尔吉斯斯坦	—	—	—	0.380 4	1.190 2	1.644 0	1.007 2	1.083 7
老挝	1.751 6	2.797 5	1.885 8	2.578 9	3.769 8	3.499 8	2.373 1	2.791 5
拉脱维亚	0.024 6	0.056 7	0.041 8	0.048 5	0.060 7	0.037 1	0.057 5	0.060 9
黎巴嫩	—	0.008 7	0.004 4	0.003 2	0.005 0	0.012 4	0.001 4	0.000 0
立陶宛	0.032 4	0.012 4	0.008 1	0.009 8	0.020 5	0.022 2	0.014 6	0.119 7
马来西亚	—	2.018 0	1.649 0	1.390 7	1.352 5	1.229 6	1.228 8	1.286 9
马尔代夫	0.333 6	0.011 2	0.007 6	0.003 2	0.010 5	0.036 5	0.018 9	—
摩尔多瓦	—	—	—	0.090 2	0.147 6	0.198 1	0.158 8	0.128 7
蒙古国	—	5.057 3	8.537 9	9.576 6	10.802 2	10.388 5	9.819 8	8.046 5
黑山	0.268 6	0.099 7	0.106 3	0.255 6	0.353 8	0.492 1	0.488 7	—
缅甸	3.606 3	8.562 3	7.249 3	6.652 3	7.727 3	7.512 2	7.456 2	5.105 1
尼泊尔	—	0.533 6	0.654 6	0.140 2	0.184 7	0.407 9	—	—
北马其顿	0.023 5	0.032 5	0.030 6	0.049 8	0.042 1	0.054 9	0.044 1	0.030 1
阿曼	0.072 2	0.057 0	0.117 9	0.024 7	0.168 0	0.101 3	0.114 1	—
巴基斯坦	1.153 3	0.705 1	0.906 4	0.954 2	1.068 1	0.680 9	1.040 3	1.202 5

(续表)

项目	2012年	2013年	2014年	2015年	2016年	2017年	2018年	2019年
菲律宾	—	—	—	—	—	1.154 8	1.582 5	1.621 3
波兰	0.052 4	0.107 6	0.106 1	0.071 9	0.060 6	0.051 5	0.054 0	0.072 8
卡塔尔	—	0.022 2	0.003 3	0.000 0	0.000 0	0.002 3	0.008 1	0.000 0
罗马尼亚	0.017 0	0.014 6	0.020 8	0.016 8	0.042 2	0.037 3	0.015 6	0.010 4
俄罗斯	0.836 7	0.965 6	0.785 5	1.111 6	1.263 9	1.132 7	1.260 3	1.392 7
沙特阿拉伯	0.007 6	0.010 1	0.010 1	0.008 0	0.006 4	0.006 9	0.461 7	0.250 0
塞尔维亚	0.010 9	0.004 5	0.002 7	0.005 6	0.007 0	0.015 1	0.010 5	0.031 5
新加坡	1.265 6	1.220 4	1.017 5	0.752 2	0.803 3	0.803 7	0.660 5	0.654 9
斯洛伐克	0.001 2	0.003 1	0.005 2	0.007 7	0.005 3	0.008 8	0.006 6	0.003 8
斯洛文尼亚	0.019 2	0.019 2	0.024 9	0.082 7	0.034 1	0.035 0	0.062 2	0.059 1
斯里兰卡	—	0.180 8	0.149 1	0.185 6	0.196 2	0.237 4	—	—
泰国	1.188 9	1.432 9	1.611 0	1.719 0	1.556 3	1.565 7	1.573 6	1.672 3
土耳其	0.066 2	0.056 0	0.058 8	0.093 9	0.102 1	0.121 4	0.097 8	0.128 6
乌克兰	—	—	0.624 7	1.108 3	0.905 2	0.765 9	0.782 5	—
阿联酋	0.078 8	0.118 5	0.308 0	0.185 2	0.037 9	0.157 7	0.087 7	0.246 5
乌兹别克斯坦	—	—	—	—	—	0.693 0	0.795 1	0.535 6
越南	2.340 2	2.551 4	2.213 9	2.516 9	3.073 0	3.406 0	3.069 7	2.628 5
也门	0.227 7	0.211 7	0.012 6	0.052 6	—	—	0.000 0	0.002 5

数据来源：根据 WITS 和 UNCOMTRADE 数据计算而得。

贸易互补指数是国家出口与国家进口之间的贸易互补指数。其计算公式为：

$$C_{ij}^k = RCA_{xi}^k \times RCA_{mj}^k \quad \text{(式 2-2)}$$

$$RCA_{xi}^k = (X_i^k / X_i) / (X_w^k / X_w) \quad \text{(式 2-3)}$$

$$RCA_{mj}^k = (M_j^k / M_j) / (M_w^k / M_w) \quad \text{(式 2-4)}$$

其中，X_i^k 和 X_w^k 分别为 i 国和世界 k 类产品的出口额，X_i 和 X_w 分别为 i 国和世界的出口总额，M_j^k 和 M_w^k 分别为 j 国和世界 k 类产品的进口额，M_j 和 M_w 分别表示 j 国和世界的进口总额。在 k 产品上，当 $C_{ij} > 1$ 时，说明两国该产品贸易的互补性强；如果 $C_{ij} \leq 1$，说明两国该产品贸易的互补性弱或互补性不明显。C_{ij} 的值越大，表示 i 国的出口和 j 国的进口互补性越强。

根据式 2-2、式 2-3、式 2-4 计算出中国与"一带一路"沿线国家的农产品贸易互补指数，如表 2-6 所示。从表 2-6 中发现，中国与大部分国家的农产品贸易互补性并不明显，只有个别国家或者个别年份显现出较强的互补性，比如中国与马尔代夫在 2012 年和 2013 年具有明显的农产品贸易互补性；中国与黑山在 2012—2016 年具有农产品贸易互补性，但是呈减弱的态势；中国与伊朗在 2013 年、2014 年和 2018 年具有农产品贸易互补性；2017 年，中国与黎巴嫩呈现明显的农产品贸易互补性；中国与也门在 2012—2019 年具有较强的农产品贸易互补性。

表 2-6 2012—2019 年中国与"一带一路"沿线国家的农产品贸易互补性指数

项目	2012 年	2013 年	2014 年	2015 年	2016 年	2017 年	2018 年	2019 年
阿尔巴尼亚	0.875 5	0.868 7	0.758 4	0.738 7	0.731 6	0.723 3	0.763 4	—
亚美尼亚	—	0.952 3	0.867 1	0.845 2	0.854 3	0.779 3	0.761 9	0.761 3
阿塞拜疆	0.742 5	0.707 2	0.754 5	0.615 6	0.804 9	0.822 5	0.683 4	0.625 6
巴林	—	0.444 9	0.423 3	0.488 7	0.521 0	0.443 2	0.429 2	—
孟加拉国	0.847 9	0.812 9	—	0.697 0	—	—	—	—
白俄罗斯	0.385 8	0.458 1	0.527 0	0.604 0	0.631 6	0.560 7	0.521 3	0.517 9
波黑	0.226 4	0.868 1	0.756 6	0.756 7	0.789 9	0.729 2	0.735 8	0.725 8
文莱	—	0.726 9	0.693 0	0.657 3	0.810 1	0.641 7	0.562 2	0.444 2
保加利亚	0.458 2	0.454 2	0.420 0	0.425 3	0.470 4	0.440 4	0.465 7	0.486 5
柬埔寨	0.350 9	0.333 5	0.359 5	0.331 4	0.310 5	0.330 6	0.342 8	0.313 7
克罗地亚	0.605 5	0.609 2	0.596 4	0.563 9	0.576 0	0.568 1	0.587 5	0.605 3
捷克	0.314 3	0.317 1	0.280 2	0.264 4	0.279 5	0.256 0	0.260 8	0.264 6
埃及	—	—	0.956 5	0.817 1	0.892 6	0.871 4	0.853 3	0.930 2
爱沙尼亚	0.494 0	0.536 7	0.495 1	0.475 4	0.501 6	0.487 1	0.480 3	0.472 1
格鲁吉亚	0.778 8	0.769 4	0.676 8	0.630 9	0.635 8	0.627 1	0.681 3	0.583 0
匈牙利	0.301 7	0.286 5	0.265 2	0.246 6	0.269 3	0.260 4	0.269 4	0.266 7
印度	—	0.177 5	0.188 2	0.222 3	0.268 2	0.241 3	0.180 7	0.179 3
印度尼西亚	0.424 6	0.429 5	0.436 7	0.429 2	0.518 5	0.512 2	0.481 6	0.482 2
伊朗	—	1.311 3	1.056 5	0.945 7	0.905 9	0.867 3	1.184 7	—
以色列	0.359 5	0.365 1	0.350 7	0.356 1	0.370 2	0.374 7	0.392 0	0.392 9
约旦	0.874 6	0.831 5	0.804 3	0.798 3	0.926 4	0.803 7	0.880 7	0.877 5
哈萨克斯坦	0.473 2	0.453 4	0.468 0	0.460 9	0.522 5	0.497 9	0.497 0	0.450 4
科威特	—	0.723 1	0.702 9	0.664 7	0.656 4	0.645 5	0.698 5	0.738 4
吉尔吉斯斯坦	—	—	—	0.585 4	0.520 0	0.604 0	0.518 0	0.598 3
老挝	0.319 2	0.208 8	0.189 1	0.221 5	0.584 2	0.519 5	0.574 3	0.701 5
拉脱维亚	0.765 3	0.759 5	0.689 1	0.622 7	0.712 8	0.709 6	0.737 2	0.750 4
黎巴嫩	0.772 3	0.772 6	0.786 4	0.745 9	0.757 7	1.398 3	0.804 7	—
立陶宛	0.645 0	0.680 5	0.623 4	0.586 0	0.596 6	0.565 2	0.576 5	0.578 9
马来西亚	—	0.367 6	0.352 3	0.364 2	0.373 9	0.332 5	0.338 1	0.340 3
马尔代夫	1.059 9	1.086 0	0.945 6	0.923 4	0.915 2	0.859 9	0.804 6	—
摩尔多瓦	—	—	—	0.610 9	0.655 5	0.619 5	0.617 6	0.619 1
蒙古国	—	0.438 2	0.403 1	0.520 9	0.657 8	0.532 5	0.527 1	0.463 0
黑山	1.208 9	1.228 1	1.205 0	1.054 6	1.030 5	0.974 8	0.978 5	—
缅甸	0.618 7	0.409 0	0.408 4	0.466 0	0.820 0	0.628 7	0.612 7	0.532 3

(续表)

项目	2012 年	2013 年	2014 年	2015 年	2016 年	2017 年	2018 年	2019 年
尼泊尔	—	0.921 5	0.800 7	0.746 1	0.794 6	0.752 0	—	—
北马其顿	0.659 2	0.623 7	0.521 3	0.498 6	0.505 9	0.468 5	0.471 9	0.435 9
阿曼	0.517 7	0.443 4	0.553 5	0.512 7	0.681 4	0.581 5	0.686 4	—
巴基斯坦	0.564 4	0.496 7	0.531 5	0.512 4	0.552 9	0.509 8	0.469 2	0.485 1
菲律宾	—	—	—	—	—	0.488 8	0.533 4	0.551 1
波兰	0.435 1	0.436 7	0.395 1	0.373 5	0.406 9	0.388 6	0.402 5	0.413 8
卡塔尔	—	0.471 1	0.447 9	0.423 1	0.434 9	0.481 1	0.494 8	0.486 9
罗马尼亚	0.435 3	0.430 0	0.389 4	0.398 5	0.436 3	0.415 0	0.424 1	0.432 8
俄罗斯	0.636 8	0.656 5	0.620 5	0.601 0	0.539 6	0.489 1	0.567 5	0.537 5
沙特阿拉伯	0.704 4	0.702 1	0.642 1	0.577 6	0.694 0	0.686 3	0.674 6	0.618 2
塞尔维亚	0.382 0	0.370 1	0.348 1	0.355 8	0.312 3	0.324 9	0.357 8	0.346 6
新加坡	0.164 7	0.163 6	0.160 1	0.165 3	0.177 2	0.165 1	0.165 1	0.163 5
斯洛伐克	0.334 1	0.310 4	0.279 5	0.245 1	0.265 5	0.251 1	0.265 6	0.263 9
斯洛文尼亚	0.416 1	0.418 4	0.388 1	0.373 5	0.391 8	0.358 8	0.367 3	0.333 1
斯里兰卡	—	0.575 1	0.592 0	0.552 5	0.525 1	0.555 5	—	—
泰国	0.259 7	0.251 2	0.252 3	0.267 1	0.300 9	0.272 2	0.279 1	0.290 1
土耳其	0.225 2	0.213 2	0.228 2	0.225 3	0.240 7	0.229 9	0.264 1	0.309 5
乌克兰	—	—	0.496 0	0.385 6	0.429 3	0.368 2	0.406 4	—
阿联酋	0.335 4	0.244 4	0.249 2	0.242 8	0.259 1	0.302 3	0.340 7	0.279 4
乌兹别克斯坦	—	—	—	—	—	0.475 7	0.451 5	0.422 9
越南	0.425 9	0.411 7	0.398 0	0.360 4	0.389 2	0.350 9	0.378 3	0.347 7
也门	1.765 8	1.383 8	1.776 6	1.925 4	—	—	1.850 7	1.735 4

数据来源：根据 WITS 和 UNCOMTRADE 数据计算而得。

2.4 本章小结

本章分析了中国与"一带一路"沿线国家的农产品贸易布局和特征。总体而言，"一带一路"沿线国家的农产品贸易额呈现波动上升的态势，农产品出口最多的地区依次为东南亚、中东欧、西亚北非和南亚，农产品进口最多的地区为西亚北非、东南亚和中东欧，从贸易品种来看，植物类的农产品进出口占比最高，均超过40%。中国和"一带一路"沿线国家的农产品贸易持续增长，2019年中国出口到沿线国家的农产品超过250亿美元，中国从沿线国家进口的农产品突破300亿美元。从地区结构来看，中国的农产品进出口区域都比较集中，其中67.26%的农产品出口到东南亚地区，73.68%的农产品从东南亚地区进口，此外俄罗斯和蒙古国也是中国农产品进出口的重要市场。从品种结构来看，中国出口到沿线国家的主要品种集中于蔬菜、水果和水产品，中国从沿线国家进口的主要品种有油脂、水果和水产品。根据中国与"一带一路"沿线国家的农产品贸易结合度指数，发现中国与柬埔寨、老挝、马来西亚、缅甸、菲律宾、泰国、越南、吉尔吉斯斯坦、巴基斯坦、俄罗斯和蒙古国 11 个国家的农产品贸易联系紧密，中国与这些国家互为对方的重要农产品出口市场。但是根据中国与"一带一路"沿线国家的农产品贸易互补指数，发现中国与大部分国家的农产品贸易的互补性并不明显，只有个别国家或者个别年份显现出较强的互补性。

3 "一带一路"沿线国家农产品贸易非关税措施的现状及特征

非关税措施是指除普通关税以外的可能会对国际贸易产生影响的政策措施,它不但包括传统的贸易政策工具,例如配额或价格控制,还包括新型的非关税措施,例如以健康和环境保护为目标的卫生和植物检疫监管和技术措施。本章将根据 UNCTAD 的非关税措施分类以及非关税措施数据库,对"一带一路"沿线国家的农产品贸易非关税措施进行现状和特征分析。

3.1 非关税措施的分类

非关税措施主要是从广义角度进行界定的,为了更好地区分各种形式的非关税措施,需要对其进行分类。UNCTAD(United Nations Conference on Trade and Development)自 1994 年开始,依据《贸易管制措施编码系统》对非关税措施的数据进行采集和分类,并建立了 TRAINS(Trade Analysis and Information System)数据库。为了减少透明度差距,UNCTAD 在 2006 年组建 MAST(Multi-Agency Support Team)小组,形成了现行的非关税措施分类标准的雏形。为了使研究者使用起来更加方便,UNCTAD(2015)在 TRANIS 数据库中将非关税措施划分为 16 大类,每大类又细分为具体的措施,并附有相应的案例。UNCTAD(2019)修订了现有的第 A 至第 I 章和第 P 章,并对第 J 至第 O 章的分类进行了定义和分类。

非关税措施分为两大类:进口措施和出口措施,如表 3-1 所示。第 A 章至第 O 章反映了进口国对其进口产品的要求,第 P 章包含出口措施,即出口国对本国出口产品施加的要求。其中进口措施又分为技术性措施(第 A 章至第 C 章)和非技术性措施(第 D 章至第 O 章)。具体来说,第 A 章为卫生与植物检疫措施,概述了确保食品安全和防止疾病或害虫传播的措施,第 A 章还包括与食品安全有关的所有合格评定措施,例如认证、测试、检验以及检疫。第 B 章是技术措施,也称为贸易技术壁垒,介绍了与产品特性有关的措施,例如技术规格和质量要求、相关工艺和生产方法以及与环境保护、消费安全和国家安全有关的标签和包装等措施,第 B 章也包括与技术要求有关的所有合格评定措施,例如认证、测试和检查。第 C 章是技术措施的最后一章,对装运前检验和其他海关手续有关的措施进行了分类。第 D 章将应急措施包括在内,即为抵消进口商品在进口国市场上的不利影响而采取的措施,包括旨在应对不公平的对外贸易做法而采取的措施,例如反倾销、反补贴和保障措施。第 E 章和第 F 章介绍了贸易政策中传统使用的"硬性"措施,第 E 章包括许可、配额和其他数量控制措施,包括关税配额;第 F 章为控制或影响进口货物价格而采取的价格管理措施。第 G 章为财务措施,概述了限制进口支付的措施,还包括对付款条件施加限制的措施。第 H 章主要为影响竞争的措施,即对一个或多个有限的经济运营商给予专有或特殊优惠(特权)的措施。它们主要是垄断措施,例如国家贸易唯一的进口机构或强制性的国民保险或运输。第 I 章讨论与贸易有关的投资措施,并根据本地情况或平衡进口的出口等要求将限制投资的措施进行分类。第 J 章和第 K 章涉及产品(或与产品相关的服务)在进口后的销售方式。这些措施也被看作是非关税措施,因为它们可能会影响进口此类产品或服务的决定。第 J 章是有关分销限制的内容，描述了与进口产品内部分销有关的限制措施。第 K 章涉及对售后服务的限制，例如对提供配件服务的限制。第 L 章包含与影响贸易的补贴有关的措施。有关政府采购限制的第 M 章描述了投标人试图将其产品出售给外国政府时可能会遇到的限制。第 N 章包含与知识产权措施和权利有关的限制。第 O 章为原产地规则，对限制产品或其投入品的原产地进行归类。第 P 章是有关出口措施的内容，列明了一国对其出口采取的措施，包括出口税、出口配额和出口禁令。

表 3-1 非关税措施分类标准

项目	措施	内容
进口	技术性措施	A 卫生与植物检疫措施
		B 技术性贸易壁垒
		C 装运前的检验和其他手续
	非技术性措施	D 应急贸易保护主义措施
		E 非自动许可、配额、除 SPS 和 TBT 原因外禁止贸易和数量控制措施
		F 价格控制措施，包括附加税、费
		G 金融措施
		H 影响竞争的措施
		I 与贸易相关的投资措施
		J 分销限制措施
		K 售后服务的限制措施
		L 补贴（不包括出口补贴）
		M 政府采购限制
		N 知识产权
		O 原产地原则
出口		P 与出口相关的措施

资料来源：UNCTAD 2019。

3.2 不同区域实施的非关税措施

在 WTO 多边框架协议下，随着关税的逐步降低且越来越透明化，关税对贸易的保护作用越来越小，而非关税措施因其隐蔽性和针对性强，在贸易中的使用频率越来越高。如表 3-2 所示，各大洲对所有贸易产品实施的非关税措施累计为 74 085 项，各类非关税措施的实施情况差异较大，主要因为非关税措施种类繁多，传统的非关税措施使用减少，新型非关税措施使用增多。其中新型非关税措施的典型代表 A 类（SPS 措施及卫生和植物检验检疫措施）和 B 类（TBT 措施及技术性贸易措施）近些年的使用频率最高，分别达到 30 097 项和 25 846 项，占实施总数的 40.62% 和 34.89%。D 类和其他类（G, H, I, J, K, L, M, N, O）措施很少实施，总计约占实施总数的 0.08%。

表 3-2 各区域实施的非关税措施　　　　　　　　　　　　　　单位：项

NTM类型	具体描述	非洲	亚洲	欧洲	拉美	中东	北美	大洋洲	合计
A	卫生和植物卫生措施	1 709	8 847	440	12 157	1 241	3 478	2 225	30 097
B	技术性贸易壁垒	1 798	11 705	799	4 699	778	3 736	2 331	25 846
C	装运前检验及其他手续	121	558	199	215	155	501	34	1 783
D	或有贸易保护措施	3	4	2	291	—	—	—	300
E	非自动进口许可证、配额、禁令等数量管制措施	471	1 778	168	3 062	445	349	165	6 438
F	价格控制措施（额外税费）	182	734	34	231	125	71	85	1 462
G-O	其他措施	54	167	8	53	33	3	5	323
P	出口相关措施	925	4 052	153	1 397	427	354	528	7 836
合计		5 263	27 845	1 803	22 105	3 204	8 492	5 373	74 085

数据来源：UNCTAD，TRAINS。

从区域角度来讲，各大洲实施的非关税措施有较大差异。亚洲国家实施的非关税措施最多达到 27 845 项，占比为 37.58%。拉美国家紧随其后，为 22 105 项，占比为 29.84%。中东国家和欧洲国家实施的非关税措施相对较少，分别为 3 204 项和 1 803 项。北美国家总计为 8 492 项，占比 11.46%。大洋洲和非洲国家均超过了 5 000 项。

由于各大洲所处地理位置不同，要素禀赋、技术优势、贸易产品的比较优势随之不同，实施的非关税措施类型也有较大差异，如图 3-1 所示。其中亚洲国家实施的 A 类措施占所有大洲实施 A 类措施的 29%，B 类措施占比为 45%，F 类措施占比为 50%，其他类和 P 类措施占比为 52%，这表明亚洲国家的新型非关税措施和传统非关税措施的使用频率都较高。拉美国家 A 类措施占比为 40%，D 类措施占比高达 97%，E 类措施占比为 48%，其他措施占比较低。北美国家 C 类措施占比较高，达到 28%。其余大洲实施的各类非关税措施占比相对较低。

就各大洲内部实施的非关税措施类型而言，A 类和 B 类措施是所有国家使用最多的非关税措施，如表 3-3 所示。对于非洲国家来说，A 类措施和 B 类措施总计占该区域实施非关税措施总数的 66.63%，对出口货物实施的非关税措施也较多，占比为 17.58%。亚洲区域内的国家 A 类措施占比为 31.77%，B 类措施占比为 42.04%，P 类措施占比为 14.55%。欧洲国家实施最多的非关税措施是 B 类措施，占比高达 44.32%，A 类措施相对较低，为 24.40%。拉美国家正好相反，A 类措施占比高达 55.00%，B 类措施占比为 21.26%。和其他大洲的国家相比，拉美和中东国家实施的 E 类措施较多，占比分别为 13.85% 和 13.89%。中东国家 A 类措施较多，占比为 38.73%。北美和大洋洲国家主要为 A 类和 B 类措施，并且使用频率相差不大，合计占比分别为 84.95% 和 84.79%。

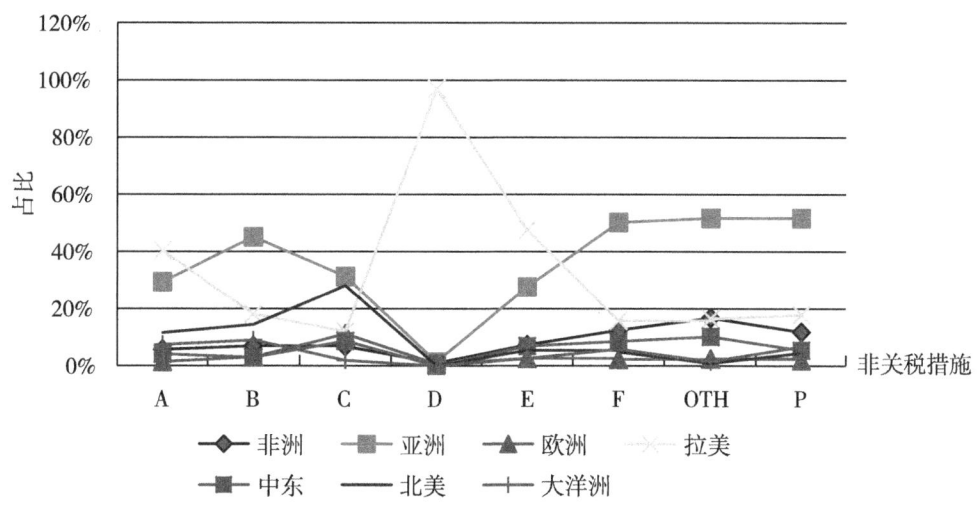

图3-1 各类非关税措施各大洲占比

(数据来源:UNCTAD,TRAINS)

表3-3 各大洲实施的非关税措施类型占比

NTM类型	具体描述	非洲	亚洲	欧洲	拉美	中东	北美	大洋洲
A	卫生和植物卫生措施	32.47%	31.77%	24.40%	55.00%	38.73%	40.96%	41.41%
B	技术性贸易壁垒	34.16%	42.04%	44.32%	21.26%	24.28%	43.99%	43.38%
C	装运前检验及其他手续	2.30%	2.00%	11.04%	0.97%	4.84%	5.90%	0.63%
D	或有贸易保护措施	0.06%	0.01%	0.11%	1.32%	0.00%	0.00%	0.00%
E	非自动进口许可证配额、禁令等数量管制措施	8.95%	6.39%	9.32%	13.85%	13.89%	4.11%	3.07%
F	价格控制措施（额外税费）	3.46%	2.64%	1.89%	1.05%	3.90%	0.84%	1.58%
G-O	其他措施	1.03%	0.60%	0.44%	0.24%	1.03%	0.04%	0.09%
P	出口相关措施	17.58%	14.55%	8.49%	6.32%	13.33%	4.17%	9.83%

数据来源:UNCTAD,TRAINS。

3.3 农产品进出口实施的非关税措施

针对农产品（HS编码01-24）进口实施的非关税措施居前两位的分别是SPS措施和TBT措施,两类措施共计96 526项。针对农产品出口实施的非关税措施也相对较多,共计23 355项。3类措施合计占所有实施的非关税措施的比例为86.03%。其中SPS措施（动植物检验检疫措施）为实施最多的措施,共计70 181项,占比为50.36%。TBT措施（技术性贸易措施）为26 345项,占比为18.81%。

WTO的《SPS协定》翻译为中文是"实施卫生与植物卫生措施协定",主要是针对动植物进行检验检疫的协定，因而针对农产品实施的 SPS 措施相对较多。HS 编码从 01 到 24 的农产品中，仅有烟草及其人造烟草是所有农产品中实施 SPS 措施最少的产品，占比仅为 16.8%。其余农产品实施的非关税措施中，SPS 措施占比都在 35% 以上。

相对而言，因受农药残留、兽药残留以及各国的食品标准和相关法规的影响，活动物及其产品、蔬菜类产品以及饮料、烈酒和醋、烟草等产品都是非关税措施的重灾区，实施的非关税措施都超过了 10 000 项。针对活动物及其产品实施的 SPS 措施占所有非关税措施的比例超过了 55%。针对水产品实施的非关税措施占比为 45.6%。针对植物类产品包括园艺类植物、食用的根茎类产品、蔬菜类产品、水果坚果等产品实施的 SPS 措施占比均超过了 55%。针对乳制品、蜂蜜以及动物源性产品实施的 SPS 措施占比在 50% 以上（表 3-4、表 3-5）。

表 3-4 针对农产品实施的各类非关税措施　　　　　　　　单位：项

农产品类别	TBT	SPS	INSP	CTPM	QC	PC	EXP	OTH	合计
活动物及其产品	1 881	6 762	333	5	546	327	2 161	79	12 094
活动物	297	2 331	203	3	250	201	964	56	4 305
肉类和可食用内脏	524	2 579	125	5	192	185	789	54	4 453
鱼类和甲壳类动物、软体动物和其他水生无脊椎动物	566	1 934	121	3	227	189	1 145	59	4 244
乳制品；鸟蛋；天然蜂蜜；其他地方未列名或未包括的动物源可食用产品	1 283	2 955	113	3	232	192	740	59	5 577
动物来源的产品，未在其他地方指定或包含	582	2 172	119	3	276	187	823	54	4 216
蔬菜类产品	2 267	8 731	837	3	570	490	2 265	101	15 264
活树和其他植物；鳞茎，根等；切花和观赏植物	306	2 002	150	3	196	190	691	56	3 594
食用蔬菜以及某些块根和块茎	659	3 017	421	3	156	257	773	67	5 353
食用水果和坚果；柑橘类水果或瓜皮	599	3 461	441	3	130	290	956	58	5 938
咖啡，茶，伴侣和香料	785	1 832	141	3	141	202	720	62	3 886
谷物	618	2 108	170	3	156	224	689	76	4 044
制粉业产品；麦芽；淀粉；菊粉小麦面筋	571	1 364	94	3	111	181	457	54	2 835
油料种子和油质水果；杂粮、种子和水果；工业或药用植物；稻草和饲料	1 104	3 064	254	3	406	302	1 240	73	6 446
紫胶；胶，树脂和其他蔬菜汁和提取物	808	1 189	92	3	287	205	740	61	3 385

（续表）

农产品类别	TBT	SPS	INSP	CTPM	QC	PC	EXP	OTH	合计
蔬菜编结材料；未在其他地方指定或包括的蔬菜产品	273	641	86	3	77	149	391	50	1 670
动植物脂肪，油和蜡	1 058	2 299	137	3	265	199	898	56	4 915
动植物油脂及其裂解产物；食用脂肪动物或植物蜡	1 058	2 299	137	3	265	199	897	56	4 914
预制食品；饮料，烈酒，醋；烟草	3 937	5 835	291	4	555	408	1 701	110	12 841
肉，鱼或甲壳类，软体动物或其他水生无脊椎动物的制剂	729	2 505	114	4	191	181	861	52	4 637
糖和糖果	739	1 342	85	3	152	170	426	60	2 977
可可和可可制品	521	1 192	118	3	120	164	422	53	2 593
谷物，面粉，淀粉或牛奶的制剂	763	1 686	88	3	117	166	462	54	3 339
蔬菜，水果，坚果或植物其他部位的制剂	927	1 663	71	3	97	141	348	50	3 300
其他食用制剂	1 240	2 135	90	3	174	190	602	58	4 492
饮料、烈酒和醋	1 475	1 665	90	3	197	238	394	62	4 124
食品工业的残留物和废物；预制动物饲料	375	1 178	106	3	130	140	500	55	2 487
烟草和人造烟草	400	240	88	3	131	200	300	64	1 426
合计	26 345	70 181	5 115	90	6 347	6 167	23 355	1 749	139 349

数据来源：UNCTAD, TRAINS。SPS：卫生检疫措施［A］；TBT：技术贸易壁垒［B］；INSP：装运前的检验和其他手续［C］；CTPM：应急贸易保护主义措施［D］；QC：数量控制措施［E］；PC：价格控制措施［F］；OTH：其他措施［G, H, I, J, K, L, M, N, O］；EXP：出口相关的措施［P］。

TBT措施也是比较重要的非关税措施之一，针对饮料、烈酒和醋以及预制食品实施的TBT措施最多，占比在30%以上。在植物类产品中，针对咖啡、小麦面粉、紫胶、树脂、糖及糖果、蔬菜以及水果等农产品实施的TBT措施也较多，占比在20%以上，针对其余产品的TBT措施相对较少。针对各类农产品实施的QC措施、PC措施和INSP措施相对较少，占比都在10%以下。几乎很少实施CTPM措施和其他措施（表3-5）。

表3-5 针对农产品实施的各类非关税措施占比情况

农产品类别	TBT（%）	SPS（%）	INSP（%）	CTPM（%）	QC（%）	PC（%）	EXP（%）	OTH（%）
活动物及其产品	15.6	55.9	2.8	0.0	4.5	2.7	17.9	0.7
活动物	6.9	54.1	4.7	0.1	5.8	4.7	22.4	1.3
肉类和可食用内脏	11.8	57.9	2.8	0.1	4.3	4.2	17.7	1.2
鱼类和甲壳类动物、软体动物和其他水生无脊椎动物	13.3	45.6	2.9	0.1	5.3	4.5	27.0	1.4

（续表）

农产品类别	TBT (%)	SPS (%)	INSP (%)	CTPM (%)	QC (%)	PC (%)	EXP (%)	OTH (%)
乳制品；鸟蛋；天然蜂蜜；其他地方未列名或未包括的动物源可食用产品	23.0	53.0	2.0	0.1	4.2	3.4	13.3	1.1
动物来源的产品，未在其他地方指定或包含	13.8	51.5	2.8	0.1	6.5	4.4	19.5	1.3
蔬菜类产品	14.9	57.2	5.5	0.0	3.7	3.2	14.8	0.7
活树和其他植物；鳞茎，根等；切花和观赏植物	8.5	55.9	4.2	0.1	5.5	5.3	19.3	1.6
食用蔬菜以及某些块根和块茎	12.3	56.4	7.9	0.1	2.9	4.8	14.4	1.3
食用水果和坚果；柑橘类水果或瓜皮	10.1	58.3	7.4	0.1	2.2	4.9	16.1	1.0
咖啡，茶，伴侣和香料	20.2	47.1	3.6	0.1	3.6	5.2	18.5	1.6
谷物	15.3	52.1	4.2	0.1	3.9	5.5	17.0	1.9
制粉业产品；麦芽；淀粉；菊粉小麦面筋	20.1	48.1	3.3	0.1	3.9	6.4	16.1	1.9
油料种子和油质水果；杂粮，种子和水果；工业或药用植物；稻草和饲料	17.1	47.5	3.9	0.0	6.3	4.7	19.2	1.1
紫胶；胶，树脂和其他蔬菜汁和提取物	23.9	35.1	2.7	0.1	8.5	6.1	21.9	1.8
蔬菜编结材料；未在其他地方指定或包括的蔬菜产品	16.3	38.4	5.1	0.2	4.6	8.9	23.4	3.0
动植物脂肪，油和蜡	21.5	46.8	2.8	0.1	5.4	4.0	18.3	1.1
动植物油脂及其裂解产物；食用脂肪动物或植物蜡	21.5	46.8	2.8	0.1	5.4	4.0	18.3	1.1
预制食品；饮料，烈酒，醋；烟草	30.7	45.4	2.3	0.0	4.3	3.2	13.2	0.9
肉，鱼或甲壳类，软体动物或其他水生无脊椎动物的制剂	15.7	54.0	2.5	0.1	4.1	3.9	18.6	1.1
糖和糖果	24.8	45.1	2.9	0.1	5.1	5.7	14.3	2.0
可可和可可制品	20.5	46.9	4.6	0.1	4.7	6.5	16.6	2.1
谷物，面粉，淀粉或牛奶的制剂	22.9	50.5	2.6	0.1	3.5	5.0	13.8	1.6
蔬菜，水果，坚果或植物其他部位的制剂	28.1	50.4	2.2	0.1	2.9	4.3	10.5	1.5
其他食用制剂	27.6	47.5	2.0	0.1	3.9	4.2	13.4	1.3

(续表)

农产品类别	TBT (%)	SPS (%)	INSP (%)	CTPM (%)	QC (%)	PC (%)	EXP (%)	OTH (%)
饮料、烈酒和醋	35.8	40.4	2.2	0.1	4.8	5.8	9.6	1.5
食品工业的残留物和废物；预制动物饲料	15.1	47.4	4.3	0.1	5.2	5.6	20.1	2.2
烟草和人造烟草	28.1	16.8	6.2	0.2	9.2	14.0	21.0	4.5

数据来源：UNCTAD，TRAINS。

SPS：卫生检疫措施［A］；TBT：技术贸易壁垒［B］；INSP：装运前的检验和其他手续［C］；CTPM：应急贸易保护主义措施［D］；QC：数量控制措施［E］；PC：价格控制措施［F］；OTH：其他措施［G，H，I，J，K，L，M，N，O］；EXP：出口相关的措施［P］。

3.4 "一带一路"沿线国家对农产品实施的非关税措施

从联合国贸易与发展委员会（UNCTAD）中查询到的"一带一路"沿线国家的非关税措施数据只有30个，如表3-6所示。各国实施的非关税措施情况如下：和其他"一带一路"沿线地区相比，南亚国家对贸易产品实施的非关税措施数量较少，其中印度是该地区实施非关税措施最多的国家，总数为4 598项，SPS和TBT措施分别为2 311项和1 483项。中亚国家中，哈萨克斯坦和吉尔吉斯斯坦两国实施的非关税措施数量相差不多，分别为632和596项，TBT措施最多。西亚国家中，阿联酋实施的非关税措施最多，为610项；巴林和黎巴嫩分别为467项和470项；约旦和阿曼相对较少，都少于200项。巴林实施的非关税措施类别主要为SPS措施、TBT措施以及EXP措施；土耳其实施的非关税措施为310项，其中，一半措施为INSP措施，是"一带一路"沿线所有国家中实施该措施第二多的国家。东南亚国家是我国最重要的贸易伙伴，实施的非关税措施相对较多。其中泰国最多，为3 276项，TBT措施和SPS措施共计2 355项，占比为71.89%；菲律宾实施的非关税措施数量为1 222项；印度尼西亚和马来西亚都超过了900项；缅甸最少，为267项，其中SPS措施和EXP措施较多。中国作为贸易大国，实施的非关税措施总数为7 256项，其中TBT措施为4 054项，占比55.87%；SPS措施为1 642项，占比22.02%；EXP措施1 026项，占比13.63%。

表3-6 "一带一路"沿线国家实施的非关税措施　　　　单位：项

地区	国家	CTPM	EXP	INSP	OTH	PC	QC	SPS	TBT	合计
南亚	阿富汗	—	12	2	2	1	51	17	20	105
	孟加拉国	—	29	4	—	22	27	79	82	243
	印度	—	479	47	23	43	212	2 311	1 483	4 598
	巴基斯坦	—	43	10	1	1	30	50	26	161
	尼泊尔	—	23	—	6	21	10	118	122	300

(续表)

地区	国家	CTPM	EXP	INSP	OTH	PC	QC	SPS	TBT	合计
中亚	哈萨克斯坦	—	47	5	3	5	21	165	386	632
	吉尔吉斯斯坦	—	51	6	4	4	25	159	347	596
	塔吉克斯坦	—	19	—	—	1	17	32	34	103
西亚	土耳其	2	28	157	4	10	53	30	26	310
	巴林	—	105	24	3	34	59	135	107	467
	以色列	—	23	5	3	4	20	163	28	246
	约旦	—	29	—	2	5	33	73	16	158
	科威特	—	22	5	3	7	40	100	26	203
	黎巴嫩	—	56	29	8	7	50	196	124	470
	阿曼	—	27	2	4	3	42	50	64	192
	巴勒斯坦	—	16	8	1	9	35	88	45	202
	卡塔尔	—	20	2	—	4	30	57	130	243
	沙特阿拉伯	—	57	43	4	24	59	102	124	413
	阿联酋	—	72	37	5	28	77	277	114	610
东盟和中国	文莱	—	59	1	—	24	55	178	245	562
	柬埔寨	—	117	1	1	15	53	49	131	367
	印度尼西亚	—	130	55	13	19	83	239	432	971
	老挝	—	172	18	2	56	75	56	141	520
	马来西亚	—	140	6	—	29	49	324	372	920
	缅甸	—	64	6	10	20	36	80	51	267
	菲律宾	2	207	26	18	40	209	363	357	1 222
	新加坡	—	69	—	1	44	63	136	301	614
	泰国	4	452	178	1	170	116	1 257	1 098	3 276
	越南	1	221	7	17	19	76	114	318	773
	中国	—	1 026	113	58	51	312	1 642	4 054	7 256

数据来源：UNCTAD，TRAINS。

SPS：卫生检疫措施 [A]；TBT：技术贸易壁垒 [B]；INSP：装运前的检验和其他手续 [C]；CTPM：应急贸易保护主义措施 [D]；QC：数量控制措施 [E]；PC：价格控制措施 [F]；OTH：其他措施 [G，H，I，J，K，L，M，N，O]；EXP：出口相关的措施 [P]。

"一带一路"沿线国家对进出口农产品实施的非关税措施数量多、类型丰富，且因贸易产品不同而不同。根据查询到的"一带一路"沿线国家实施的各类非关税措施的详细信息以及数据，本节将按照农产品的具体分类进行详细概述。

东南亚：文莱

文莱针对进出口农产品实施的非关税措施相对较多，如表3-7所示，主要集中于TBT和SPS措施。相关规定主要来自《烟草标签规定》（2007年）、《烟草进口商、批发商和零售商许可规定》《公众食物卫生条例》《野生动植物目录》《植物品种保护令》（2015年）、《动物检疫与疾病预防条例》和《肉类运输卫生条例》等。

表3-7 文莱对进出口农产品实施的非关税措施　　　　　　　单位：项

项目	TBT	SPS	INSP	CTPM	QC	PC	EXP	OTH
活动物及其产品（HS01-05）	43	61	1		12	8	21	
植物类产品（HS06-14）	54	56	1		10	7	19	
动植物油脂HS15	32	21			4	6	11	
食物及其制成品（HS16-24）	112	93			10	11	16	

数据来源：UNCTAD, TRAINS。

SPS：卫生检疫措施［A］；TBT：技术贸易壁垒［B］；INSP：装运前的检验和其他手续［C］；CTPM：应急贸易保护主义措施［D］；QC：数量控制措施［E］；PC：价格控制措施［F］；OTH：其他措施［G, H, I, J, K, L, M, N, O］；EXP：出口相关的措施［P］。

在活动物方面，实施的SPS措施较多，共计61项，涉及活动物及其产品在生产、加工、包装、存储、运输、销售等环节的检验检疫要求以及保证质量的相关要求。根据《肉类进出口及转运卫生规定》和《肉类运输卫生条例》的要求，进口商要向海关港口提交与货物有关的健康证明，对肉类及其产品进口前后都要进行检验。TBT措施共计43项，规定进口的肉类产品标签必须标明肉类或肉类产品的名称、来源国、肉类产品加工机构的名称和加工日期、肉类或肉类产品的动物屠宰中心的名称和屠宰日期。《文莱法律》中的《清真肉类条例》要求进口、运输及销售清真肉类的进口商、本地供应商及销售商，均需在肉类的进口、运输及销售过程中贴有清真标签。出口的肉类产品实施的EXP措施有21项，主要是禁止出口或转运没有许可证的肉类或肉类产品。

在植物类产品方面，实施的非关税措施主要有TBT和SPS措施。SPS措施共计56项，法律基础源于《公众食物健康条例》《野生动植物目录》和《植物品种保护令》等法规条例，其目的是保护植物安全以及公民的健康安全，主要包括各类种子的含量指标，例如总灰分、不溶于盐酸的灰分、水、有机物以及挥发油等，以及干果中的防腐剂和染色物质含量。TBT措施共计54项，主要依据《公众食物健康条例》实施，例如进口的小麦粉、茶叶以及咖啡等产品中所含水分、蛋白质、灰分、咖啡因的具体含量需要满足相关要求。

在动植物油脂类产品方面，实施的非关税措施主要包括TBT和SPS措施。TBT措施最多,共计 32 项,例如规定可食用的油脂除含有允许的盐、着色剂、抗氧化剂、乳化剂、调味剂及隔离剂外,不得含有其他物质。SPS 措施共计 21 项,例如规定进口的食用油脂中每公斤脂肪或油脂的过氧化物含量不得超过 10 毫克,不能含有矿物油和非食品级脂肪、油脂,没有难闻的气味和味道;规定食用脂肪及油脂产品的标签中不能包含"不饱和"或者类似含义的词汇,除非达到一定的技术标准。

在食物及其制成品方面,实施的非关税措施主要有 TBT 和 SPS 措施。TBT 措施最多,共计 112 项。出于传统文化及当地宗教信仰的考虑,清真肉类进口商和当地供应商应为穆斯林;肉类进出口需要持有清真进出口许可证;食品及其制成品需要经过严格检查,检查员可在任何合理时间检查生产设备、操作流程、原材料、加工记录和食物。文莱对进口的烟草制品有严格的限制,涉及《烟草命令》(2005 年)、《烟草标签条例》(2007 年)等法律条例,要求进口的烟草制品用英文和马来文标注烟草有害的警示语,禁止进口尼古丁和焦油含量超标的烟草。SPS 措施共计 93 项,例如规定食品的任何包装或容器内不可以含有氯乙烯以及可能致癌、诱变、致畸或任何其他有毒或有害物质的化合物;进口的面包不得含有任何着色糖浆和焦糖。

东南亚:柬埔寨

柬埔寨针对进出口农产品实施的非关税措施相对较多,且主要集中于 SPS、TBT 和 EXP 措施,如表 3-8 所示。这些措施主要来源于政府制定的《烟草制品管制法》《指定商品管理办法》《农作物种子管理法》《种子质量标准检验、抽样、分类和种子质量检查程序》以及《濒危野生动植物国际贸易公约》等法律法规。

表 3-8 柬埔寨对进出口农产品实施的非关税措施　　　　　　单位:项

项目	TBT	SPS	INSP	CTPM	QC	PC	EXP	OTH
活动物及其产品(HS01-05)	8	24			6	5	37	
植物类产品(HS06-14)	32	29			19	7	63	
动植物油脂 HS15	7	17			3	3	31	
食物及其制成品(HS16-24)	33	43			10	9	49	

数据来源:UNCTAD,TRAINS。
SPS:卫生检疫措施 [A];TBT:技术贸易壁垒 [B];INSP:装运前的检验和其他手续 [C];CTPM:应急贸易保护主义措施 [D];QC:数量控制措施 [E];PC:价格控制措施 [F];OTH:其他措施 [G,H,I,J,K,L,M,N,O];EXP:出口相关的措施 [P]。

在活动物及其产品方面,实施的非关税措施多为 EXP、SPS 和 TBT 措施。SPS 措施共计 24 项,为了保证进口活动物及其产品的质量和卫生,柬埔寨对进口商、进口程序以及运输过程有着严格的要求。例如,规定进口活动物需要有柬埔寨农林渔业部的许可证、进口运输合同、产地来源证、动物原产地的卫生证书;活动物及其产品在进行卫生检验或者运输时需要携带卫生证书;如果货物需要以不同于规定的方式运输或包装,货主应事先获得动物卫生和动物原产地检验办公室的批准;在运输过程中确保运输工具、饲养设备、动物容器、动物源性产品包装容器的质量、安全和卫生。TBT 措施共计 8 项,例如规定进口的活动物及其产品必须有符合柬埔寨标准的许可证和标签。柬埔寨对于出口的动物类产品实施的 EXP 措施较多,共计 37 项,这些措施主要体现在以下几个方面:要求出口的动物及其产品健康状况良好,动物源性产品包装需符合技术条件和良好卫生条件,并且要求对运输工具、饲养装置、动物容器或者动物源性产品包装材料在运输前后进行消毒。

在植物类产品方面,实施的非关税措施主要有 EXP、TBT 和 SPS 措施。TBT 措施共计 32 项,例如《农作物种子管理法》规定进口的各类作物种子均应具有符合种子生产国出口技术标准的原产地文件或者证书。SPS 措施共计 29 项,例如《植物检疫条例》规定,出口到柬埔寨的植物及植物产品,不能含有柬埔寨认定的有害生物,并需附出口国植物检疫机构出具的植物检疫证书,且格式符合 1951 年的《国际植物保护公约》规定。针对植物类产品出口实施的 EXP 措施较多,共计 63 项,例如规定出口种子必须持有农林渔业部的出口许可、农作物种子质量合格证,保证种子包装的质量安全、储藏方法和运输方法符合卫生要求;不允许出口粗锯材、圆木、厚度或宽度大于 25 厘米的天然木柴和木炭。

在动植物油脂类产品方面,实施的非关税措施主要包括 EXP、SPS 和 TBT 措施,例如规定进口的产品需贴有符合柬埔寨标准的许可证和标签,且标签要标明产品的正确使用方法。

在食物及其制成品方面,实施的非关税措施主要为 EXP、SPS 和 TBT 措施,其中 TBT 措施 33 项,主要针对许可证及标签做出规定。例如,进口或销售酱油产品,需在产品上张贴符合柬埔寨标准的许可证和标签;进口的辣椒酱、食品添加剂、包装材料等产品需进行取样和合格评定测试;进口的所有预包装食品都需贴上标签,并且在标签上注明下列内容:食物名称、商标、原产国、产品批号、使用说明以及成分标签。实施的 EXP 措施较多,共计 49 项,例如规定出口货物必须由商务部的技术官员在生产地、集货地或出口商要求的货物仓库进行检查;所有出口的货物申请产地来源证前必须进行检验;出口动物性食品及附加食品,需要进行备案。

东南亚:印度尼西亚

印度尼西亚针对进出口农产品实施的非关税措施相对较多,如表 3-9 所示,且主要集中于 SPS 和 TBT 措施。这些措施主要以国家各部门制定的标准以及各项法规条例作为法律基础,如 2016 年国家药品和食品控制局(BPOM)颁布的第 12 号《关于药品加工食品注册的法规》、2013 年颁布的第 12 号《关于强制执行印度尼西亚棕榈油的国家标准的法规》、2014 年第 37 号法令《关于进出口家禽的动物检疫措施》、2017 年颁布的《关于鱼类强制检疫、渔业产品质量和安全检查的商品类型》以及《农业部长令》等。

表 3-9　印度尼西亚对进出口农产品实施的非关税措施　　　　　单位：项

项目	TBT	SPS	INSP	CTPM	QC	PC	EXP	OTH
活动物及其产品（HS01-05）	28	133	15		11	3	29	2
植物类产品（HS06-14）	26	86	7		18	5	47	5
动植物油脂 HS15	25	80	9		7	3	20	
食物及其制成品（HS16-24）	63	157	13		22	8	36	2

数据来源：UNCTAD，TRAINS。

SPS：卫生检疫措施［A］；TBT：技术贸易壁垒［B］；INSP：装运前的检验和其他手续［C］；CTPM：应急贸易保护主义措施［D］；QC：数量控制措施［E］；PC：价格控制措施［F］；OTH：其他措施［G，H，I，J，K，L，M，N，O］；EXP：出口相关的措施［P］。

在活动物及其产品方面，实施的非关税措施主要有 SPS 和 TBT 措施。SPS 措施共计 133 项，确保进口的活动物及其产品健康、安全且符合印度尼西亚的质量标准，如规定任何从国外进入印度尼西亚领土的动物类产品，都必须有动物或动物产品的原产国卫生证书以及原产国和过境国主管当局签发的健康证明；尤其是从日本进口的鱼类产品，需要符合食品标签和广告法，均应配备原产国和过境国主管当局签发的健康证书以及鱼类养殖产品的良好水产养殖规范（GAP）证书。TBT 措施共计 28 项，如规定从日本进口到印度尼西亚境内的渔业产品都应在原产国进行实验室测试，不能含有微生物污染物、残留物以及印度尼西亚国家标准（SNI）或其他规定列明的危险化学品；进口的家禽产品必须有原产国当局签发的健康证明。EXP 措施共计 29 项，如规定从印度尼西亚出口的家禽需要采取检查、观察、处理等一系列检疫措施。

在植物类产品方面，实施的非关税措施主要有 SPS 和 TBT 措施，其中最多的是 SPS 措施，共计 86 项。例如，规定进口植物源饲料原料必须至少符合《药品质量管理规范》中有关植物源饲料原料的质量和安全保证体系的实施要求、农业实践或者良好操作规范以及质量保证证明；植物源饲料原料的进口商，必须获得进口许可证。EXP 措施共计 47 项，例如印度尼西亚出口植物源新鲜食品，要通知植物检验检疫官员，并附有证明植物源新鲜食品状况的证书或文件。

在动植物油脂类产品方面，实施的非关税主要包括 SPS 和 TBT 措施，其中 SPS 措施共计 80 项，主要针对植物油脂类产品，例如规定棕榈食用油的生产者或进口商必须满足印度尼西亚国家标准（SNI）要求，拥有棕榈油的印度尼西亚国家标准标记证书（SPPT-SNI），并且在易于阅读且不易消失的地方粘贴印度尼西亚国家标准（SNI）标记；待销售的食用油需使用对人类无害的包装，并按照法律规定配备标签。

在食物及其制成品方面，实施的非关税措施主要有 TBT 和 SPS 措施。其中，SPS

措施共计157项，例如国家食品药品控制管理局规定加工食品必须符合安全和营养标准，进口的食用动物源产品（HBAH）须配备由原产国授权人员签发的卫生证书。TBT措施63项，如规定进口食品材料要有进口证书（SKI）申请书，还必须配备原产国政府出具的健康证明，进口加工食品，如果出口商与生产国不同，则由原产国的生产商出具证明；如果进口文件上的加工食品名称与分配许可证中注明的名称不同，要附有生产者的证明等。

东南亚：老挝

老挝针对进出口农产品实施的非关税措施相对较少，如表3-10所示，主要集中于SPS、TBT、PC和EXP措施。这些措施主要来源于《水生动物和野生动物法》《农业法》《食物修订法》《烟草控制法》《从海外进口木薯种植材料的植物检疫措施指南》等法律法规。

表3-10 老挝对进出口农产品实施的非关税措施　　　　　单位：项

项目	TBT	SPS	INSP	CTPM	QC	PC	EXP	OTH
活动物及其产品（HS01-05）	8	19	2		3	7	25	
植物类产品（HS06-14）	18	38	3		11	10	56	
动植物油脂HS15	5	24	2			6	21	
食物及其制成品（HS16-24）	20	35	2		2	14	32	

数据来源：UNCTAD，TRAINS。

SPS：卫生检疫措施［A］；TBT：技术贸易壁垒［B］；INSP：装运前的检验和其他手续［C］；CTPM：应急贸易保护主义措施［D］；QC：数量控制措施［E］；PC：价格控制措施［F］；OTH：其他措施［G，H，I，J，K，L，M，N，O］；EXP：出口相关的措施［P］。

在活动物及其产品方面，实施的非关税措施主要有SPS和EXP措施，其中SPS措施共计19项，如规定进口动物和动物商品应附有老挝畜牧兽医管理局颁发的进口许可证。TBT措施共计8项，例如《水生动物和野生动物法》规定进口水生动物和野生动物需要出口国的出口许可证、原产地证明、健康证明、进出口合同、进口动物清单以及农业和林业局签发的进口许可证。EXP措施共计25项，例如有关部门接到出口申请后，应当对动物和动物产品进行兽医检验，没有感染疫病以及没有毒素风险的动物和动物产品获得兽医证书之后才能出口。

在植物类产品方面，实施的非关税措施主要有SPS和TBT措施，其中最多的是SPS措施，共计38项，例如《从海外进口木薯种植材料的植物检疫措施指南》规定，木薯植物品种的进出口需经农业和林业局批准；除此之外，要求进口的种植材料不得侵染有害生物，并附有由原产国植物保护组织签发的符合进口条件的植物检疫证书；对于进口橡胶苗和种子，需要以下文件：由原产国的合法机构签发的种子或幼苗的原产地证明、由原产国合法机构签发的植物检疫证书、由农业和林业局颁发的进口证书。TBT 措施共计 18 项，如规定市场上出售的所有烟草都必须在包装上盖税章；进出口竹制品需要在木材加工厂加工；进口野生植物需要出口国的出口许可证、原产地证明、健康证明、进出口合同、进口植物清单以及农业和林业局签发的进口许可证。

在食物及其制成品方面，实施的非关税措施主要有 TBT、SPS 和 EXP 措施，其中 SPS 措施最多，共计 35 项。这些措施主要体现在《食品修订法》对食品包装及标签方面的要求，如所有的包装食品均应张贴标明以下内容的标签：食品名称、成分名称、重量以及生产、制造和分销地点、储存准则和注册号、增补准备指南。TBT 措施共计 20 项，主要规定在老挝生产、进口和贸易的所有包装产品的标签要标明的产品信息，而且信息必须清晰、易于阅读、理解且难以擦除；标签上的外语，必须含有与老挝语一致的描述。EXP 措施共计 32 项，如食品企业出口老挝食品，除遵守出口程序外，还应向食品药品管理检验机构提交相关表格，出具质量证书。

东南亚：缅甸

缅甸针对进出口农产品实施的非关税措施相对较多，如表 3-11 所示，这些措施主要来源于缅甸内政部的通知、《国家食品法》《消费者保护法》《缅甸进口动物及其食用动物产品的规定》以及《缅甸牛肉、羊肉及其可食用产品进口管制》等法律法规。

表 3-11 缅甸对进出口农产品实施的非关税措施 单位：项

项目	TBT	SPS	INSP	CTPM	QC	PC	EXP	OTH
活动物及其产品（HS01-05）	5	75			3	14	27	
植物类产品（HS06-14）	17	15	2		9	4	29	
动植物油脂 HS15	5	13	1		1	4	19	
食物及其制成品（HS16-24）	7	13	1		3	5	21	

数据来源：UNCTAD，TRAINS。

SPS：卫生检疫措施 [A]；TBT：技术贸易壁垒 [B]；INSP：装运前的检验和其他手续 [C]；CTPM：应急贸易保护主义措施 [D]；QC：数量控制措施 [E]；PC：价格控制措施 [F]；OTH：其他措施 [G，H，I，J，K，L，M，N，O]；EXP：出口相关的措施 [P]。

在活动物及其产品方面，实施的非关税措施主要是 SPS 措施，共计 75 项，例如要求任何进口活鱼的企业和个人都必须事先获得渔业局局长的许可；鲜鱼的进口商必须出示卫生部的卫生证书、公司注册证、进出口许可证等。除此之外，针对鱼类产品进口的 PC 措施有 14 项，渔业局要求进口鲜鱼必须在实验室进行测试，并提供相应的样品。根据《缅甸进口动物及其食用动物产品的规定》，活动物的进口要在出口前做驱虫处理，且保证运输的车辆和容器彻底清洗和消毒，在运输途中避免与健康状况不佳的其他动物接触；进口的动物及其制品要求动物在原产国出生和饲养，或在屠宰前已在原产国生活不少于4个月；肉类或肉制品不含防腐剂、添加剂或任何对人类健康构成危害的成分。《缅甸牛肉、羊肉及其可食用产品进口管制》规定，进口的牛肉、羊肉及其可食用动物产品，应当附上关于动物的详细说明或识别证明，如经授权的兽医官员签署的健康证明。

在植物类产品方面，实施的非关税措施主要有SPS和TBT措施。SPS措施共计15项，例如《植物病虫害检疫法》规定，植物和植物产品的进口需要接受缅甸农业服务局的检查，只有获得有关部门或组织的许可，已向缅甸农业服务局申请进口证书的企业与个人才能进口。针对种子进口的QC措施规定，想要进口种子的企业与个人，必须从国家种子委员会获得证书。

在动植物油脂类产品方面，实施的非关税措施主要包括SPS和TBT措施。其中SPS措施13项，如《国家食品法》规定，当进口或亲自携带植物油脂类产品、有害生物、有益生物或土壤时，应接受缅甸农业局的检验。EXP措施最多，共计19项，如曾经禁止出口的芥菜籽油、葵花籽油和棕榈油饼已开放出口，但是仍然禁止出口花生油和芝麻油。

在食物及其制成品方面，实施的非关税措施较少，主要是SPS措施，共计13项，根据商务部2013年第8号通告，禁止进口酒类、香烟及现行法律禁止的商品。

东南亚：菲律宾

菲律宾针对进出口农产品实施的非关税措施相对较多，如表3-12所示，主要集中于SPS、TBT和QC措施。这些措施主要以《菲律宾关税与海关法规》《国家粮食管理局粮食业务修订条例》《植物检疫制度》以及《有关从国外进口、带入或引入菲律宾的家禽肉类的规则和条例》等一系列法规和条例作为法律基础。

表3-12 菲律宾对进出口农产品实施的非关税措施 单位：项

项目	TBT	SPS	INSP	CTPM	QC	PC	EXP	OTH
活动物及其产品（HS01-05）	20	269	9	2	31	16	82	5
植物类产品（HS06-14）	66	95	10	2	35	17	48	9
动植物油脂HS15	16	70	2	2	14	12	44	3
食物及其制成品（HS16-24）	49	116	6	2	41	19	53	6

数据来源：UNCTAD，TRAINS。

SPS：卫生检疫措施［A］；TBT：技术贸易壁垒［B］；INSP：装运前的检验和其他手续［C］；CTPM：应急贸易保护主义措施［D］；QC：数量控制措施［E］；PC：价格控制措施［F］；OTH：其他措施［G，H，I，J，K，L，M，N，O］；EXP：出口相关的措施［P］。

在活动物及其产品方面,实施的非关税措施主要有SPS和EXP措施,其中SPS措施共计269项,因菲律宾进口的禽肉较多,《有关从国外进口、带入或引入菲律宾的家禽肉类的规则和条例》规定,进口的禽肉必须在符合粮农组织或者世卫组织标准的屠宰场屠宰,该标准需经相关政府机构认可,并接受菲律宾政府的评估。此外,禽肉进口需要附有一系列证明,保证产品没有感染禽流感等传染性疾病,且符合农药和抗生素残留的相关规定。进口的牛肉及牛肉产品必须有农业局签发并正式批准的进口兽医检疫合格证明(VQC),数量、来源和疾病状况由动物工业局(BAI)认证,质量标准由国家肉类检验委员会(NMIC)认证。鱼和渔业产品的加工商和进口商应制定和实施一套书面规则和指南,包含卫生标准操作程序(SSOP)、良好生产规范(GMP)和工厂人员的HACCP培训,并做好监控记录工作,以备查验。EXP措施共计82项,出口活动物在出发至下一个停靠港之前,不论是国外还是本地港口,均应由兽医检疫官上船检查。

在植物类产品方面,实施的非关税措施主要有SPS和TBT措施,SPS措施共计95项。例如,进口种子应符合植物检疫措施,进口植物、植物产品及有关材料,包括包装或容器,必须不含土壤、沙子、泥土及可能藏匿植物害虫的类似材料;进口的种子需满足《植物检疫制度》;受到有害生物感染的进口产品应受到严格处理,返还原产地或在入境口岸销毁,与之相关的所有费用和检疫支出应由进口商承担。TBT措施共计66项,如在签发植物检疫许可证(PQC)时,进口商应将PQC的副本提供给出口国的国家植保机构;进口的大米和玉米所含的化学残留物不得超过粮农组织和世卫组织食品法典委员会建议的最大限度;就玉米粒和玉米粉而言,黄曲霉素的含量不得超过粮农组织和世界卫生组织食品法典委员会建议的最高水平。对于出口的植物类产品实施的EXP措施共计48项,如出口商品应接受随机检查,没有感染植物害虫的商品应经过官方认证并颁发植物检疫证书。

在动植物油脂类产品方面,实施的非关税措施主要包括SPS和TBT措施,SPS措施共计70项,例如进口植物油脂类产品的进口商要在国家植物检疫服务局(NPQSD)注册,且必须满足进口范围要求;为了便于识别和追溯,进口的油脂类产品包装或者包装箱应至少标记以下识别特征:产品名称和数量、加工设施代码、包装设施识别号和位置、加工批次以及包装日期等。EXP措施共计44项,例如,根据菲律宾椰子管理局(PCA)制定的椰子生产和销售规则,新鲜椰子油(VCO)的生产商、加工商、贸易商和出口商应每年在PCA注册,如需出口,则应从PCA获得商品许可;PCA应根据国家标准对出口VCO进行抽检,全面分析商品的化学、微生物和物理特性后签发商品许可。

在食物及其制成品方面,实施的非关税措施主要有TBT和SPS措施。SPS措施共计116项,例如,仅允许进口来自经认可的肉类加工厂的罐头、熟食和加工肉类产品;从中国进口的所有罐装肉类产品的装运都必须经过中国商品检验局的认证。对宠物食品的进口有诸多规定,例如,只有经BAI认可的工厂注册和生产的宠物食品才可以进口;进口宠物食品到达口岸后,必须进行常规的兽医检疫才能放行。TBT措施共计49项,主要涉及食品标签等规定,如要求无论是本地生产还是进口,都应在标签或包装中注明注册商标名称或品牌，在菲律宾的制造商、进口商、分销商、再包装商或收货人的注册商业名称，产品的一般组成或活性成分、内容物的净含量等。EXP措施共计53项，如未经FDA（Food and Drug Administration）授权的企业，禁止生产、进口、出口、销售食品。

东南亚：新加坡

新加坡针对进出口农产品实施的非关税措施相对较多，如表3-13所示，主要集中于SPS和TBT措施。这些措施主要以《动物和鸟类进口令》（2009）、《食品法规》《海关法规》以及《中成药标签条例》等法律和条例作为法律基础。

表3-13 新加坡对进出口农产品实施的非关税措施 单位：项

项目	TBT	SPS	INSP	CTPM	QC	PC	EXP	OTH
活动物及其产品（HS01-05）	52	64			11	12	17	
植物类产品（HS06-14）	49	43			9	11	10	
动植物油脂HS15	14	21			3	4	10	
食物及其制成品（HS16-24）	134	72			12	14	14	1

数据来源：UNCTAD，TRAINS。

SPS：卫生检疫措施［A］；TBT：技术贸易壁垒［B］；INSP：装运前的检验和其他手续［C］；CTPM：应急贸易保护主义措施［D］；QC：数量控制措施［E］；PC：价格控制措施［F］；OTH：其他措施［G，H，I，J，K，L，M，N，O］；EXP：出口相关的措施［P］。

在活动物及其产品方面，实施的非关税措施主要有SPS和TBT措施。TBT措施共计52项，这些措施多是针对新加坡进口的肉类和鱼类产品。例如规定进口的肉类或鱼类产品包装均应标明产品的说明、原产国、商标名称、加工场所的名称以及日期、每个基本包装单元及其外包装箱中所包含的肉制品或鱼制品的净重等。SPS措施共计64项，例如根据《动物和鸟类进口令》（2009）要求，进口或转运任何肉类产品或鱼产品的被许可人，只有将托运产品相关的健康证明、有关该批货物的进口报关单、有关托运的其他文件副本提交给授权人员，才能从海关提货。EXP措施共计17项，例如出口肉类或鱼类产品需要出示卫生证书。

在植物类产品方面，实施的非关税措施主要有SPS和TBT措施。TBT措施共计49项，例如进口的新鲜水果或蔬菜包装上需要标注：新鲜水果或蔬菜的生产者名称、地址以及其他合理的要求。针对中成药的进口有专门的法规——《中成药标签条例》，该条例对进口中成药容器及标签、中成药中微生物含量、大肠杆菌等含量有严格规定。SPS措施共计43项，如进口任何植物产品必须进行植物检疫认证；只有授权官员或经认可的有害生物控制机构才可对进口植物产品、植物产品的包装、植物产品的盛载容器以及运输工具进行检验检疫；受管制植物、植物产品或受管制材料需要符合相关进口卫生规定，除非获得签发的许可证，否则任何人不得进口任何受管制的植物、植物产品或受管制的材料；进口的大米包装都应带有标签，标签需注明大米的类型、大米的谷物成分、净含量（以千克为单位）、品牌、当地进口商、包装商、分销商或代理商在新加坡的名称和地址。

对进口的动植物油脂类产品实施的非关税主要包括SPS和TBT措施。TBT措施共计14项，这些措施多体现在标签、产品成分等方面。例如，要求食用脂肪及油脂产品的标签中不能包含"不饱和"或者类似含义的词汇，除非达到一定的技术标准；进口的预包装食用油脂应在营养信息栏上标明能量值、蛋白质、碳水化合物、脂肪、反式脂肪酸的含量以及对食品提出营养要求的其他营养素含量；人造奶油应标明"混合植物油"或"植物油"字样，标签上不得出现表明或可能表明产品源自动物的图片说明或任何声明；各类植物食用油脂有具体成分和含量的明确规定。

在食物及其制成品方面，实施的非关税措施主要有TBT和SPS措施。TBT措施共计134项，例如进口的烈酒类别、酒精度以及存储有专门规定；低卡食品包装都需以指定的形式在营养信息面板上贴上标签。SPS措施共计72项，例如要求进口的辐照食品符合《辐照食品法典通用标准》的所有要求；《食品监管法》对进口食物有细致的划分，如对低热量食物、糖尿病患者食物、面包制品、香肠和熏肉等都有具体的规定。

东南亚：泰国

泰国针对进出口农产品实施的非关税措施相对较多，且主要集中于SPS、TBT、PC和EXP措施，如表3-14所示。这些措施主要以商务部的规定和通知、公共卫生部发布的各类公告、农业合作部部长公告、1979年颁布的《食品法》《烟草产品的进口条例》以及1999年颁布的《橡胶法规》等作为法律基础。

表3-14 泰国对进出口农产品实施的非关税措施　　　　　　单位：项

项目	TBT	SPS	INSP	CTPM	QC	PC	EXP	OTH
活动物及其产品（HS01-05）	65	267	9		13	11	60	
植物类产品（HS06-14）	87	766	139		17	124	231	1
动植物油脂 HS15	26	119	1		5	2	11	
食物及其制成品（HS16-24）	137	363	11		18	19	89	

数据来源：UNCTAD，TRAINS。

SPS：卫生检疫措施［A］；TBT：技术贸易壁垒［B］；INSP：装运前的检验和其他手续［C］；CTPM：应急贸易保护主义措施［D］；QC：数量控制措施［E］；PC：价格控制措施［F］；OTH：其他措施［G，H，I，J，K，L，M，N，O］；EXP：出口相关的措施［P］。

在活动物及其产品方面，实施的非关税措施主要有 SPS 和 TBT 措施。SPS 措施共计 267 项，例如根据《农业与合作社部部长公告》规定，对进口的动物类产品必须接受兽医检查并消除所有疾病；产品进口商必须在进口之前获得兽医签发的证明；进口海虾需要获得农业与合作社部渔业局的进口许可；在进口或过境野生生物或野生动物时，需要按照《国际濒危野生动植物和贸易协定》获得进口、过境许可证或证明。针对从马来西亚进口的大虾有特别要求，例如，马来西亚大虾应在遵守国际兽疫局（OIE）标准的国家或农场饲养。TBT 措施共计 65 项，主要涉及对动物及其产品的进口许可等。例如，规定进口的野兽必须进行登记；进口水生动物及其产品，需要出示捕捞证明或其他能证明产品来自合法捕捞活动的证明材料。

在植物类产品方面，实施的非关税措施主要有 SPS 和 TBT 措施。SPS 措施共计 766 项，涉及植物类产品的生产方法、工艺以及商品标签等方面，如茶叶进口商需要在生产方法、生产工具和茶叶存储方面遵守公共卫生部 2000 年发布的第 193 号公告；禁止在茶叶中使用颜料；使用散发气味的物质，需要获得食品药品监督管理局的批准；生产茶叶的工具不能与茶叶产生化学反应等。进口的马铃薯种子应尽可能减少土壤污染；新鲜柿子的进口商应获得农业局（DOA）签发的进口许可证。TBT 措施共计 87 项，如进口受管控的种子应在容器上张贴泰文标签，并在标签上标明种子的类型、名称以及商标等信息，且含有"受管控种子"的字样。泰国对植物类产品出口实施的 EXP 措施共计 231 项，这些措施确保泰国出口的植物产品是健康、安全的。例如，规定玉米、绿豆、高粱应通过指定的海关出口；高粱出口商需要支付检验和证书签发服务的费用。兰花出口商应获得农业与合作社部颁发的植物检疫证书，必须向农业局注册并报告兰花的出口进度；出口龙眼、荔枝、山竹、芒果、柚子、生姜、新鲜的玫瑰茄、榴莲、竹笋和辣椒需要通过农业与合作社部的杀虫剂残留测试并获得证书。

在动植物油脂类产品方面，实施的非关税措施主要包括 SPS 和 TBT 措施。SPS 措施共计 119 项，例如，根据公共卫生部 2000 年发布的第 193 号公告，花生油、棕榈油以及椰子油进口商需获得生产方法、生产工具、食品储存等方面的合格证明，并确保食品及包装在生产、存储以及运输过程中不受污染、不变质，公告同时明确了黄曲霉素、重金属等有害物质的最高含量。TBT 措施共计 26 项，例如，进口棕榈油及相关产品必须符合食品药品监督管理局批准的质量和标准，如酸值、过氧化物值以及皂化值。

在食物及其制成品方面，实施的非关税措施主要有 TBT 和 SPS 措施。SPS 措施共计 363 项，如进口的新型食品在使用前需进行安全性评估，并将标签提交至食品和药品管理局进行审批；辣椒酱、番茄酱、木瓜酱等各种酱料中的食品添加剂需遵守公共卫生部 2004 年发布的第 281 号公告；食品添加剂的标签应标明：使用目的、食品类别、使用限制、保管说明和警告声明；对于食品添加剂，进口商必须提供产品的详细信息，向食品和药物管理局（FDA）注册产品，以证明产品符合条件。TBT 措施共计 137 项，主要涉及食品的标签。根据公共卫生部第 221 号公告，标签上要张贴有食品序列号的食品类型,并使用红色字体且尺寸不小于 1 厘米;食品的标签必须使用泰语,并标明食品名称、生产地点的名称和地址、净重以及每 100 克产品的能量和营养价值等;对于预制食品和即食食品的标签,要求进口商或生产商必须标明产品名称、食品序列号、进口商和本地制造商的名称和地址以及公制净重。婴幼儿食品的质量和标准必须符合规定,包括气味、味道以及湿度等。

东南亚:越南

越南针对进出口农产品实施的非关税措施相对较多,且主要集中于 SPS、TBT 和 EXP 措施,如表 3-15 所示。主要来源于《食品安全法》以及农业与农村发展部、卫生部等政府部门颁布的各项法令。

表 3-15 越南对进出口农产品实施的非关税措施　　　单位:项

项目	TBT	SPS	INSP	CTPM	QC	PC	EXP	OTH
活动物及其产品(HS01-05)	29	71	1	8	4		118	3
植物类产品(HS06-14)	39	59	1	9	6		41	3
动植物油脂 HS15	26	52	1	6	4		57	3
食物及其制成品(HS16-24)	51	74	3	1	14	5	67	7

数据来源:UNCTAD, TRAINS。

SPS:卫生检疫措施[A];TBT:技术贸易壁垒[B];INSP:装运前的检验和其他手续[C];CTPM:应急贸易保护主义措施[D];QC:数量控制措施[E];PC:价格控制措施[F];OTH:其他措施[G, H, I, J, K, L, M, N, O];EXP:出口相关的措施[P]。

在活动物及其产品方面,实施的非关税措施主要有 SPS 和 TBT 措施。SPS 措施共计 71 项,例如《动物源食品安全检查指导》要求每批进口的动物源产品必须附有出口国授权机构签发的食品卫生与安全认证,进口货物必须由越南授权机构认可的符合食品卫生和安全要求的人员生产;《食品安全法》规定,不安全的动物类产品要出具原产地证明;《贸易法》(2013)规定,进口胚胎、珍稀动物需经畜牧生产局批准,进口越南不允许生产和贸易的动物,需要得到畜牧生产局的批准;《兽医法》(2015)明确陆生动物及其产品清单上的动物或动物产品,进入越南之前必须经过危害分析;《渔业品种规范管理》规定,进口的水生动物及其产品需要检疫证书,进口渔业品种的检验要符合要求,样本必须进行检疫测试;不在越南允许的渔业品种清单内的渔业品种,必须经渔业局批准才可以进口。TBT 措施共计 29 项,例如进口动物标签必须标注:重量、生产日期、有效期、使用及储存说明以及警告;2005 年 5 月发布的《政府法令》要求,渔业产品的贸易商必须至少具有 1 名渔业开发或工程学方面的完整培训证书的工作人员；转基因食品需要张贴标签。EXP 措施共计 118 项，如出口水生动物及其制成品必须符合 SPS 控制注册要求，水产品生产者需要有证明食品安全的文件，只有经过检查和认证的货物才可以出口。

在植物类产品方面，实施的非关税措施主要有 SPS 和 TBT 措施。SPS 措施共计 59 项，规范植物检疫对象的进出口。例如，进口检疫程序要求植物品种必须在进口之前进行注册；进口植物必须进行检疫，且需有植物检疫证书；进口的植物品种需要有合格证书；进口植物品种的标签必须标注以下内容：重量、生产日期、有效期、使用和储存说明等。TBT 措施共计 39 项，如进口动物饲料和渔业饲料必须在越南注册，需要有 ISO（International Standard Organization）、GMP（Good Manufacturing Practice）或 HACCP（Hazard Analysis and Critical Control Point）认证证书且能通过抽样检验。EXP 措施共计 41 项，如出口植物需要植物检疫证书，出口的植物品种必须在出口之前进行注册。

动植物油脂类产品方面，实施的非关税主要包括 SPS 和 TBT 措施。SPS 措施共计 52 项，如规定在越南进口之前，动植物油脂类产品应完成危害分析报告；进口的动植物油脂产品只有在通过越南授权机构在边境口岸的检查并发布食品卫生和安全公告后，才能在越南生产和销售。TBT 措施共计 26 项，如进口的植物油（包含大豆油、棕榈油、芥末油和坚果油）中包含的微量营养素（碘、铁、锌和维生素 A）必须符合规定；必须提交原产地证书才能进口指定产品。

在食物及其制成品方面，实施的非关税措施主要有 SPS、TBT 和 EXP 措施。SPS 措施共计 74 项，如食品进口商必须由授权机构授予进口资格；功能性食品、微量营养素元素和辐照食品必须具有销售证明；食品的农药最大残留限量、包装材料的食品安全要求、食品的最大辐照极限必须符合相关规定。TBT 措施共计 51 项，如食品贸易商的工厂及设施等生产条件、食品的储存和运输条件必须符合相关规定；进口食品标签必须标明重量、生产日期、保质期以及警告等信息。EXP 措施共计 67 项，如要求出口商支付食品安全卫生证书、公告以及检查的费用；食品罐头需要满足 pH 值要求。

东南亚：马来西亚

马来西亚针对进出口农产品实施的非关税措施相对较多，且主要集中于 SPS、TBT 和 EXP 措施，如表 3-16 所示。这些措施的实施主要以《动物法修正案》（2013）、《植物检疫法规》（1981）、《动物进口法令》（1962）以及《食品法规》（1985 年颁布，2017 年 4 月修订）等法律法规作为法律基础。

表 3-16 马来西亚对进出口农产品实施的非关税措施

项目	TBT	SPS	INSP	CTPM	QC	PC	EXP	OTH
活动物及其产品（HS01-05）	24	92	3		11	7	45	

(续表)

项目	TBT	SPS	INSP	CTPM	QC	PC	EXP	OTH
植物类产品（HS06-14）	75	96	1		13	9	47	
动植物油脂 HS15	34	38			9	2	28	
食物及其制成品（HS16-24）	170	178	1		14	8	44	

数据来源：UNCTAD，TRAINS。

SPS：卫生检疫措施［A］；TBT：技术贸易壁垒［B］；INSP：装运前的检验和其他手续［C］；CTPM：应急贸易保护主义措施［D］；QC：数量控制措施［E］；PC：价格控制措施［F］；OTH：其他措施［G，H，I，J，K，L，M，N，O］；EXP：出口相关的措施［P］。

在活动物及其产品方面，实施的非关税措施主要有 SPS 措施，共计 92 项。例如，《动物进口法令》规定，进口活动物需要有许可证；进口家禽和火鸡须附有由原产国的兽医管理局签发的健康证明书；鱼类进口商应具备出口国主管当局签发的鱼类健康证明原件，活鱼的存储方式、存储温度需要符合相关要求。

在植物类产品方面，实施的非关税措施主要有 SPS 和 TBT 措施，其中最多的是 SPS 措施，共计 96 项。《植物检疫法规》(1981) 对饲料或饲料添加剂的标签要求包含详细信息，如原产国和保质期等。TBT 措施共计 75 项，如农产品的进口商均应确保进口的农产品符合相关规定。EXP 措施共计 47 项，例如，除持有签发的许可证外，任何人不得出口或进口油棕种植材料和油棕果实。

在动植物油脂类产品方面，实施的非关税措施主要为 SPS 和 TBT 措施，其中 SPS 措施最多，共计 38 项，各项动植物油脂制品的标签和含量需符合相关规定量。例如，每千克米糠油的不皂化物质不得超过 30 克。TBT 措施共计 34 项，对食用油脂的标签有诸多规定，如需要标注食用油是源自动物还是植物；衍生食用油脂标签上不得提及任何其他脂肪或油脂类型。

在食物及其制成品方面，实施的非关税措施主要有 TBT 和 SPS 措施，其中 SPS 措施最多，共计 178 项。例如《食品法规》(1985 年颁布，2017 年 4 月修订) 规定，食品需要根据食品等级以及质量选择合适的包装材料。TBT 有 170 项，涉及各类食品的标准以及标签要求，例如规定在装有植物性饮料的包装标签上标注"植物性饮料"或"草药饮料"字样，并标明饮料的植物或草药来源。

南亚：尼泊尔

尼泊尔针对进出口农产品实施的非关税措施相对较少，且主要集中于 SPS 和 TBT 措施，如表 3-17 所示。以上措施的实施主要以《动物检疫指令》《植物保护法》《食品和饲料的最低质量标准》《动物健康和服务法案》和《食品规则》等法律法规作为法律基础。

表 3-17 尼泊尔对进出口农产品实施的非关税措施　　　　　　　　单位：项

项目	TBT	SPS	INSP	CTPM	QC	PC	EXP	OTH
活动物及其产品（HS01-05）	13	22			1	9	7	5
植物类产品（HS06-14）	21	48			2	13	8	5
动植物油脂 HS15	22	14			1	6	5	5
食物及其制成品（HS16-24）	30	29			2	7	5	5

数据来源：UNCTAD，TRAINS。

SPS：卫生检疫措施［A］；TBT：技术贸易壁垒［B］；INSP：装运前的检验和其他手续［C］；CTPM：应急贸易保护主义措施［D］；QC：数量控制措施［E］；PC：价格控制措施［F］；OTH：其他措施［G，H，I，J，K，L，M，N，O］；EXP：出口相关的措施［P］。

在活动物及其产品方面，实施的非关税措施主要是 SPS 措施，共计 22 项。例如，根据《动植物检疫指令》要求，动物产品的进口商在进口动物之前必须从检疫检查站获得许可，活体宠物的进口商必须提交有关当局的健康证明。《食品规则》规定，任何人不得出售自然死亡的动物肉或肉制品。PC 措施有 9 项，比如规定对从中国和印度进口的活体动物产品，如马、驴、猪、羊等免征关税，但征收 5% 的农业改革税；对从中国和印度进口的活鱼、鲜活或冷藏的鱼、冷冻鱼、鱼片和其他鱼肉征收 5% 的农业改革税。对出口动物产品实施的 EXP 措施较少，共计 7 项，如要求出口商在出口前 30 天告知有关检疫人员出口货物的信息，包含动物的种类、数量、出口地点和暂定日期；出口商需要从检疫人员处获得出口动物的健康证明。

在植物类产品方面，实施的非关税措施主要有 SPS 和 TBT 措施，其中最多的是 SPS 措施，共计 48 项。例如《植物保护法》规定，进口植物、植物产品或促进植物生长的产品（如土壤和苔藓等）的个人或机构必须获得入境许可。对出口植物类产品实施的 EXP 措施有 8 项，如要求出口的货物与植物检疫证书保持一致；植物及其植物产品的出口文件需要符合进口国有关植物或植物产品的进口规则。

在动植物油脂类产品方面，实施的非关税措施主要包括 TBT 措施，共计 22 项，如要求进口的精制植物油是可食用的植物油且必须符合质量标准。PC 措施有 6 项，如针对进口的天然蜂蜜和奶油征收 5% 的农业改革税。

在食物及其制成品方面，实施的非关税措施主要是 SPS 和 TBT 措施，其中 SPS 措施 29 项，这些措施主要源于《食品规则》中的相关规定，如进口的食用谷物不得含有人造色素和有害物质；食用谷物及其制成品中的农药残留不得超过规定限制。

南亚：巴基斯坦

巴基斯坦针对进出口农产品实施的非关税措施相对较少，且主要集中于 SPS、EXP 和 QC 措施，如表 3-18 所示。这些措施主要来源于《巴基斯坦植物检疫规则》和《进口政策令》(2013)等法规条例。

表 3-18 巴基斯坦对进出口农产品实施的非关税措施　　　　单位：项

项目	TBT	SPS	INSP	CTPM	QC	PC	EXP	OTH
活动物及其产品（HS01-05）	3	20	3		6	1	12	
植物类产品（HS06-14）	4	26	4		6	1	17	
动植物油脂 HS15	2	12	2		6	1	12	
食物及其制成品（HS16-24）	2	9	3		6	1	13	

数据来源：UNCTAD，TRAINS。

SPS：卫生检疫措施 [A]；TBT：技术贸易壁垒 [B]；INSP：装运前的检验和其他手续 [C]；CTPM：应急贸易保护主义措施 [D]；QC：数量控制措施 [E]；PC：价格控制措施 [F]；OTH：其他措施 [G, H, I, J, K, L, M, N, O]；EXP：出口相关的措施 [P]。

在活动物及其产品方面，实施的非关税措施主要是 SPS 措施，共计 20 项，这些措施主要为了保障巴基斯坦进口动物产品的健康和安全，防止疾病入侵。例如《巴基斯坦动物和动物产品进出口检疫规则》要求，规范动物和动物产品进口许可证和健康证明的授予，在进口之前，动物或动物产品必须在检疫部门的监控下进行隔离；鱼和渔产品进口需遵守巴基斯坦政府国家粮食安全和研究部动植物检疫局的检疫要求。对出口的动物类产品实施的 EXP 措施有 12 项，如规定鱼类加工厂和鱼类出口商需要进行注册，且要定期进行检查；鱼和渔产品的处理和质量评估需要符合《巴基斯坦鱼类检验和质量控制法》。

在植物类产品方面，实施的非关税措施主要有 SPS 和 TBT 措施。SPS 措施共计 26 项，为了防止输入病虫害，植物的进出口必须符合 1967 年颁布的《巴基斯坦植物检疫规则》；种子进口的检验、检疫和认证要求必须符合 1976 年《种子法》的规定。TBT 措施共计 4 项，如进口种子必须带有标明种子质量的标签，且不得低于《种子标签规则》规定的标准。此外，种子的标记、测量单位、化学处理等都需符合相关规定。QC 措施有 6 项，如规定对进口只用作科学研究的植物产品实施数量限制。EXP 措施共计 17 项，如《巴基斯坦植物检疫规则》对植物或植物材料实施进出口限制，以防止植物病虫害扩散或有害杂草的输入。

在食物及其制成品方面，《进口政策命令修正案》列明了进口时必须符合强制性国家标准的所有产品的名称，属于 TBT 措施。2013 年的《进口政策令》中列入负面清单的产品，进口时会有数量限制方面的措施，属于 QC 措施。

南亚：斯里兰卡

斯里兰卡针对进出口农产品实施的非关税措施相对较多，且主要集中于 SPS、TBT

和 EXP 措施，如表 3-19 所示。这些措施主要以《进口标准化和质量控制条例》《渔业进出口规例》《食品条例》《动物饲料法》《种子法》《促进出口农业法》以及《植物保护法》等法律法规作为法律基础。

表 3-19 斯里兰卡对进出口农产品实施的非关税措施   单位：项

项目	TBT	SPS	INSP	CTPM	QC	PC	EXP	OTH
活动物及其产品（HS01-05）	12	36	1		6	3	28	
植物类产品（HS06-14）	12	31	1		7	2	17	
动植物油脂 HS15	11	24	1		6	2	10	
食物及其制成品（HS16-24）	19	38	1		7	2	18	

数据来源：UNCTAD，TRAINS。

SPS：卫生检疫措施［A］；TBT：技术贸易壁垒［B］；INSP：装运前的检验和其他手续［C］；CTPM：应急贸易保护主义措施［D］；QC：数量控制措施［E］；PC：价格控制措施［F］；OTH：其他措施［G，H，I，J，K，L，M，N，O］；EXP：出口相关的措施［P］。

在活动物及其产品方面，实施的非关税措施主要是 SPS 措施，共计 36 项。例如，《进口标准化和质量控制条例》规定，进口的肉类产品必须符合斯里兰卡标准，且进口货物要接受进口检验，以确保其符合相关标准；《渔业进出口条例》规定，鱼和渔业产品进口商需获得渔业和水产资源局局长签发的许可证，才能进口；《动植物保护条例》专门对活禽、野兽和爬行动物的进口进行规范，进口动物及动物产品、兽药或兽药生物制品、动物精液或胚胎，都需要获得卫生部颁发的许可证；进口商必须出示原产国有关当局签发的证明书，证明产品不含任何可能引起动物疾病和人畜共患病的传染性物质；所有进口到斯里兰卡的动物都要接受至少 30 天的检疫。EXP 措施共计 28 项，例如《渔业进出口条例》规定，只有获得渔业和水产资源局局长颁发的许可证才能出口的活鱼品种以及禁止出口的活鱼品种；国内水产养殖场的许可证持有者要进行自检；用于加工的鱼类产品中，有害物质的残留水平不得超过最大允许限量。除此之外，斯里兰卡出口的动物产品必须在动物生产和卫生局注册的机构内进行屠宰和加工。

在植物类产品方面，实施的非关税措施主要有 SPS 和 TBT 措施，其中最多的是 SPS 措施，共计 31 项，例如《种子法》规定，种子的生产者、进口商、分销商必须在农业局注册；《植物保护法》规定，防止引入南美叶枯病，禁止从热带美洲进口任何植物、植物材料、植物产品或种子。TBT 措施共计 12 项，1986 年第 15 号《动物饲料安全法》对动物饲料的生产、进口、销售和分销进行了规范、监督和控制。根据该法令的规定，所有动物饲料的制造商和进口商都必须对其饲料进行注册，并获得动物饲料注册局颁发的进口许可证。出口的植物类产品实施的 EXP 措施共计 17 项，茶叶作为斯里兰卡的主要出口产品，针对茶叶出口的条例、法规较多。例如，茶叶出口需要获得斯里兰卡茶叶局（STLB）签发的许可证；茶叶制造商必须在 STLB 注册并通过批准的渠道出售产品；出口货物将接受随机抽样以确保符合最低质量标准。

在动植物油脂类产品方面，实施的 EXP 措施共计 10 项，如出口橡胶种子及橡胶树可用作繁殖的部分，需有出口许可证；出口橡胶需要征收出口税。

在食物及其制成品方面，实施的非关税措施主要有 TBT 和 SPS 措施，其中 SPS 措施最多，共计 38 项，如规定从事"出口农作物"加工、购买、销售和运输的人员必须在部门主管处登记；未经食品管理局批准，任何人不得进口、储存、运输、分销或者出售含有转基因生物的食物。TBT 措施共计 19 项，《进口食品的保质期条例》对进口食品的保质期进行规定，如进口食品的保质期应根据产品制造商宣布的生产日期和保质期确定，进口的所有食品在进入斯里兰卡时应至少具有保质期 60% 的期限。EXP 措施共计 18 项，如从事出口鱼类产品加工的加工企业，应经主管机关证明并授权。

南亚：印度

印度针对进出口农产品实施的非关税措施和其他"一带一路"沿线国家比较，明显偏多，如表 3-20 所示，尤其是 SPS 措施有 2463 项，TBT 措施有 757 项。其中对动植物类产品、食品及其制成品等产品采取的非关税措施相对较多，且主要集中于 SPS 和 TBT 措施。这些措施主要来源于《印度野生动物保护法案》（1972）、《生物多样性法案》（2002）、《植物输入印度检疫条例》（2003）、《生物多样性规则》（2004）、《食物安全及标准法》（2006）和《危险及其他废物管理和跨境转移规则》（2016）等法案、规则和条例。SPS 措施主要涉及有害物质的最大残留限量和限制使用物质的相关规定、植物卫生条件有关的合格评定和认证要求。TBT 措施涉及产品的安全、性能和质量等方面的要求。

表 3-20 印度对进出口农产品实施的非关税措施　　　　单位：项

项目	TBT	SPS	INSP	CTPM	QC	PC	EXP	OTH
活动物及其产品（HS01-05）	190	210	7		20	3	170	1
植物类产品（HS06-14）	175	1 483	13		18	15	131	10
动植物油脂 HS15	124	207	3		3	3	63	1
食物及其制成品（HS16-24）	268	563	4		7	9	104	4

数据来源：UNCTAD，TRAINS。

SPS：卫生检疫措施［A］；TBT：技术贸易壁垒［B］；INSP：装运前的检验和其他手续［C］；CTPM：应急贸易保护主义措施［D］；QC：数量控制措施［E］；PC：价格控制措施［F］；OTH：其他措施［G，H，I，J，K，L，M，N，O］；EXP：出口相关的措施［P］。

在活动物及其产品方面,实施的非关税措施主要是 SPS 和 TBT 措施。SPS 措施共计 210 项,其中对有害物质的最大残留限量和限制使用物质的规定最多,如规定进口的原料和产品的生产应符合既定的良好生产规范;规定进口的动物制品中有害物质最大残留限量符合相关规定;规定肉类罐头中不能添加色素和人工香料。

在植物类产品方面,实施的非关税措施主要为 SPS 措施,其中既有有害物质的最大残留限量和限制使用物质的要求,也有植物卫生相关的合格评定、认证要求。例如,要求辣椒和辣椒粉应符合以下标准:水分不超过重量的 11.0%、总灰分不超过 8.0%、不溶于稀盐酸的灰分不超过 1.3%、粗纤维不超过 30.0%、不挥发乙醚提取物(干燥后)重量不低于 12.0%。

在动植物油脂类产品方面,实施的非关税措施主要是 SPS 措施,其中有害物质的最大残留限量要求最多,例如葵花籽油的己烷含量不得超过 5.00 毫克/千克,牛肉脂肪或板油的皂化值应在 193~200 范围内,碘值应在 35~46 范围内。

在食物及其制成品方面,SPS 措施最多,主要涉及有害物质的最大残留限量规定。例如,任何食品中天然藏红花不得超过 10 毫克/千克,水果、谷物等食物要求霉菌总数不能超出 25 菌落数/毫升,浓缩软饮料中的蔗糖含量最高不超过 300 毫克/千克。

在印度对进口农产品实施的 SPS 措施中,有一些措施是针对中国而实施的,主要分为两类:一类是属于豁免类型的措施,大部分是针对从中国进口的植物及其产品,例如印度对从中国进口的杂草种子免于检验检疫;从中国进口的药用植物(芍药、乌头等药用植物)免于种子和土壤检疫;从中国等国家进口的鸽豆免于种子检验检疫;从中国进口的苦瓜和冷冻豌豆(播种用种子)免于根腐病和西葫芦黄花叶病毒的检验检疫;从中国进口的枣(播种用种子)、八角茴香(播种用种子)、蒲公英(药用干燥植物)以及鸢尾(药用种子)、甜瓜(播种用种子)免于杂草种子的检验检疫;从中国进口的丝瓜(播种用种子)免于西葫芦黄色花叶病毒的检验检疫;从中国进口的谷子(播种用种子)、番茄、香菜和石竹,免于菊花花叶病毒检验检疫;从中国进口的竹子(供繁殖用的枝条/幼树)免于枯萎病和竹枯叶病菌的检验检疫,但入境后的隔离检疫期为 45 天;莴苣(播种用种子)免于杂草和土壤检验检疫。

另一类是属于禁止或需要单独进行检测的措施。例如,2016 年 6 月 22 日禁止从中国进口奶和奶产品(为期 1 年),包括巧克力、巧克力产品以及奶和奶固体为原料的糖果或食品制剂,根据上述产品的可靠报告和支持数据(以较早者为准)进行风险评估的除外。该禁令最初于 2008 年 9 月 24 日实施,在先前的通报中已多次延长。此外,从中国进口的商用红枣(种子)需事先得到农业与合作局的批准;从中国进口的紫苏、甜瓜(播种用种子)需要进行作物检验;从中国进口的丝瓜(播种用种子)需要进行作物检验;对来自于中国且用于消费的大米,除了进行常规的检验检疫外,还要按印度的要求熏蒸 24 小时,并在植物检疫证书上注明处理方法;除研究目的外,规定从中国进口的龙眼和藏红花等植物的检疫期为 2~3 个月或者要求入境后隔离培养 2~3 个月。

南亚：孟加拉国

孟加拉国针对进出口农产品实施的非关税措施相对较多，共计 280 项，主要集中于 TBT 和 SPS 措施，如表 3-21 所示。在活动物及其产品方面，实施的非关税措施主要有 TBT、SPS、QC、PC 和 EXP。SPS 措施最多，共计 47 项，主要以《食品法案》（1967）、《动物及动物产品检疫条例》（2005）、《动物疾病法案》（2005）、《动物疾病条例》（2008）、《食品安全法案》（2013）等法律法规为基础，对进口活动物及其产品在生产、加工、包装、存储、运输、销售等环节提出检验检疫以及质量等相关要求，如要求进口的动物产品标签必须标注保质期。孟加拉国进口鱼类产品比较多，因而针对进口鱼类产品实施的 SPS 措施也比较多，根据《鱼及鱼产品检验和质量控制条例》（1997）的相关规定，进口的鱼类产品在加工过程中必须标明鱼的原产地，所有的加工步骤都需要有记录，在加工过程中不允许使用可能污染或分解鱼的化学品、材料或容器。进口的鱼类产品必须有健康检测证明。盛放鱼类产品的容器必须用英文标示名称、所用材料的比例、生产日期和保质期。

表 3-21 孟加拉国对进出口农产品实施的非关税措施　　　　　　单位：项

项目	TBT	SPS	INSP	CTPM	QC	PC	EXP	OTH
活动物及其产品（HS01-05）	9	47	0		3	3	7	
植物类产品（HS06-14）	18	42	1		6	3	15	
动植物油脂 HS15	6	20	0		2	2	1	
食物及其制成品（HS16-24）	17	52	0		5	6	15	

数据来源：UNCTAD，TRAINS。

SPS：卫生检疫措施 [A]；TBT：技术贸易壁垒 [B]；INSP：装运前的检验和其他手续 [C]；CTPM：应急贸易保护主义措施 [D]；QC：数量控制措施 [E]；PC：价格控制措施 [F]；OTH：其他措施 [G，H，I，J，K，L，M，N，O]；EXP：出口相关的措施 [P]。

在植物类产品方面，实施的非关税措施主要有 TBT 和 SPS 措施，其中 SPS 措施最多，共计 42 项。SPS 措施主要以《种子条例》（1998）、《种子法令》（2005 修订）、《鱼饲料及动物饲料法案》（2010）、《植物检疫法案》（2011）等法律法规作为法律基础。如规定植物及其产品的进口商必须有进口许可证才可以进口；要求进口商提交进口茶叶的等级、种类、数量、预计到达孟加拉国的日期和地点等；进口的鱼饲料需要经过环境部门的认证，禁止在饲料中使用抗生素、生长激素和杀虫剂，标签要求包含饲料种类、成分、营养成分及其比例、识别码、生产和保质期等信息。TBT 措施共计 18 项，如《种子条例》在 1998 年规定，进口的种子应当标明种子品种名称、批号、纯度、发芽率等信息；种子产品的标签需出现在种子容器的显著位置，并且容器包装的每一层覆盖物上都要有标签。孟加拉国对出口的植物及其产品有较多要求，EXP 措施共计 15 项，《植物检疫法案》（2011）规定，没有植物检疫证书，出口商不得出口任何植物或植物产品；未经环境林业部批准，个人或公司不得进出口、买卖任何转基因生物或产品。

在动植物油脂类产品方面，实施的非关税措施主要包括 TBT 和 SPS 措施，其中 SPS 措施最多，共计 20 项。这些 SPS 措施主要以《纯净食品规则》（1967）、《孟加拉国生物安全规则》（2012）等法律法规作为法律基础。例如《纯净食品规则》规定，储存白油需要许可证。

在食物及其制成品方面，实施的非关税措施主要有 TBT 和 SPS 措施，其中 SPS 措施共计 52 项。这些 SPS 措施主要以《孟加拉国生物安全规则》（2012）、《纯净食品规则》（1967）以及《食品安全法案》（2013）作为法律基础。如《孟加拉国生物安全规则》规定，进口转基因生物或产品需经环境林业部批准，且要求产品包装上标明转基因产品或者由转基因生物生产。《食品安全法案》（2013）规定，食品或者食品配料中的放射性和辐照物质不能超过允许的最高限额。

中亚：哈萨克斯坦

哈萨克斯坦针对进出口农产品实施的非关税措施相对较多，且主要集中于 SPS 和 TBT 措施，如表 3-22 所示。这些措施主要来源于《临时进出口禁令》和哈萨克斯坦共和国法律中有关动植物出口的相关规定。

表 3-22 哈萨克斯坦对进出口农产品实施的非关税措施　　　　单位：项

项目	TBT	SPS	INSP	CTPM	QC	PC	EXP	OTH
活动物及其产品（HS01-05）	18	111	1		5	1	8	
植物类产品（HS06-14）	22	70	1		3	1	4	
动植物油脂 HS15	23	56			1	1	2	
食物及其制成品（HS16-24）	59	106	2		6	3	12	2

数据来源：UNCTAD，TRAINS。

SPS：卫生检疫措施 [A]；TBT：技术贸易壁垒 [B]；INSP：装运前的检验和其他手续 [C]；CTPM：应急贸易保护主义措施 [D]；QC：数量控制措施 [E]；PC：价格控制措施 [F]；OTH：其他措施 [G, H, I, J, K, L, M, N, O]；EXP：出口相关的措施 [P]。

在活动物及其产品方面，实施的非关税措施主要有 SPS 和 TBT 措施。SPS 措施共计 111 项，比如要求进入哈萨克斯坦境内的肉类必须有兽医证书；动物在屠宰前必须进行目视检查，动物的副产品和血液需要在不同的工厂进行生产；鲜肉必须垂直放置，且冷冻装置要求放置在托盘上；进口实验动物必须随附文件，其中包含动物类型等信息。TBT 措施共计 18 项，例如包装上的标签必须以无法再次使用的方式张贴；肉和肉类产品上的标签必须包含肉类质量和产品名称等方面的信息；鱼和鱼类产品的标签必须包含产品名称和加工类型等方面的信息；鱼和鱼产品有脂肪含量和卡路里含量等方面的质量要求。

在植物类产品方面，实施的非关税措施主要有 SPS 和 TBT 措施。SPS 措施共计 70 项，特定检疫产品有一些标签要求，例如幼苗材料必须带有标签，提供产品名称、生产地点等信息;谷物的存储和运输有安全性要求,例如谷物旁边严禁存储有毒物品,谷物运输工具应提供必要的安全证明;食品添加剂、调味剂必须符合相关要求,例如不能超过最大允许重金属含量,必须符合微生物和卫生要求。TBT 措施共计 22 项,例如标签必须包含公共注册号;产品需要进行测试,以通过合格评定程序;收到合格证书后,产品将贴有合格标志。

在动植物油脂类产品方面,实施的非关税主要包括 SPS 和 TBT 措施。SPS 措施共计 56 项,例如饲料和饲料添加剂必须经过热处理程序;食品油脂包装必须确保产品的安全;食品油脂产品的标签必须包括生产日期、保质期等信息。TBT 措施共计 23 项,例如油脂的生产必须在特殊的生产控制程序下进行,以通过合格评定程序;非食品油脂产品的包装和存储条件应符合相关的安全要求。

在食物及其制成品方面,实施的非关税措施主要有 TBT 和 SPS 措施。其中,SPS 措施共计 106 项,例如水果和蔬菜汁的标签应符合食品标签法规的要求,果汁上的标签必须包含有关果汁制造的信息;运输过程应为水果和蔬菜汁提供必要的温度;运输环境符合法规中所列的微生物和卫生要求。TBT 措施共计 59 项,例如禁止在烟草制品的生产过程中使用法规清单中所列的调味剂;烟草产品需要进行测试,通过合格评定程序;烟草制品的标签上必须包括生产者名称、烟草制品类型、警告标识等信息;生产商或进口商必须向哈萨克斯坦卫生部提交产品成分摘要。

中亚:吉尔吉斯斯坦

吉尔吉斯斯坦针对进出口农产品实施的非关税措施相对较多,且主要集中于 SPS、TBT 和 EXP 措施,如表 3-23 所示。这些措施主要来源于海关联盟规定的技术法规、吉尔吉斯共和国政府法令和吉尔吉斯斯坦法律。

表 3-23 吉尔吉斯斯坦对进出口农产品实施的非关税措施　　　　单位:项

项目	TBT	SPS	INSP	CTPM	QC	PC	EXP	OTH
活动物及其产品(HS01-05)	12	79	2		5	2	13	
植物类产品(HS06-14)	20	65	2		3	2	12	
动植物油脂 HS15	14	50	1		1	1	4	
食物及其制成品(HS16-24)	57	108	4		7	4	16	4

数据来源:UNCTAD,TRAINS。

SPS:卫生检疫措施 [A];TBT:技术贸易壁垒 [B];INSP:装运前的检验和其他手续 [C];CTPM:应急贸易保护主义措施 [D];QC:数量控制措施 [E];PC:价格控制措施 [F];OTH:其他措施 [G,H,I,J,K,L,M,N,O];EXP:出口相关的措施 [P]。

在活动物及其产品方面,实施的非关税措施主要有 SPS、TBT 和 EXP 措施。其中,SPS 措施共计 79 项,例如针对鱼和鱼产品的非微生物物质含量、微生物标准、储存运输条件、包装标签和生产过程提出一定的要求。具体来说,鱼和鱼产品的阿莫西林含量不得超过0.05毫克/千克；在储存和运输过程中不允许解冻冷冻鱼产品；鱼和鱼产品的标签必须包含产品名称、加工类型等信息；用于生产冷冻鱼产品的设备需将鱼产品的温度降至-18℃以下。TBT措施共计12项，例如食品标签上必须包含产品名称、成分、生产日期、保质期、数量、生产者的地理位置和名称等信息；肉和肉类产品上的标签必须包含肉类质量和产品名称等信息。EXP措施共计13项，例如，规定出口动物必须隔离30天。

在植物类产品方面，实施的非关税措施主要有SPS、TBT和EXP措施。其中，SPS措施共计65项，包含对饲料和饲料添加剂提出的一系列要求，例如生产者或供应商必须在危害分析和关键控制点（HACCP）的基础上实施生产控制；首次进口到吉尔吉斯斯坦境内需要进行注册；进行测试后才能拿到合格证明；标签上必须包含产品名称、营养价值、生产者或进口商的地址等信息，标签必须使用官方或州语言。TBT措施共计20项，例如谷物上的标签或其他补充文件中必须包括生产者的名称、位置和保质期等信息；特定检疫产品，例如幼苗材料，必须带有标签，以提供产品名称、生产地点等相关信息。EXP措施共计12项，例如，植物类产品必须获得出口授权。

在动植物油脂类产品方面，实施的非关税主要包括SPS和TBT措施。其中，SPS措施共计50项，例如油脂的生产必须在特殊的生产控制程序下进行；油脂产品的标签必须包括生产日期和保质期等信息。TBT措施共计14项，例如非食用油脂的包装、储存条件必须确保产品的安全。

在食物及其制成品方面，实施的非关税措施主要有SPS、TBT和EXP。其中，SPS措施共计108项，例如特殊食品的包装必须满足必要的安全级别；果汁运输需要满足必要的温度；食品添加剂、调味剂和加工配件的包装必须确保其安全；儿童肉类产品不能包含甜味剂；水果和蔬菜汁必须符合法规所列的微生物和卫生要求。TBT措施共计57项，例如，标签上的信息必须使用吉尔吉斯斯坦的公共语言和官方语言，禁止在标签上写"生态清洁产品"。

中亚：塔吉克斯坦

塔吉克斯坦针对进出口农产品实施的非关税措施相对较少，如表3-24所示，集中于SPS和EXP措施。这些措施主要以塔吉克斯坦共和国的《许可法》《兽医法》以及《塔吉克斯坦共和国政府关于食品安全、肉类和肉制品安全、牛奶和乳制品安全技术法规的决议》等法律法令作为法律基础。

表3-24 塔吉克斯坦对进出口农产品实施的非关税措施　　　　　　单位：项

项目	TBT	SPS	INSP	CTPM	QC	PC	EXP	OTH
活动物及其产品（HS01-05）	1	21			3		8	
植物类产品（HS06-14）	2	12			3		10	
动植物油脂HS15		9			1		5	

(续表)

项目	TBT	SPS	INSP	CTPM	QC	PC	EXP	OTH
食物及其制成品（HS16-24）	11	26			3	1	9	

数据来源：UNCTAD，TRAINS。

SPS：卫生检疫措施［A］；TBT：技术贸易壁垒［B］；INSP：装运前的检验和其他手续［C］；CTPM：应急贸易保护主义措施［D］；QC：数量控制措施［E］；PC：价格控制措施［F］；OTH：其他措施［G，H，I，J，K，L，M，N，O］；EXP：出口相关的措施［P］。

在活动物及其产品方面，实施的非关税措施主要有 SPS 措施，共计 21 项。例如，规定进口的活动物必须附有出口国签发的兽医证书；根据塔吉克斯坦共和国政府关于肉类和肉制品安全技术法规，凡是进口的肉类产品，制造商（供应商、卖方等）必须保证供货产品符合技术法规的要求。针对出口的动物及其产品的 EXP 措施有 8 项，要求出口的活体动物、鱼制品、肉制品、禽肉等动物类产品必须接受强制性兽医检查。

在植物类产品方面，实施的非关税措施主要有 SPS 和 TBT 措施，SPS 措施共计 12 项，如要求进口的产品应遵守法律规定的程序以及塔吉克斯坦认可的国际法律行为；出口国植物检疫要有国家授权的植物检疫证书。

在食物及其制成品方面，塔吉克斯坦多实施 SPS 和 TBT 措施。SPS 措施有 26 项，如对于进口到塔吉克斯坦共和国境内的肉类食品全部进行强制性合格认证，且每批食品的认证均单独进行。TBT 措施共计 11 项，主要体现在包装方面，如要求食品包装的标签中，应包括食品名称、商标、有关商标专有权的持有人信息、生产地名称、许可人的名称和位置以及自愿认证系统的标志。

西亚北非：阿富汗

阿富汗针对进出口的农产品实施的非关税措施相对较少，主要集中于 SPS 和 QC 措施，如表 3-25 所示。其中在活动物及其产品方面，实施的非关税措施主要为 SPS 措施，共计 8 项。该措施主要对进口活动物及其产品涉及的产品检验检疫及其包装提出要求。例如阿富汗动物卫生和畜牧总局规定，所有进口的活动物及其产品需要出口国的健康证明且需要接受品质检验，禁止进口侵染人畜共患病的产品。QC 措施禁止没有清真证书的可食用动物产品（包括鸟类）进口到阿富汗，同时禁止向阿富汗进口活猪和各种猪产品。针对植物类产品实施的非关税措施以 SPS 措施为主，共计 5 项。其中，阿富汗政府植物保护检疫总局规定，进口的种子、植物和植物产品需要进行抽样和实验室检验，检验合格才能进口。

表 3-25 阿富汗对进出口农产品实施的非关税措施　　　　单位：项

项目	TBT	SPS	INSP	CTPM	QC	PC	EXP	OTH
活动物及其产品（HS01-05）	0	8	0		2		1	

(续表)

项目	TBT	SPS	INSP	CTPM	QC	PC	EXP	OTH
植物类产品（HS06-14）	0	5	2		2		2	
动植物油脂 HS15	2	1	0		1			
食物及其制成品（HS16-24）	2	5	2		3		2	

数据来源：UNCTAD，TRAINS。

SPS：卫生检疫措施［A］；TBT：技术贸易壁垒［B］；INSP：装运前的检验和其他手续［C］；CTPM：应急贸易保护主义措施［D］；QC：数量控制措施［E］；PC：价格控制措施［F］；OTH：其他措施［G，H，I，J，K，L，M，N，O］；EXP：出口相关的措施［P］。

在动植物脂肪类产品方面，实施的非关税措施以 TBT 为主，仅有 2 项。例如，阿富汗政府公共卫生部环境卫生保护局规定，所有国家的进口食用油需要有生产公司的健康证明，食用油的储存必须符合卫生部的标准，食用油的包装上需要标注生产日期、保质期、批号以及配料等信息。

在食物及其制品方面，实施的非关税措施以 SPS 和 QC 为主，共计 8 项。例如，SPS 措施禁止将彩色口香糖、彩色巧克力，以及其他一些主要从巴基斯坦或印度进口的特色小吃进口到阿富汗，同时不建议进口其他食品和饮料。QC 措施禁止向阿富汗进口各种酒精饮料。

西亚北非：巴林

巴林针对进出口农产品实施的非关税措施主要集中于 SPS、PC 和 EXP 措施，如表 3-26 所示。在活动物及其产品方面，实施的非关税措施主要有 SPS、EXP 和 PC 措施，其中 SPS 措施最多，共计 89 项。例如，对于活动物的进口，要求有关国家提供卫生证书以及不存在放射性物质的材料证明。同时针对活体动物、动物饲料和动物源性产品的进出口检验、检测、检疫和指定的海关港口做出相应的规定，涉及卫生和兽医认证、禁止和许可要求以及其他措施等内容。此外，进口的肉类及鱼类产品也需要满足卫生质量、检验检测以及包装标签等方面的要求和程序。EXP 措施共计 28 项，例如规定出口到欧盟国家的鱼类产品和制造设施必须遵循 HACCP。

表 3-26 巴林对进出口农产品实施的非关税措施　　　　　单位：项

项目	TBT	SPS	INSP	CTPM	QC	PC	EXP	OTH
活动物及其产品（HS01-05）	7	89	8		4	11	28	
植物类产品（HS06-14）	12	60	7		10	18	43	

(续表)

项目	TBT	SPS	INSP	CTPM	QC	PC	EXP	OTH
动植物油脂 HS15	8	34	5		5	10	18	
食物及其制成品（HS16-24）	10	44	5		8	11	22	

数据来源：UNCTAD，TRAINS。

SPS：卫生检疫措施［A］；TBT：技术贸易壁垒［B］；INSP：装运前的检验和其他手续［C］；CTPM：应急贸易保护主义措施［D］；QC：数量控制措施［E］；PC：价格控制措施［F］；OTH：其他措施［G，H，I，J，K，L，M，N，O］；EXP：出口相关的措施［P］。

在植物类产品方面，实施的非关税措施主要有SPS、EXP和PC措施。其中，SPS措施共计60项，例如要求提供植物和植物产品没有受到病虫害影响的证明，进口植物以及其他可能受到植物寄生虫污染的产品需要满足进出口检查以及其他植物检疫要求；禁止进口受病虫害侵袭的植物和植物产品；禁止将植物来源的包装用于进口蔬菜产品；产品需要在装运前15天内获得卫生证书。EXP措施共计43项，对某些农产品的出口或再出口提出许可证、认证、检验和测试的要求，其中进出口新品种需要获得植物育种的授权，进口种子和幼苗执行强制性注册、检查、许可和测试。PC措施共计18项，例如进出口的农产品需要缴纳检验费。

在动植物油脂类产品方面，实施的非关税措施主要包括SPS、EXP和PC措施。其中，EXP措施共计18项，如规定未经供应和价格管控局局长许可，植物脂肪不能出口。

在食物及其制成品方面，实施的非关税措施主要有SPS、EXP和PC措施。其中，SPS措施共计44项，例如进口婴儿食品要有许可证并进行注册。在烟草及替代品进口方面，有禁止、管控和许可3种要求，同时规定了烟草制品中尼古丁、焦油和其他有害物质的最高限量。

西亚北非：以色列

以色列针对进出口农产品实施的非关税措施主要集中于SPS、EXP和QC措施，如表3-27所示。其中，QC措施禁止进出口1981年《消费者保护法》中所定义的带有虚假商业描述的农产品；禁止进出口任何有安全问题的农产品。

表3-27　以色列对进出口农产品实施的非关税措施　　　单位：项

项目	TBT	SPS	INSP	CTPM	QC	PC	EXP	OTH
活动物及其产品（HS01-05）		95	5		8	3	5	
植物类产品（HS06-14）		59	1		2	1	14	1
动植物油脂 HS15		15	2		3	1	4	

(续表)

项目	TBT	SPS	INSP	CTPM	QC	PC	EXP	OTH
食物及其制成品（HS16-24）		35	2		3	1	7	

数据来源：UNCTAD，TRAINS。

SPS：卫生检疫措施［A］；TBT：技术贸易壁垒［B］；INSP：装运前的检验和其他手续［C］；CTPM：应急贸易保护主义措施［D］；QC：数量控制措施［E］；PC：价格控制措施［F］；OTH：其他措施［G，H，I，J，K，L，M，N，O］；EXP：出口相关的措施［P］。

在活动物及其产品方面，实施的非关税措施主要有SPS和QC措施，其中SPS措施共计95项。在活动物方面，SPS措施规定进口许可证的申请必须在动物离开出口国至少10天之前提交，并应缴纳费用，同时动物的进口商应至少在进口动物抵达进口港之前48小时将进口情况通知州兽医。在肉及食用杂碎方面，SPS措施规定肉制品进口需要遵守相关法规，在肉类进口之前，必须对相应的屠宰场进行认证，进口的肉和内脏将被卸货并转移到冷藏工厂。在鱼等水生动物方面，SPS措施规定鱼的重量必须要超过包装的总重量，且鱼产品销售需要符合卫生规范。在其他动物产品方面，SPS措施要求除非在授权机构生产精液，否则禁止在以色列出售或分发任何反刍动物精液。QC措施共计8项，主要涉及以色列为保护动物而制定的一系列法规，尤其是关于动物保护和虐待动物的规定。

在植物类产品方面，实施的非关税措施主要有SPS和EXP措施，其中最多的是SPS措施，共计59项，主要涉及以色列植物进口的一系列法规，例如要求运输活植物需要满足相应的规定，以防止种子浪费。EXP措施共计14项，主要涉及花球茎、装饰花卉、水果、蔬菜、种子的出口条例。

在动植物油脂类产品方面，实施的非关税措施主要包括SPS和EXP措施，其中SPS措施最多，共计15项，涉及防止疾病传播的动物油脂进出口法规，并对动植物油脂的包装和标签提出一系列要求，例如包装上要标明某种物质的极限值；如果包装中含有某种物质，则必须在标签上注明其详细信息；包装标签中需要注明营养价值信息。

在食物及其制成品方面，实施的非关税措施主要有SPS和EXP措施，其中SPS措施最多，共计35项。例如，SPS措施规定食用色素要在标签上标明；禁止使用不是其原产地的地理名称或使用包含该地理名称的名称或可能给人以使用该地理名称印象的产品；禁止销售含有食物残渣的食品，除非采用原始包装和未开封包装。EXP措施共计7项，主要涉及以色列出口酒精饮料的一系列规则，包含出口酒精饮料的标签和包装要求，如要求出口的酒精或饮料包含犹太食品认证证书。

西亚北非：约旦

约旦针对进出口农产品实施的非关税措施相对较少，主要集中于SPS和EXP措施，如表3-28所示。这些措施主要来源于《动物卫生法案》（1954）、《食品法》（2015）、

《农业法案》(2015) 等。

表 3-28 约旦对进出口农产品实施的非关税措施 单位：项

项目	TBT	SPS	INSP	CTPM	QC	PC	EXP	OTH
活动物及其产品（HS01-05）	3	21			4	5	15	
植物类产品（HS06-14）	2	30			6		5	
动植物油脂 HS15	1	5			1		2	
食物及其制成品（HS16-24）	2	5			2		1	1

数据来源：UNCTAD，TRAINS。

SPS：卫生检疫措施［A］；TBT：技术贸易壁垒［B］；INSP：装运前的检验和其他手续［C］；CTPM：应急贸易保护主义措施［D］；QC：数量控制措施［E］；PC：价格控制措施［F］；OTH：其他措施［G，H，I，J，K，L，M，N，O］；EXP：出口相关的措施［P］。

在活动物及其产品方面，实施的非关税措施主要有 SPS 和 EXP 措施。SPS 措施共计 21 项，例如只有提供由兽医签字的证明和由船长签字的声明，才能在海关进口动物；兽医应检查进口动物的健康，确保没有地方病；需要为兽医检查付费。家禽及禽蛋的进出口商应提供兽医证书，并进行抽样检查；禁止出口或再出口供人类食用或繁殖的鸡蛋。TBT 措施共计 3 项，例如只有获得农业部部长认可的兽医许可，或者进出口商获得农业部的许可，可食用的冷藏和冷冻肉才能进口；进口商需要按公斤支付兽医费。EXP 措施共计 15 项，根据《动物保护公约》要求，兽医应对出口的肉类产品、水产品、禽蛋及其他动物产品进行检查并且签发证书。

在植物类产品方面，实施的非关税措施主要有 SPS 和 QC 措施。SPS 措施共计 30 项，例如种子的进口必须事先获得农业部的批准，且种子必须完全不含法令中确定的害虫才能进口；进口种植园、蔬菜园、药用和芳香植物、观赏植物的嫩芽和切花，都需要预先获得农业部的批准；为了证明产品不含有害生物，必须符合相关标准、检查要求以及其他实验室测试，获得进口所需的许可证。QC 措施共计 6 项，例如禁止进口活羊和山羊；禁止进口无盐黄油（农业部可能会在 12 月、1 月、2 月和 3 月允许进口无盐黄油）、黄油精和蜂蜜精。

在动植物油脂类产品方面，实施的非关税措施较少，主要为 SPS 措施和 EXP 措施。SPS 措施共计 5 项，例如出口的动植物油脂应符合有关国家的食品法规以及约旦王国与进口国之间双边协议中的所有条件或标准，或经进口国主管当局的批准。

在食物及其制成品方面，实施的非关税措施主要有 SPS 和 TBT 措施。其中 SPS 措施共计 5 项，根据 2001 年第 79 号《食品控制法及其修正案》第 7 条、《食品药品管理法》第 7 条的规定，以及《关于 2015 年进口材料检验和取样的说明》的相关规定，进口食品需要满足相关的检验标准和抽样程序。TBT 措施共计 2 项，禁止进口掺假食品、不适合人类食用的食品或带有错误信息标签的食品。用于出口或再出口的同一产品应符合与约旦王国达成双边协议的国家食品标准，或应获得进口国的授权。

西亚北非：科威特

科威特针对进出口农产品实施的非关税措施相对较多，且主要集中于 SPS 和 EXP 措施，如表 3-29 所示。这些措施主要来源于科威特政府和农业部每年发布的各种法律和条例，如 2012 年第 131 号法令主要涉及食品的进口要求，2015 年第 115 号法令是关于暂时禁止从巴拿马进口活马的规定。

表 3-29　科威特对进出口农产品实施的非关税措施　　　　单位：项

项目	TBT	SPS	INSP	CTPM	QC	PC	EXP	OTH
活动物及其产品（HS01-05）	1	83	3		7	2	6	1
植物类产品（HS06-14）	4	32	2		9	2	13	
动植物油脂 HS15	1	20	2		7		4	
食物及其制成品（HS16-24）	3	22	2		11	1	5	

数据来源：UNCTAD，TRAINS。

SPS：卫生检疫措施 [A]；TBT：技术贸易壁垒 [B]；INSP：装运前的检验和其他手续 [C]；CTPM：应急贸易保护主义措施 [D]；QC：数量控制措施 [E]；PC：价格控制措施 [F]；OTH：其他措施 [G，H，I，J，K，L，M，N，O]；EXP：出口相关的措施 [P]。

在活动物及其产品方面，实施的非关税措施主要有 SPS、QC 和 EXP 措施。其中，SPS 措施共计 83 项，对活动物及其产品的进口提出各种要求，例如要求活动物进口需要有卫生证书和健康证明。2003 年第 240 号法令，禁止从中国进口冷冻鸡肉。QC 措施共计 7 项，2012 年第 131 号法令规定，进口产品中的动物要按照伊斯兰教法处置；2012 年颁布的第 31 号法令规定，禁止进口含猪油的产品。EXP 措施共计 6 项，例如出口的虾和冷冻鱼需要授权；2014 年第 491 号法令规定，出口本地和进口的鸡蛋需要授权。

在植物类产品方面，实施的非关税措施主要有 SPS、QC 和 EXP 措施。其中，SPS 措施共计 32 项，例如进口的植物产品需要有植物产品没有受细菌和其他微生物污染的相关证明；进出口蔬菜产品要符合各种相关的进出口要求；进口种子需要符合海湾合作委员会国家的各种要求，还要遵守世界卫生组织的规定。

在动植物油脂类产品方面，实施的非关税措施主要包括 SPS、QC 和 EXP 措施。其中，QC 措施共计 7 项，例如根据 1993 年第 47 号法令的规定，禁止进口黑麦草籽油；禁止进口与科威特文化价值观不一致的油脂产品；禁止进口所有与伊斯兰法律或道德价值观不符的油脂产品；禁止进口包含国王名字和与公共秩序或政治制度不符的油脂产品。

在食物及其制成品方面，实施的非关税措施主要有 SPS、QC 和 EXP 措施。其中，SPS 措施共计 22 项，例如进口烟草产品需要授权。QC 措施共计 11 项，例如禁止进口类似啤酒口味的无酒精饮料；禁止从兰斯里斯拉德果汁公司（Orchid Lislad Juice Company）进口未发酵的橙汁；禁止进口无烟咀嚼烟草。

西亚北非：阿曼

阿曼针对进出口农产品实施的非关税措施相对较少，且主要集中于 SPS、QC 和 EXP 措施，如表 3-30 所示。这些措施主要来源于政府以及农业部发布的各种法规，例如 1996 年第 26 号法令（与蔬菜产品有关）。

表 3-30 阿曼对进出口农产品实施的非关税措施　　单位：项

项目	TBT	SPS	INSP	CTPM	QC	PC	EXP	OTH
活动物及其产品（HS01-05）	1	40	1		5		14	1
植物类产品（HS06-14）	7	21	1		10	2	10	1
动植物油脂 HS15	4	14	1		5	1	7	1
食物及其制成品（HS16-24）	9	33	1		7	1	7	2

数据来源：UNCTAD，TRAINS。

SPS：卫生检疫措施 [A]；TBT：技术贸易壁垒 [B]；INSP：装运前的检验和其他手续 [C]；CTPM：应急贸易保护主义措施 [D]；QC：数量控制措施 [E]；PC：价格控制措施 [F]；OTH：其他措施 [G，H，I，J，K，L，M，N，O]；EXP：出口相关的措施 [P]。

在活动物及其产品方面，采取的非关税措施相对较多，且主要集中于 SPS 和 EXP 措施。SPS 措施共计 40 项，例如进口活动物、动物饲料和动物产品需要授权；进口肉类产品和水产品需要满足各种要求；国家标准规格 129/98 提出进口水的规格要求。EXP 措施共计 14 项，根据 2001 年第 1 号法令，禁止出口雌性山羊和绵羊；根据 2011 年第 5 号法令，阿曼出口帝王鱼需要授权；根据 2003 年修订的《捕鱼法》第 18 号决议，出口鲍鱼需要满足各种要求。

在植物类产品方面，实施的非关税措施主要有 SPS、QC 和 EXP。SPS 措施共计 21 项，例如阿曼 2004 年第 47 号法令涉及的检疫制度，要求进口的植物产品提供没有受细菌和其他微生物污染的相关证明。QC 措施共计 10 项，例如进口植物产品需要按照立法中的详细规定满足授权要求。根据 2015 年第 84 号法令（保护棕榈树及其产品），除了出于研究目的，禁止进口棕榈树；即便基于研究需要进口棕榈树，也需经农业部批准。EXP 措施共计 10 项，例如 2015 年第 84 号法令要求保护棕榈树及其产品。

在食物及其制成品方面，实施的非关税措施主要有 SPS、TBT、QC 和 EXP。其中 TBT 措施共计 9 项，要求相关产品符合 1985 年第 90 号国家标准、符合节能国家标准、符合 1989 年第 181 号国家标准以及符合 2011 年第 246 号海湾标准。QC 措施共计 7 项，例如禁止进口嚼烟。

西亚北非：卡塔尔

卡塔尔在进出口农产品中采取的非关税措施相对较少，且主要集中于 SPS 措施和 TBT 措施，如表 3-31 所示。这些措施主要来源于卡塔尔卫生部发布的各种法规以及总理决定对各种商品规格的要求等。

表3-31 卡塔尔对进出口农产品实施的非关税措施　　　　　　　单位：项

项目	TBT	SPS	INSP	CTPM	QC	PC	EXP	OTH
活动物及其产品（HS01-05）	25	33	1		5	1	9	
植物类产品（HS06-14）	25	26	1		8	2	15	
动植物油脂HS15	14	17	1		5		7	
食物及其制成品（HS16-24）	34	31	1		6	1	7	

数据来源：UNCTAD，TRAINS。

SPS：卫生检疫措施［A］；TBT：技术贸易壁垒［B］；INSP：装运前的检验和其他手续［C］；CTPM：应急贸易保护主义措施［D］；QC：数量控制措施［E］；PC：价格控制措施［F］；OTH：其他措施［G, H, I, J, K, L, M, N, O］；EXP：出口相关的措施［P］。

在活动物及其产品方面，实施的非关税措施主要有SPS和TBT措施。其中SPS措施共计33项，如进出口动物产品要符合1992年农业部对动物类产品的相关决议；出于健康原因，动物产品的进口需要符合2003年8月兽医管理局发布的《关于保护动物健康的决议》。TBT措施共计25项，例如进口活体动物需要遵守国际法。

在植物类产品方面，实施的非关税措施主要有SPS、TBT和EXP措施。SPS措施共计26项，如规定进口蔬菜及相关产品的授权要符合农业部2005年第24号决议涉及的检疫制度；农业部2007年第61号决议于2008年1月31日发布，是2005年第24号决议的修正案，进一步明确进口蔬菜及相关产品的检验要求。TBT措施共计25项，例如进口意大利面和熟奶酪产品需要符合海湾标准的规格要求。

在动植物油脂类产品方面，实施的非关税措施主要包括SPS和TBT措施。SPS措施共计17项，例如油脂产品需要符合1986年第1号总理决议提出的商品规格。TBT措施共计14项，包含油脂产品在内的所有农产品必须用阿拉伯语清晰地说明产品的性质，涵盖产品名称、尺寸、规格、生产商和进口商名称、保质期等信息。

在食物及其制成品方面，实施的非关税措施主要有SPS和TBT措施。SPS措施共计31项，例如进口白糖需要符合2000年第23号总理决议修改的各种商品的规格要求；根据2006年总理决议中关于瓶装水贸易的规定，矿泉水瓶必须具有生产情况、保质期和地理来源等信息。TBT措施共计34项，例如烟草产品应包含"吸烟导致肺癌、心脏病和呼吸系统疾病"的警告信息。另外，卫生部2002年第20号决议要求采取各种程序控制和监测烟草市场。

西亚北非：沙特阿拉伯

沙特阿拉伯针对进出口农产品实施的非关税措施相对较多，且主要集中于SPS、TBT、INSP和EXP措施，如表3-32所示。这些措施主要来源于皇家法令、贸易部部长级决议以及沙特阿拉伯食品和药物管理局决议等。

表3-32 沙特阿拉伯对进出口农产品实施的非关税措施

项目	TBT	SPS	INSP	CTPM	QC	PC	EXP	OTH
活动物及其产品（HS01-05）	4	71	23		7	8	18	3
植物类产品（HS06-14）	16	59	7		12	12	29	3
动植物油脂 HS15	12	49	10		9	7	16	3
食物及其制成品（HS16-24）	12	74	20		11	7	20	2

数据来源：UNCTAD，TRAINS。

SPS：卫生检疫措施［A］；TBT：技术贸易壁垒［B］；INSP：装运前的检验和其他手续［C］；CTPM：应急贸易保护主义措施［D］；QC：数量控制措施［E］；PC：价格控制措施［F］；OTH：其他措施［G，H，I，J，K，L，M，N，O］；EXP：出口相关的措施［P］。

在活动物及其产品方面，实施的非关税措施主要有 SPS 和 INSP 措施。SPS 措施共计71项，例如根据海湾合作委员会的国家动物检疫系统，进出口活体动物、动物饲料和动物产品需要满足检验、测试、检疫、指定海关港口的卫生和兽医认证以及禁止、授权等一系列要求。INSP 措施共计23项，如规定只有经过认证的机构才能出口商品到沙特阿拉伯；运输商需要出具不在黑名单上的证明，并确认在到达沙特阿拉伯之前没有经过以色列港口。PC 措施共计8项，例如沙特阿拉伯将牲畜进口商的利润率固定为5%。TBT 措施共计4项，例如规定未经特别授权和其他登记，禁止进口各种濒危动物和真菌。

在植物类产品方面，实施的非关税措施主要有 SPS、EXP 和 TBT 措施。SPS 措施共计59项，其中进口植物产品需要有卫生证书，证明植物、植物产品以及其他与检疫、测试和检查有关的过程中无有害生物和其他微生物污染；禁止进口被有害生物感染的、未在州级注册的或含有土壤的植物及植物产品；进口种子和块茎需要符合2012年批准的海湾合作委员会关于种子和幼苗的法律；进口饲料的生产过程中完全禁止使用动物粪便。EXP 措施共计29项，如出口豆类植物，如豌豆、小扁豆和鹰嘴豆需要有许可证。PC 措施共计12项，例如沙特阿拉伯将蔬菜进口商的利润率固定为5%。

在动植物油脂类产品方面，实施的非关税措施主要包括 SPS 和 TBT 措施。SPS 措施共计49项，其中有机油脂产品需要满足有机农业的规范要求。根据2014年第55号条例，有机农业制度规定了有机产品及有机原料认证的数据、标签和技术规范要求，禁止使用化肥、农药、激素或转基因产品。

在食物及其制成品方面，实施的非关税措施主要有 SPS、INSP 和 EXP 措施。SPS 措施共计74项，如要求能量饮料的标签应带有"警告"字样，标明产品的使用限制，且不能在学校以及卫生和体育场所销售。INSP 措施共计20项，如禁止出口饮用水和冰块。

西亚北非：巴勒斯坦

巴勒斯坦针对进出口农产品实施的非关税措施相对较少，且主要集中于 SPS、TBT

3 "一带一路"沿线国家农产品贸易非关税措施的现状及特征

和 QC 措施,如表 3-33 所示。这些措施主要来源于《反吸烟法》《巴勒斯坦标准和规范法》、1964 年的《动物及动物产品进出口法》、1967 年的《加沙总督关于肉类和肉类制品的第 4 号决议》、2005 年的《关于保护鱼产品的第 243 号部长级决议》等法规和条例。

表 3-33 巴勒斯坦对进出口农产品实施的非关税措施　　　　单位:项

项目	TBT	SPS	INSP	CTPM	QC	PC	EXP	OTH
活动物及其产品（HS01-05）	8	45	5		1	5	5	1
植物类产品（HS06-14）	9	34	6		2	3	6	1
动植物油脂 HS15	7	26	5		2	2		1
食物及其制成品（HS16-24）	15	41	6		10	2	1	1

数据来源：UNCTAD,TRAINS。

SPS:卫生检疫措施 [A];TBT:技术贸易壁垒 [B];INSP:装运前的检验和其他手续 [C];CTPM:应急贸易保护主义措施 [D];QC:数量控制措施 [E];PC:价格控制措施 [F];OTH:其他措施 [G,H,I,J,K,L,M,N,O];EXP:出口相关的措施 [P]。

在活动物及其产品方面,实施的非关税措施主要有 SPS 和 EXP 措施。SPS 措施共计 45 项,例如,1964 年的《动物和动物产品进出口法》对巴勒斯坦进出口动物和动物产品的条件做出了相关规定;1999 年第 3 号部长级决议规定了巴勒斯坦冷冻肉进口的 SPS 措施;2005 年第 243 号部长级决议规范了鱼类和鱼类产品的进出口条件;1965 年第 52 号法规规定了婴儿奶粉的进口条件;2008 年第 13 号部长级决议规范了蜂蜜的进出口条件。EXP 措施共计 5 项,如规定活禽和鸡蛋出口前必须检查,并颁发卫生证书。

在植物类产品方面,实施的非关税措施主要有 SPS、TBT 和 EXP 措施。SPS 措施共计 34 项,如根据 2012 年第 12 号内阁决议,为防止植物产品的非法贸易,要求任何植物产品的进出口均须得到巴勒斯坦当局的批准。TBT 措施共计 9 项,例如 1966 年（加沙）总督第 38 号决议对茶的进口提出了规范要求;2003 年第 1 号部长级决议对必需食品的标签和包装提出了要求。EXP 措施共计 6 项,例如从加沙出口柑橘类水果的商人必须确保出口数量的 10%在加沙商业化。

在动植物油脂类产品方面,实施的非关税措施主要包括 SPS 和 TBT 措施。SPS 措施共计 26 项,如 1966 年（加沙）总督第 31 号决议规范了巴勒斯坦用于人类消费的油脂商业化问题。INSP 措施共计 5 项,例如包含油脂产品在内的所有农产品进口商必须在 Tawasol 系统上进行注册。

在食物及其制成品方面,实施的非关税措施主要有 SPS、TBT 和 QC 措施。SPS 措施最多,共计 41 项,例如 1966 年（加沙）总督第 36 号决议规范了巴勒斯坦的葡萄糖浆商业化问题;1966 年（加沙）总督第 35 号决议对哈瓦的生产和商业化做出规定;2011 年第 16 号部长级决议对巴勒斯坦人造牛奶的商业化条件做出规定;1966 年（加沙）总督第 33 号决议对苏打水的商业化做出规定;2005 年第 25 号《反吸烟法》对巴勒斯坦的烟草进出口设置了限制。

西亚北非：土耳其

土耳其针对进出口农产品实施的非关税措施相对较少，且主要集中于 SPS、INSP 和 EXP 措施，如表 3-34 所示。这些措施主要来源于《兽医服务法》《植物检疫、食品和饲料法》《进境动物及动物产品管理规定》《植物检疫条例》《海关声明》等。

表 3-34　土耳其共和国对进出口农产品实施的非关税措施　　　　单位：项

项目	TBT	SPS	INSP	CTPM	QC	PC	EXP	OTH
活动物及其产品（HS01-05）		25	5	1			6	1
植物类产品（HS06-14）		7	16	2			8	
动植物油脂 HS15		15	3				2	1
食物及其制成品（HS16-24）	4	16	4		1	1	3	2

数据来源：UNCTAD，TRAINS。

SPS：卫生检疫措施 [A]；TBT：技术贸易壁垒 [B]；INSP：装运前的检验和其他手续 [C]；CTPM：应急贸易保护主义措施 [D]；QC：数量控制措施 [E]；PC：价格控制措施 [F]；OTH：其他措施 [G，H，I，J，K，L，M，N，O]；EXP：出口相关的措施 [P]。

在活动物及其产品方面，实施的非关税措施主要有 SPS 和 EXP 措施。SPS 措施最多，共计 25 项，如动物及动物产品在入境时需在兽医边境管理站接受兽医检验，并附有产品证明书；濒危野生物种的进口、出口和再出口均需遵守 CITES（the Convention on International Trade in Endangered Species of Wild Fauna and Flora）证书的要求。EXP 措施共计 6 项，比如公布禁止出口或未经政府当局批准的商品出口清单；海关部门对已颁发天然蜂蜜证书的蜂蜜批次进行第二次检查。

在植物类产品方面，实施的非关税措施主要有 INSP、SPS 和 EXP。INSP 措施共计 16 项，比如经海关部门授权进口的某些植物产品需要接受食品、农业和畜牧业部的检查或授权检查；部分植物类产品的进口不受来源国限制。EXP 措施共计 8 项，比如出口干无花果需提供健康证明，以证实已进行黄曲霉毒素分析。SPS 措施共计 7 项，其中《植物检疫法规》对蔬菜、蔬菜产品以及其他与蔬菜健康相关的物质的进出口程序和原则提出要求。

在食物及其制成品方面，实施的非关税措施主要有 SPS、TBT 和 INSP 措施。SPS 措施共计 16 项，例如相关法规对人类饮用水的技术和卫生条件进行了规定，以确保饮用水的质量安全；同时明确了饮用水的生产、包装、标签、营销和审核的基本知识和程序。TBT 措施共计 4 项，其中一项规定了酒精、烈酒和甲醇的本地和国际贸易、分销和授权、监测和检查的程序和原则；另一项明确了使用船只在土耳其港口和码头之间进行装卸作业时需要遵守的海关监督和检查程序及原则。

西亚北非：阿联酋

阿联酋针对进出口农产品采取的非关税措施相对较多，如表 3-35 所示，主要集中于 SPS 和 EXP 措施，这些措施主要来源于联邦法律、农业水产部（现为环境与水资源部）部长级决议。

表 3-35 阿联酋对进出口农产品实施的非关税措施　　　　　　　单位：项

项目	TBT	SPS	INSP	CTPM	QC	PC	EXP	OTH
活动物及其产品（HS01-05）	1	221	16		3	8	32	2
植物类产品（HS06-14）	7	57	6		6	8	21	2
动植物油脂 HS15	1	43	7		3	4	15	1
食物及其制成品（HS16-24）	7	85	11		4	5	25	1

数据来源：UNCTAD，TRAINS。

SPS：卫生检疫措施[A]；TBT：技术贸易壁垒[B]；INSP：装运前的检验和其他手续[C]；CTPM：应急贸易保护主义措施[D]；QC：数量控制措施[E]；PC：价格控制措施[F]；OTH：其他措施[G，H，I，J，K，L，M，N，O]；EXP：出口相关的措施[P]。

在活动物及其产品方面，实施的非关税措施主要有 SPS 和 EXP 措施。SPS 措施最多，共计 221 项，例如 1979 年第 6 号联邦法律规定，进口活动物及其产品需要提供卫生证书以及没有放射性物质的证明；2002 年第 11 号联邦法律规定，某些野生动物及其产品的出口、进口和再出口需要提供生产许可证并满足其他的注册、证明和运输要求；2012 年第 163 号环境与水资源部部长级决议对食品和饲料的注册和标签提出强制性规定，并明确了有机认证的生产条件和标准；2012 年第 34 号环境与水资源部部长级决议要求牛肉的生产来自 30 个月以上的母牛，并需要提供卫生证书和清真证书；2009 年第 562 号环境与水资源部部长级决议规定，进口牛奶和奶制品需要满足卫生和兽医认证以及其他措施要求，并在动物饲养过程中不能使用动物蛋白。EXP 措施共计 32 项，例如 2012 年第 84 号环境与水资源部部长级决议规定了有机农产品和原料的生产和销售条件，出口的有机产品需要符合州级标准和规范，并且必须包含有机生产的数据和标志；1989 年第 82 号农业水产部部长级决议规定，鱼类进出口需要进行强制注册，且出口产品需要满足检查、申报、储存和运输等其他技术措施要求。

在植物类产品方面，实施的非关税措施主要有 SPS 和 EXP 措施。SPS 措施共计 57 项，例如 1992 年第 42 号联邦法律对种子和块茎的生产、进口和贸易提出各种要求；1975 年第 2 号农业水产部部长级决议禁止使用汞，出口商需要出具不使用汞的证明；1979 年第 5 号联邦法律禁止进口用于运输或包装植物的容器。EXP 措施共计 21 项，例如根据 1979 年第 5 号联邦法律的要求，出口商需要提供卫生证书和出口许可证，证明植物和植物产品没有受到有害生物和其他微生物的污染，具备满足进口国法律要求的去污和处理过程。

在食物及其制成品方面，实施的非关税措施主要有 SPS、EXP 和 INSP。SPS 措施共计 85 项，如 2009 年第 15 号联邦法律对类似烟草制品的糖果做出规定，烟草制品包装上都必须清楚地标明警示数据和图片；2013 年第 26 号部长理事会决议要求瓶装饮用水的存储需符合相关条件，饮用水需要进行测试以获得合格证书，进口饮用水需要带有阿联酋质量标志或其他公认的标志。EXP 措施共计 25 项，2004 年第 368 号农业水产部部长级决议对鱼子酱进出口的注册、标签和包装做出要求。2012 年第 102 号环境与水资源部部长级决议禁止将州内地下水生产的瓶装水出口。

俄罗斯

俄罗斯联邦针对进出口农产品实施的非关税措施相对较多，且主要集中于 SPS 和 TBT 措施，这些措施主要来源于海关联盟的各种技术规范，如表 3-36 所示。

表 3-36 俄罗斯联邦对进出口农产品实施的非关税措施　　　　单位：项

项目	TBT	SPS	INSP	CTPM	QC	PC	EXP	OTH
活动物及其产品（HS01-05）	8	134	7		4	2	11	
植物类产品（HS06-14）	20	77	10		1	2	8	
动植物油脂 HS15	16	42	1			2	3	
食物及其制成品（HS16-24）	26	105	9		7	2	11	

数据来源：UNCTAD，TRAINS。

SPS：卫生检疫措施［A］；TBT：技术贸易壁垒［B］；INSP：装运前的检验和其他手续［C］；CTPM：应急贸易保护主义措施［D］；QC：数量控制措施［E］；PC：价格控制措施［F］；OTH：其他措施［G，H，I，J，K，L，M，N，O］；EXP：出口相关的措施［P］。

在活动物及其产品方面，实施的非关税措施主要有 SPS 和 EXP 措施。SPS 措施共计 134 项，例如涉及活动物的措施规定，从第三国和欧亚经济联盟成员国领土进口的动物必须在出口国和进口国隔离 21 天；在欧亚经济联盟领土上进口动物产品需要提供兽医证书；实验动物的储存和运输需要符合相关要求，例如，它们在运输过程中不得与其他动物接触。涉及肉类和肉类产品的措施要求，进入欧亚经济联盟领土的产品需要提供兽医证书；新鲜的肉必须垂直放置，冰箱必须放在货盘上；标签必须包含肉类质量的信息，也必须包含产品名称等信息。涉及鱼等水生动物的措施规定，作为食品的活鱼必须远离自然生活环境；冷冻鱼必须在不超过 -18℃ 的温度下存放；包装不得改变鱼和鱼产品的感官品质；标签必须包含产品质量、鱼的长度、鱼和鱼产品类别等信息。涉及乳制品的措施规定，用于生产牛奶和乳制品的抗生素含量不得超过法规规定的水平；牛奶和乳制品中的微生物水平需要符合法规要求；必须从出口国的兽医当局获得兽医证书，必须获得俄罗斯联邦兽医和植物检疫监督局的批准；限制使用 7 天以上的牛奶生产乳制品。此外，食品添加剂和调味剂的含量必须符合相关要求，食品标签上必须包含产品名称、成分、生产日期、保质期、数量、生产者的位置和名称等信息。

在植物类产品方面，实施的非关税措施主要有 SPS 和 TBT 措施。SPS 措施共计 77 项，例如涉及水果蔬菜的措施要求某些产品中不包含检疫对象，例如马铃薯中的寄生虫；每包水果和蔬菜必须带有标签，其中包含产品名称、原产国等信息；马铃薯种子必须用新包装。EXP 措施共计 8 项，检疫产品必须具有植物检疫证书（根据进口商的要求制成）才能从俄罗斯联邦领土出口。

在动植物油脂类产品方面，实施的非关税措施主要包括 SPS 和 TBT 措施。SPS 措施共计 42 项，例如涉及饲料的措施规定，鱼粉、饲料和饲料添加剂中的细菌需要满足相关要求；饲料和饲料添加剂必须经过热处理程序。涉及食品油脂的措施规定，包装、储存条件和运输过程必须确保食品油脂的安全；如果存储条件可能导致油脂污染，则食品油脂不得与其他产品相邻存放；食品油脂产品的标签必须包括生产日期、保质期等信息。

在食物及其制成品方面，实施的非关税措施主要有 SPS、TBT 和 EXP 措施。SPS 措施共计 105 项，例如涉及肉制品的措施规定，香肠产品和肉类产品的热处理必须在专用设备上进行；儿童肉类产品不得含有甜味剂。涉及水果和蔬菜汁的措施规定，标签应符合食品标签法规的要求；标签必须包含果汁制造原料的信息；必须符合法规所列的微生物和卫生要求；运输过程应为果汁提供必要的温度。TBT 措施共计 26 项，例如涉及烟草制品的措施规定，只有收到烟草制品的合格声明，才能通过合格评定程序；为了通过合格评定程序，需要对烟草制品进行测试；生产商或进口商必须向俄罗斯联邦卫生与社会发展部提交有关产品成分的摘要；烟草制品的标签上必须包括生产者名称、烟草制品类型及警告标志等信息；需要带有欧亚经济联盟统一流通标志的标签。

3.5 本章小结

本章分析了"一带一路"沿线国家对进出口农产品实施的非关税措施现状及特征。随着关税逐步降低且越来越透明化，非关税措施因其隐蔽性和针对性强，在贸易中的使用频率越来越高，其中以 A 类（SPS 措施及卫生和植物检验检疫措施）和 B 类（TBT 措施及技术性贸易措施）为代表的新型非关税措施的使用频率最高，分别占实施措施总数的 40.62% 和 34.89%。从区域角度来看，亚洲国家实施的非关税措施最多，占比为 37.58%。在所有大洲实施的各类措施中，亚洲国家实施的 A 类措施占比为 29%，B 类措施占比为 45%，F 类措施占比为 50%，其他类和 P 类措施占比为 52%，表明亚洲国家使用的新型和传统的非关税措施都很多。在亚洲区域内实施的各类措施中，A 类措施占比为 31.77%，B 类措施占比为 42.04%，P 类措施占比为 14.55%。针对农产品进口实施的非关税措施主要是 SPS 措施和 TBT 措施，其中 SPS 措施的实施最多，占比为 50.36%。因受农药残留、兽药残留以及各国的食品标准和相关法规的影响，活动物及其产品、蔬菜类产品以及饮料、烈酒和醋、烟草等产品是非关税措施实施的重点产品。"一带一路"沿线国家对进出口农产品实施的非关税措施数量多、类型丰富，且因贸易产品不同而不同。根据查询到的"一带一路"沿线国家实施的各类非关税措施的详细信息以及数据，本章详细概述了 30 个沿线国家的非关税措施现状。

4 "一带一路"沿线国家非关税措施的测算

非关税措施的量化一直是国际贸易研究的重要方面。目前，非关税措施的量化研究已取得了一定的进展，学者们提出了非关税措施的量化思路及方法，并对常见的非关税措施构建了测算公式。本章将在总结梳理已有的非关税措施定量测算方法的基础上，对于农产品按照活动物及动物类产品（HS01-05）、植物蔬菜类产品（HS06-14）和食品及相关产品（HS15-24）分别使用非关税措施的发生频率指标和覆盖率指标进行测算。

4.1 非关税措施的定量测算方法

目前，国内外常见的非关税措施定量测算方法主要有以下几种方法：存量指标测算法、非关税壁垒强度指数、技术贸易壁垒系数、非关税措施的保护指数、关税等值法、贸易流量法和模拟测算法。

4.1.1 存量指标测算法

存量指标测算法是指使用存量指标对非关税措施进行测算，该方法有两个指标：覆盖率指数和频率指数。覆盖率指数是指某一进口国实施的非关税措施对进口货物的覆盖范围。频率指数是指某一出口国对进口的产品使用非关税措施的频率高低。根据覆盖率指数的含义，该指标通常使用遭受非关税措施影响的进口商品额占该国所有进口商品额的比重来表示。计算公式如下：

$$C_{jt} = \left[\frac{\sum D_{it} \times V_{it}}{\sum V_{it}} \right] \times 100 \qquad (式4-1)$$

式中，i 为进口国，j 为出口国，t 为年份。C_{jt} 被用来衡量某一进口国 t 年的非关税措施对来自某出口国 j 的出口商品的影响范围。D_{it} 为一个虚拟变量，t 年进口国 i 对来自出口国 j 的产品实施了非关税措施，此时 D_{it} 为1，没有实施非关税措施的年份则为零；V_{it} 指受非关税措施影响的商品价值占该进口国所有进口商品价值的比重。计算得到的 C_{jt} 越大，表明进口国实施的非关税措施覆盖面就越大。但 C_{jt} 的减小，并不能说明进口国实施的非关税措施减少。假设进口国 i 对 j 国某类进口商品实施了比以往更加严格的非关税措施，则对应商品进口额短期内会下降，V_{it} 随之减小甚至降为零，导致 C_{jt} 也会减小。因而，从表面上来看似乎进口国实施的非关税措施在减少，实际上是非关税措施越来越严格了，对货物贸易的影响更大。为了避免该指标的这种缺陷，世界银行和联合国贸易和发展委员会（UNCTAD）建议使用 M_{it} 代替 V_{it}，式4-1 转变为式4-2：

$$F_{jt} = \left[\frac{\sum D_{it} \times M_{it}}{\sum M_{it}} \right] \times 100 \qquad (式4-2)$$

式中，M_{it} 为虚拟变量，当 i 国对 j 国产品有进口时为1，没有进口时为零。这样的转变使得上述的覆盖率指数变为频率指数，通常用 F_{jt} 表示。该指标是指 i 国在 t 年实施的非关税措施的进口商品种类数占总进口商品总类数的比重。

覆盖率指数和频率指数都是基于考察进口国对进口产品是否实施了非关税措施。这两个指标既可以在不同国家之间进行跨国比较,还可以同一国家进行跨年度比较。相对而言,测算需要的数据比较容易查找,因而在非关税措施的定量研究中使用最为频繁。但当某类产品由于非关税措施的实施被完全禁止进口时,使用这两个指标就无法进行测算。

4.1.2 非关税壁垒强度指数

汤海滨等(2007)采用非关税壁垒强度指数($NTBI$)对东盟各国针对进口产品实施的非关税壁垒进行测算。该指标的计算公式如下:

$$NTBI = \frac{1}{mn}\sum_{j=1}^{m}\sum_{i=1}^{n} D_{ij} W_j \times 100 \qquad (式4-3)$$

式4-3中,m为国家个数;n为每一类商品或行业包含的HS四分位商品的个数;D_{ij}为虚拟变量,当第j个国家对第i种商品实施一种或一种以上的非关税措施时等于1,否则为零;W_j为东盟第j个国家进口额占东盟总进口额的比重。该方法适用于一个国家群的不同类型商品的壁垒强度描述,不适合两国之间的技术壁垒的度量。

4.1.3 技术贸易壁垒系数

蒋建业等(2009)利用各国向WTO进行TBT和SPS通报数总和的多少进行对比来测算,构建了技术壁垒系数,具体模型如下:

$$S_{ij} = \max\left(0, \frac{A_i - A_j}{A_i}\right) \qquad (式4-4)$$

式4-4中,A_i和A_j分别为i国和j国发布的TBT和SPS通报数总和,当$S_{ij}=0$时,表示i国和j国相比较技术标准低,对j国没有造成技术性壁垒;S_{ij}越大,说明i国对j国的技术性贸易壁垒越强。在此基础上又提出了行业壁垒系数,是专门用来度量行业非关税贸易壁垒。B_i^k和B_j^k分别为i国、j国对k行业设置的TBT措施,把T_{ij}^k表示i国对j国k行业的TBT壁垒系数,T_{ij}^k用式4-5表示为:

$$T_{ij}^k = \max\left(0, \frac{B_i^k - B_j^k}{B_j^k}\right) \qquad (式4-5)$$

该指标可以从整体上判断2个国家之间某行业实施的TBT和SPS措施的相对频繁程度,但无法针对某进口国对某出口国实施的非关税措施程度进行细化衡量。

4.1.4 非关税措施的保护指数

Li et al.(2013)提出了非关税措施的保护指数,其目的是对各国实施的非关税壁垒强度进行量化。该指标构建思路基于各国实施的非关税措施和国际标准相比较的保护程度。国际标准为Codex(国际食品法典委员会)标准,各国的非关税措施用各国自己规定的MRLs(有害物质的最大残留标准)来表示。如果一个国家的最大残留量和国际标准比较，相对更宽松一些，则代表该国的非关税措施没有构成保护主义。具体计算公式如下：

$$S_{ij} = \frac{1}{K_j} \sum_{K_j=1}^{K_j} \exp\left(\frac{M_{c,jK_j} - M_{i,jK_j}}{M_{c,jK_j}}\right) \quad \text{（式4-6）}$$

$$S_i = \sum_{j=1}^{J} \sum_{k=1}^{K_j} \left(\sum_{j=1}^{J} \exp\left(\frac{M_{c,jK_j} - M_{i,jK_j}}{M_{c,jK_j}}\right)\right) \times W_{ij} \quad \text{（式4-7）}$$

$$S_j = \sum_{i=1}^{I} \sum_{k=1}^{K_j} \left(\sum_{j=1}^{J} \exp\left(\frac{M_{c,jK_j} - M_{i,jK_j}}{M_{c,jK_j}}\right)\right) \times W_{ij}' \quad \text{（式4-8）}$$

式中4-6，M_{i,jK_j} 为进口国 i 对产品 j 有害残留物质 K_j 最大残留水平；M_{c,jK_j} 为同样产品同样的有害物质国际最大残留水平（Codex 标准）。进口国总数 I，产品总数 J；针对产品 j 的所有有害物质的总数记为 K_j。S_{ij} 为从产品和进口国的角度测算 MRLs 的保护指数；S_i 为针对特定产品以及对应 MRLs 标准测算的相应进口国的 MRLs 保护指数；S_j 为针对特定国家以及相应的 MRLs 标准计算的相应产品的 MRLs 保护指数。其中式 4-7 和式 4-8 中的 W_{ij} 和 W_{ij}' 分别为对固定的国家加总所有产品时，产品 j 被赋予的权重；以及对于固定的产品，加总所有国家时，进口国 i 被赋予的权重。具体计算公式如下：

$$W_{ij} = IM_{ij} / \sum_{j=1}^{J} IM_{ij} \quad \text{（式4-9）}$$

$$W_{ij}' = IM_{ij} / \sum_{i=1}^{I} IM_{ij} \quad \text{（式4-10）}$$

式 4-9、式 4-10 中，IM_{ij} 为国家 i 进口产品 j 的总量。指数为 1 时，代表没有保护主义政策；如果大于 1 时，表明是保护主义政策，此时进口国的 MRLs 要比 Codex 标准严格；当 Codex 标准比进口国标准严格时，该指数小于 1，属于"非保护主义的政策"。该方法能把非关税措施中的 SPS 措施很好地转化成便于计量分析的指数，也能较科学地评价非关税措施的保护程度。但该方法不能对其他类别的非关税措施进行量化。

4.1.5 关税等值法

Deardorff et al.（1997）提出了 Tariff Equivalent（关税等值）的概念，他们认为非关税措施的实施会增加进口商品的成本，或者影响同类商品的国内生产成本，最终会影响到产品的价格，使得产品在进口国的价格和国际市场价格之间产生价格差。这种价格差就像对进口商品征收了关税一样，可以用来衡量非关税措施实施所带来的效果。具体的计算公式如下：

$$TE = \frac{r}{P_c} = \frac{r_x + r_m}{P_c} \quad \text{（式4-11）}$$

式 4-11 中，P_c 为 CIF 价格，即进口价格；r 为由于非关税措施造成的价格扭曲带来的垄断利润；r_x 和 r_m 分别为在出口环节和进口环节由于非关税措施导致的垄断利润。原则上，r_x 和 r_m 可以用实际价格同正常计算出来的结构价格相比较得出，但在实际计算中，需要考虑生产成本、分销成本以及运输费用等，相对而言要计算得到关税等值较难获取数据。

4.1.6 贸易流量法

贸易流量法基于非关税措施的实施对贸易流量的影响，Jager et al. (1977) 认为数量的测算优于价格测算，数量能表达非关税措施实施的具体效应——减少了多少贸易量。在实际中，贸易额和贸易量的数据比价格更容易获取。并且对于政策制定者而言，对贸易流量的影响比价格的影响更有意义。Helpman et al. (2004) 同样使用引力模型测算了特定非关税措施对贸易的影响。Kee et al. (2004, 2008) 使用引力模型估计了非关税措施的数量影响，进一步把数量影响转化为价格效应，估计了3种类型的贸易限制指数。总结以上文献，非关税措施对贸易影响较常使用的模型如下：

$$\ln m_{nc} = \alpha_n + \sum_k a_k C_c^k + \left(\beta_n + \sum_k \beta_{nk} C_c^k\right) N_c^n + \gamma \ln(1 + t_{nc}) + \mu_{nc} \quad (式4-12)$$

式4-12中，m_{nc}为国家C进口产品n的值；C_c^k为各国要素禀赋的比较优势。N_c^n为影响产品n的非关税措施；t_{nc}为进口国C对产品n征收的进口关税；μ_{nc}为随机扰动项。

对于非关税措施N_c^n既可以是虚拟变量，只局限于说明产品是否受非关税措施的影响，也可以是具体数据的变量。不同的形式，估计方法也有差别，如果N_c^n是连续变量，用普通两阶段方法估计，如果N_c^n是虚拟变量，则使用 Heckman 两阶段估计 (Kee et al., 2006)。Chen et al. (2008) 使用 MRLS (最大农药残留量标准) 测度非关税措施对农产品的影响。

4.1.7 模拟测算法

模拟测算法是指一般均衡模型和局部均衡模型，该方法在贸易政策分析中举足轻重。一般均衡模型是研究产业和国家之间的联系，局部均衡模型用于分析特定的产品或部门。并且，通过模拟测算法能估计非关税措施对贸易、生产和消费的影响，这也是进行定量化分析的最终目标。Andriamananjara et al. (2004) 基于测算出的非关税措施的关税等值，利用 GTAP 模型模拟了非关税措施消除后的福利影响。Fugazza et al. (2008) 使用同样的方法估计了覆盖全球所有国家范围的、详细的关税等值。

4.2 "一带一路"沿线国家农产品非关税措施的测算

考虑到需要涵盖的非关税措施种类以及涉及的国家和产品较多，结合各种非关税措施测算方法的优缺点，本节采用覆盖率指数和频率指数对于农产品按照活动物及动物类产品 (HS01-05)、植物蔬菜类产品 (HS06-14) 和食品及相关产品 (HS15-24) 分别进行测算。由于近些年贸易保护主义盛行，非关税措施被使用的越来越频繁，人们对非关税措施越来越关注，各类型非关税措施数据库日益完备。UNCTAD (联合国贸易与发展委员会) 近些年也在不断加大对非关税措施信息及数据的收集，有了较完备的数据库，使得我们收集数据越来越方便、准确，且能从整体上进行测算。

4.2.1 活动物及动物类产品的非关税措施

"一带一路"沿线国家针对活动物及动物类产品实施的非关税措施是所有农产品中最多的。如表4-1所示，从实施的非关税措施类型来看，东盟国家对进出口活动物及其相关产品实施的A类、B类和P类非关税措施多，C类、E类和F类措施较多，G类和H类措施极少。A类措施中，印度尼西亚和菲律宾两国的频率指数均为100.00，说明两国对所有进口的动物类产品都会实施非关税措施；马来西亚、文莱、柬埔寨、泰国、新加坡和缅甸的指数都在90.00以上，表明以上国家会对90%以上的进口动物类产品实施SPS措施；相对而言，越南的指数较低，仅为78.94。B类措施中，马来西亚的指数为100.00，是所有国家中最高的，说明马来西亚会对所有进口动物类产品实施TBT措施，要求遵守马来西亚的国家法律、法规和条例；印度尼西亚、菲律宾、新加坡、泰国4个国家的指数均在95.00以上，相对而言，以上国家经济发展水平和技术发展水平都较高，因而对于进口的农产品有较高的技术标准和要求；越南和柬埔寨的指数较低，均在80.00以下，这可能与两个国家的经济发展水平和技术水平有关，这两个国家对进口农产品的技术标准和要求略低，实施的TBT措施种类较少。C类措施中，印度尼西亚、菲律宾的指数相对较高，均在70.00以上，文莱的指数为61.29，表明这些国家对进出口产品的装运前检验和其他的海关措施都有较严格的要求，其他国家很少实施此类措施。E类措施和F类措施属于传统的非关税措施，相对来说，这两类措施的实施频率较低。缅甸E类措施的频率指数为100.00，说明缅甸对所有的进口动物类产品都要实施关税配额或数量控制等措施。F类措施中，新加坡、泰国、文莱和柬埔寨的指数均在90.00以上，这些国家为了保护本国动物类产业的发展，对进口的动物类产品较频繁地实施价格控制措施。P类措施是和出口相关的措施，柬埔寨针对该类措施的频率指数为100.00，即对所有出口的动物产品都会征收出口税或者制定出口配额等措施；印度尼西亚、缅甸、新加坡、越南和文莱针对该类措施的频率指数都在90.00以上，相对较高，说明以上国家对出口的动物类产品的把关比较严格；菲律宾和泰国的指数非常低，其中菲律宾几乎没有限制。

表4-1 "一带一路"沿线国家实施的非关税措施频率指数（动物类产品）

区域	国家	A	B	C	E	F	P	G	H
东盟国家	印度尼西亚	100.00	96.76	72.32	40.79	—	99.85	—	—
	缅甸	91.67	89.04	—	100.00	5.27	92.97	—	—
	马来西亚	99.63	100.00	4.91	—	40.79	73.08	—	—
	菲律宾	100.00	97.89	76.28	54.19	60.78	0.16	100.00	—
	新加坡	92.71	99.22	—	—	92.93	98.59	—	—
	泰国	95.37	98.20	0.01	9.55	98.00	19.11	—	—
	越南	78.94	75.91	—	—	—	96.28	—	—
	文莱	96.55	88.74	61.29	17.31	98.14	99.74	—	—
	柬埔寨	97.72	78.88	—	—	97.72	100.00	—	—

(续表)

区域	国家	A	B	C	E	F	P	G	H
南亚国家	印度	72.18	32.53	—	14.93	—	—	—	—
	尼泊尔	27.96	24.15	—	—	—	0.01	—	—
	阿富汗	42.07	—	—	40.71	—	—	—	—
	斯里兰卡	100.00	100.00	100.00	—	4.51	100.00	—	—
	巴基斯坦	100.00	—	100.00	—	—	100.00	—	—
西亚国家	阿联酋	100.00	0.08	100.00	—	100.00	100.00	—	0.07
	巴林	100.00	0.02	100.00	—	2.06	100.00	—	—
	以色列	100.00	—	100.00	58.70	95.68	71.07	—	—
	科威特	92.38	87.99	22.36	87.71	0.47	45.20	—	—
	黎巴嫩	99.85	64.03	74.72	0.04	—	98.92	—	0.02
	阿曼	99.98	11.14	42.79	—	—	99.77	99.96	—
	沙特阿拉伯	100.00	31.66	100.00	—	99.46	100.00	—	86.49
	土耳其	92.44	14.75	89.01	—	—	40.30	—	22.77
	卡塔尔	99.92	99.95	37.24	0.34	2.32	99.25	—	—
中亚国家 欧洲国家	塔吉克斯坦	100.00	—	—	—	—	99.82	—	—
	俄罗斯	100.00	97.37	95.21	31.45	66.20	97.52	100.00	97.37
	斯洛文尼亚	0.22	0.22	—	—	—	—	—	—
典型国家	日本	99.45	96.37	0.54	9.04	0.54	92.97	—	—
	美国	100.00	92.43	59.62	0.43	100.00	100.00	—	—

数据来源：TRAINS and WITS。

A：卫生与植物检疫措施；B：技术性贸易壁垒；C：装运前的检验和其他手续；E：非自动许可、配额、除SPS和TBT原因外禁止贸易和数量控制措施；F：价格控制措施，包括附加税、费；G：金融措施；H：影响竞争的措施；P：与出口相关的措施。

南亚国家对进出口的动物类产品实施的非关税措施较少，主要为A类措施。斯里兰卡和巴基斯坦A类措施的频率指数均为100.00，对所有进口动物产品都会实施SPS措施；印度的指数为72.18，尼泊尔和阿富汗的指数相对较低。B类措施中，斯里兰卡的指数为100.00；印度和尼泊尔的频率指数较低，说明这两国对进口的动物产品实施的技术标准较低，技术法规也较少。P类措施中，斯里兰卡和巴基斯坦的频率指数均为100.00，对出口的动物类产品有严格限制。

西亚国家对进出口的动物类产品实施的非关税措施较多，主要为 A 类措施、C 类措施和 P 类措施。所有国家对进口的动物产品实施的 A 类措施频率指数都在 90.00 以上。西亚国家大部分是伊斯兰教国家，有特殊的宗教禁忌，因而这些国家对进口的动物类产品都实施较严格的 SPS 措施。B 类措施中，卡塔尔和科威特的频率指数较高，说明卡塔尔和科威特对进口的动物类产品实施较严格的技术标准；其余国家该措施的频率指数都较低，表明这些国家对进口的动物类产品实施的 TBT 措施较少。C 类措施中，阿联酋、巴林、以色列以及沙特阿拉伯 4 个国家的频率指数均为 100.00，说明这些国家对进口的动物类产品在装运前的检查和非技术措施的其他手续复杂。E 类措施中，科威特的频率指数最高，为 87.71，其余国家较低，表明科威特对进口的动物类产品会实施进口配额等数量控制措施。F 类措施中，阿联酋、以色列和沙特阿拉伯的频率指数均在 95.00 以上，这 3 个国家会对进口动物类产品征收额外的税费。P 类措施中，阿联酋、巴林、黎巴嫩、阿曼、沙特阿拉伯和卡塔尔的频率指数都在 90.00 以上，说明这些国家对出口的动物类产品实施的措施较多。

中亚国家对进口的动物类产品实施的非关税措施较少。欧洲国家仅有俄罗斯和斯洛文尼亚的数据，而斯洛文尼亚几乎未对进出口的动物类产品设置非关税措施。俄罗斯对进口的动物类产品实施的非关税措施种类多、频率高。其中，A 类和 G 类措施的频率指数都为 100.00，意味着俄罗斯对所有进口的动物类产品都会实施 SPS 措施，或者指定专门的进口商以及强制使用国家服务或者运输。B 类、C 类和 H 类措施的频率指数都在 95.00 以上，表明俄罗斯对进口的动物类产品既有新型的技术性贸易措施，也有传统的数量控制和价格控制措施。P 类措施的频率指数为 97.52，说明俄罗斯对出口的动物类产品有较严格的控制措施。

"一带一路"沿线国家针对活动物及动物类产品实施的非关税措施是所有农产品中最多的。如表 4-2 所示，从实施的非关税措施类型来看，东盟国家对进出口活动物及其相关产品主要实施 A 类、B 类和 P 类措施，C 类、E 类和 F 类措施较多，G 类和 H 类措施极少。A 类措施中，印度尼西亚和菲律宾两国的覆盖率指数均为 100.00，说明两国对所有进口的动物类产品都会实施 SPS 措施；马来西亚、文莱、柬埔寨、新加坡和越南的指数都在 90.00 以上，缅甸和泰国的指数在 85.00 以上，表明东盟国家实施的 SPS 措施覆盖了绝大部分动物类产品。B 类措施中，马来西亚的指数覆盖率为 100.00，是所有国家中最高的，说明马来西亚对所有进口的动物类产品都会实施 TBT 措施；印度尼西亚、柬埔寨、新加坡、泰国 4 个国家的指数均在 90.00 以上；越南、缅甸、菲律宾和文莱的指数均在 80.00 左右，说明实施的 TBT 措施覆盖了 80% 左右的进口农产品。P 类措施主要是和出口相关的措施，其中菲律宾、柬埔寨、印度尼西亚、马来西亚、新加坡和文莱的指数较高，均在 90.00 以上，说明这些国家对 90% 以上的出口动物类产品实施非关税措施；泰国的指数非常低，表明泰国对出口的动物类产品限制较少。C 类措施中，印度尼西亚和菲律宾相对较高，均在 76.00 以上，其他国家很低，表明其他国家对出口的动物产品很少实施该类措施。E 类措施和 F 类措施相对来说实施的覆盖面较小，其中缅甸 E 类措施的覆盖率指数为 100.00；F 类措施中，泰国、文莱、新加坡和柬埔寨的指数都在 90.00 以上，说明这些国家对绝大部分的进口动物类产品实施价格控制措施。

表 4-2 "一带一路"沿线国家实施的非关税措施覆盖率指数（动物类产品）

区域	国家	A	B	C	E	F	P	G	H
东盟国家	印度尼西亚	100.00	93.78	85.33	17.33	—	93.98	—	—
	缅甸	88.03	78.17	—	100.00	23.94	87.61	—	—
	马来西亚	99.01	100.00	11.18	—	40.46	91.53	—	—
	菲律宾	100.00	88.36	76.36	71.64	76.36	100.00	3.27	—
	新加坡	90.38	93.08	—	—	91.15	92.09	—	—
	泰国	85.43	94.70	0.33	0.99	94.37	16.31	—	—
	越南	94.62	85.77	—	—	—	74.78	—	—
	文莱	92.20	87.16	24.31	11.01	96.33	95.65	—	—
	柬埔寨	97.92	94.44	—	—	97.92	100.00	—	—
南亚国家	印度	80.73	36.70	—	13.76	—	—	—	—
	尼泊尔	16.24	5.98	—	—	—	2.04	—	—
	阿富汗	33.33	—	—	31.33	—	—	—	—
	斯里兰卡	100.00	100.00	100.00	—	29.95	100.00	—	—
	巴基斯坦	100.00	—	100.00	—	—	100.00	—	—
西亚国家	阿联酋	100.00	2.44	100.00	—	100.00	100.00	—	2.13
	巴林	100.00	2.37	100.00	—	0.34	100.00	—	—
	以色列	100.00	—	100.00	18.45	90.78	86.67	—	—
	科威特	91.60	90.08	61.07	82.44	7.63	80.00	—	—
	黎巴嫩	91.56	86.22	26.22	2.67	—	90.00	—	1.33
	阿曼	96.40	4.32	84.53	—	—	96.79	95.68	—
	沙特阿拉伯	100.00	35.14	100.00	—	96.76	100.00	31.89	—
	土耳其	96.88	19.79	86.46	—	—	45.97	—	18.75
	卡塔尔	96.96	98.65	73.65	3.04	1.01	90.54	—	—
中亚国家 欧洲国家	塔吉克斯坦	100.00	95.83	—	—	—	99.82	—	—
	俄罗斯	99.66	85.86	86.53	4.71	79.46	87.46	99.66	85.86
	斯洛文尼亚	4.00	4.00	—	—	—	—	—	—
典型国家	日本	95.90	84.70	0.75	13.06	0.75	80.09	—	—
	美国	100.00	97.19	66.25	1.25	100.00	100.00	—	—

数据来源：TRAINS 和 WITS。

A：卫生与植物检疫措施；B：技术性贸易壁垒；C：装运前的检验和其他手续；E：非自动许可、配额、除 SPS 和 TBT 原因外禁止贸易和数量控制措施；F：价格控制措施，包括附加税、费；G：金融措施；H：影响竞争的措施；P：与出口相关的措施。

从覆盖率指数可以看出，南亚国家对进出口的动物类产品实施的非关税措施较少，主要为 A 类措施。斯里兰卡和巴基斯坦 A 类措施的覆盖率指数均为 100.00，SPS 措施覆盖了所有的进口动物产品；印度的指数为 80.73，尼泊尔和阿富汗的指数相对较低。B 类、C 类和 P 类措施方面，斯里兰卡的指数都为 100.00，说明斯里兰卡对进出口的动物类产品有严格限制，对进口的所有动物类产品实施非关税措施。

从覆盖率指数来看，西亚国家对进出口的动物类产品实施的非关税措施主要集中在 A 类措施、C 类措施和 P 类措施。所有国家对进口的动物产品实施的 A 类措施覆盖率指数都在 90.00 以上，表明 SPS 措施覆盖了绝大部分西亚国家进口的动物类产品。B 类措施中，卡塔尔、科威特和黎巴嫩的覆盖率指数较高，均在 80.00 以上，其余国家的覆盖率指数较低，说明除卡塔尔、科威特和黎巴嫩外，其余的西亚国家对进口的动物类产品实施的 TBT 措施覆盖面较小。C 类措施中，阿联酋、巴林、以色列以及沙特阿拉伯 4 个国家的覆盖率指数均为 100.00，说明这些国家会对所有的进口动物类产品实施装运前的检查和非技术措施的其他手续。E 类措施中，科威特的覆盖率指数最高，为 82.44，其余国家近乎没有。F 类措施中，阿联酋、以色列和沙特阿拉伯的覆盖率指数都在 90.00 以上，说明这些国家会对进口动物类产品实行价格管制措施。P 类措施中，除了土耳其，其他国家的覆盖率指数都在 80.00 以上。

中亚国家仅有塔吉克斯坦的数据，该国对进口的动物类产品实施的非关税措施主要集中在 A 类、B 类和 P 类措施。塔吉克斯坦的 A 类措施覆盖率指数为 100.00，B 类措施的指数为 95.83，P 类措施的指数为 99.82，说明塔吉克斯坦对进口食品主要实施 SPS 和 TBT 措施，并对 99.8%的出口食品实施出口管控措施。欧洲国家中，俄罗斯对进口的动物类产品实施的非关税措施种类多、覆盖广。其中，A 类和 G 类措施的覆盖率指数均为 99.66，俄罗斯几乎对所有进口的动物类产品都会实施 SPS 措施；B 类、C 类和 H 类措施的覆盖率指数都在 85.00 以上；P 类措施覆盖率指数为 87.46。

作为世界上经济发达、技术发展水平高的国家代表，美国和日本对进口农产品实施严格且苛刻的管制措施，如中国每年有大量的农产品出口到美国和日本时，因达不到要求被扣留或者直接销毁。美国对进口的动物类产品实施的非关税措施主要为 A 类、B 类和 F 类，且这 3 类措施的频率指数都在 90.00 以上，A 类和 F 类的覆盖率指数均为 100.00，B 类的覆盖率指数为 97.19，相对较高，其中 SPS 措施覆盖了所有的进口动物类产品。C 类措施的频率指数为 59.62，覆盖率指数为 66.25，说明美国对进口的动物类产品转运前的检查相对较少。P 类措施的频率和覆盖率指数均为 100.00，表明美国对所有出口的活动物及动物类产品都会有较严格的限制。

日本对进口动物类产品实施的非关税措施主要是 A 类和 B 类措施，这两类措施的频率指数均在 95.00 以上，覆盖率指数分别为 95.90 和 84.70，表明日本对进口的大多数动物类产品会实施 SPS 和 TBT 措施。日本 P 类措施的频率指数为 92.97，覆盖率指数为 80.09，对出口的动物类产品会实施一定的非关税措施。

4.2.2 植物蔬菜类产品的非关税措施

针对植物蔬菜类产品实施的非关税措施如表 4-3 和表 4-4 所示。从实施的非关税措施类型来看,东盟国家对进出口植物产品主要实施 A 类、B 类、F 类和 P 类措施,C 类、E 类措施较少,G 类和 H 类更少。A 类措施中,缅甸、菲律宾、越南和文莱 4 国的频率指数都在 90.00 以上,覆盖率指数都在 99.00 以上,说明以上国家对 90% 以上的进口植物产品实施 SPS 措施;印度尼西亚、马来西亚、新加坡和泰国的频率指数均在 80.00 以上,印度尼西亚和新加坡的覆盖率指数均在 95.00 左右,马来西亚和泰国的覆盖率指数均在 75.00 左右,可知印度尼西亚和新加坡实施的 SPS 措施覆盖 95% 左右的进口植物产品,马来西亚和泰国实施的 SPS 措施覆盖 75% 左右的进口植物产品,但实施频率相差不大;柬埔寨的频率和覆盖率指数都在 15.00 以下,其中,柬埔寨对植物产品的进口几乎未设置 SPS 措施。

表 4-3 "一带一路"沿线国家实施的非关税措施频率指数(植物及蔬菜类产品)

区域	国家	A	B	C	E	F	P	G	H
东盟国家	印度尼西亚	88.92	19.94	59.49	0.95	—	64.63	0.95	2.53
	缅甸	99.00	81.61	94.98	81.61	94.98	99.46	—	—
	马来西亚	87.86	99.42	22.25	13.01	24.57	98.17		
	菲律宾	99.40	99.09	44.11	21.15	15.11	99.34	18.13	
	新加坡	84.13	18.73	—	—	83.81	74.20		
	泰国	81.31	83.38	3.56	6.82	79.23	7.78		2.08
	越南	99.07	86.02	—		6.21	97.48		
	文莱	99.02	81.64	—	1.31	81.31	97.73		
	柬埔寨	14.17	100.00	—		16.93	100.00		
南亚国家	印度	96.47	79.61	—	1.96	—	4.15	—	6.27
	尼泊尔	17.63	15.11				0.72		
	阿富汗	58.47	12.90	58.06	58.47		74.57		
	斯里兰卡	97.44	100.00	8.33	—	3.85	100.00		
	巴基斯坦	47.68	11.92	27.81	0.66	—	31.27		
西亚国家	阿联酋	98.83	12.83	99.71	1.17	89.21	99.70	38.78	12.24
	巴林	99.11	13.02	92.90	2.96	—	99.58	—	0.89
	以色列	100.00	—	2.33	—	37.33	48.77		
	科威特	98.52	91.12	2.07	89.35	86.39	88.21		
	黎巴嫩	97.83	7.74	1.24	1.86	—	49.65	—	0.31
	阿曼	98.81	88.10	2.98	—	87.50	99.51	3.27	—
	沙特阿拉伯	98.71	17.42	17.10	1.94	98.71	98.62	19.68	
	土耳其	99.04	0.96	66.67	—	—	56.04		1.60
	卡塔尔	99.71	100.00	1.75	—	87.46	85.84	—	—

(续表)

区域	国家	A	B	C	E	F	P	G	H
中亚国家	塔吉克斯坦	91.75	—	—	—	—	90.48	—	—
欧洲国家	俄罗斯	97.33	88.72	96.14	2.67	99.41	75.31	—	—
	斯洛文尼亚	1.00	—	—	—	—	—	—	—
典型国家	日本	98.18	84.85	58.79	6.36	5.76	8.91	—	0.30
	美国	91.71	81.14	1.71	—	100.00	100.00	—	—

数据来源：TRAINS 和 WITS。

A：卫生与植物检疫措施；B：技术性贸易壁垒；C：装运前的检验和其他手续；E：非自动许可、配额、除SPS 和 TBT 原因外禁止贸易和数量控制措施；F：价格控制措施，包括附加税、费；G：金融措施；H：影响竞争的措施；P：与出口相关的措施。

表4-4 "一带一路"沿线国家实施的非关税措施覆盖率指数（植物及蔬菜类产品）

区域	国家	A	B	C	E	F	P	G	H
东盟国家	印度尼西亚	98.44	48.53	72.94	0.53	—	90.75	0.53	20.60
	缅甸	99.98	95.60	98.14	93.79	98.14	100.00	—	—
	马来西亚	78.09	99.58	16.88	22.93	18.63	99.77	—	—
	菲律宾	99.97	99.97	84.29	52.50	45.73	99.90	34.28	—
	新加坡	94.80	45.63	—	—	93.60	59.90	—	—
	泰国	75.97	76.08	1.63	29.03	75.37	8.57	—	1.83
	越南	99.98	97.36	—	—	1.56	99.91	—	—
	文莱	99.99	96.40	—	0.23	96.39	92.31	—	—
	柬埔寨	10.73	100.00	—	—	19.12	100.00	—	—
南亚国家	印度	99.88	99.04	—	0.51	—	36.62	—	1.47
	尼泊尔	48.48	40.71	—	—	—	6.26	—	—
	阿富汗	21.60	20.87	21.59	21.59	—	83.38	—	—
	斯里兰卡	99.28	100.00	0.97	—	5.53	100.00	—	—
	巴基斯坦	32.42	21.45	26.62	1.65	—	66.79	—	—
西亚国家	阿联酋	99.98	15.11	98.65	0.56	91.89	98.99	41.25	6.97
	巴林	100.00	10.68	98.66	0.90	—	99.70	—	0.50
	以色列	100.00	—	0.27	—	19.22	87.05	—	—
	科威特	99.99	96.06	0.03	96.04	90.38	91.67	—	—
	黎巴嫩	99.90	11.75	3.21	1.09	—	33.77	—	0.14
	阿曼	99.98	78.19	0.11	—	72.75	99.85	0.69	—
	沙特阿拉伯	99.96	11.12	7.19	0.61	99.96	99.61	27.28	—
	土耳其	95.36	0.01	89.44	—	—	0.66	—	49.63
	卡塔尔	100.00	100.00	0.31	—	90.27	88.02	—	—

(续表)

区域	国家	A	B	C	E	F	P	G	H
中亚国家	塔吉克斯坦	99.89	—	—	—	—	96.22	—	—
欧洲国家	俄罗斯	99.70	92.70	99.45	4.85	99.89	76.48	—	—
	斯洛文尼亚	0.26	—	—	—	—	—	—	—
典型国家	日本	99.47	85.27	78.15	18.99	2.38	8.62	—	0.03
	美国	96.79	90.48	2.17	—	100.00	100.00	—	—

数据来源：TRAINS 和 WITS。

A：卫生与植物检疫措施；B：技术性贸易壁垒；C：装运前的检验和其他手续；E：非自动许可、配额、除 SPS 和 TBT 原因外禁止贸易和数量控制措施；F：价格控制措施，包括附加税、费；G：金融措施；H：影响竞争的措施；P：与出口相关的措施。

B 类措施中，柬埔寨、马来西亚和菲律宾的频率和覆盖率指数都在 99.00 以上，相对较高，可知这 3 个国家几乎对进口的所有植物产品、所有进口批次都会实施 SPS 措施；缅甸、泰国、越南和文莱的频率指数都在 80.00 以上，覆盖率指数除泰国为 76.08 外，其余国家都在 95.00 以上，说明缅甸、越南和文莱实施的 TBT 措施覆盖 95% 的进口植物产品，而泰国对 76% 的进口植物产品实施 TBT 措施；新加坡进口植物产品实施 TBT 措施的频率和覆盖率指数相对较低。

东盟区域内对进口植物产品实施 C 类措施的国家较少，缅甸的频率指数为 94.98，覆盖率指数为 98.14，是东盟国家中指数最高的国家。缅甸对进口植物产品实施的装运前检查和其他措施涉及大部分产品种类且发生频率较高；印度尼西亚和菲律宾的频率指数分别为 59.49 和 44.11，覆盖率指数分别为 72.94 和 84.29，说明两国对进口的植物产品实施的 C 类非关税措施覆盖面较广，但发生频率较低；其余东盟国家针对进口的植物产品，几乎未实施 C 类措施。

E 类措施中，缅甸的频率指数在所有东盟国家中最高，为 81.61，覆盖率指数为 93.79，缅甸对绝大部分的进口植物产品实施 E 类措施；菲律宾的频率指数为 21.15，覆盖率指数为 52.50；其余的东盟国家两种指数都非常低。

F 类措施中，缅甸的频率指数最高，为 94.98，覆盖率指数为 98.14，对进口的植物产品实施的 F 类措施较多；新加坡和文莱的频率指数分别为 83.81 和 81.81，覆盖率指数分别为 93.6 和 96.39，这两国对绝大部分的进口植物产品实施 F 类措施，且使用频率较高；泰国的频率指数为 79.23，覆盖率指数为 75.37，说明对进口的植物产品实施的 F 类措施覆盖约 75% 的产品种类，但针对特定产品实施的频率较高；菲律宾、越南和柬埔寨 3 个国家对进口植物产品较少实施 F 类措施。

P 类措施中，马来西亚、菲律宾、越南、文莱、缅甸和柬埔寨的频率指数都非常高，接近或达到 100.00，这 6 国对出口的植物类产品实施出口相关的管控措施；新加坡的指数为 74.20，印度尼西亚的指数为 64.63，和前述 6 国比较，实施频率较低。从覆盖率指数来看，缅甸和柬埔寨均为 100.00，马来西亚、菲律宾和越南均在 99.00 以上，文莱和印度尼西亚均在 90.00 左右，泰国为 8.57，由此可见，东盟大部分国家对出口的植物产品有较严格的出口管制措施，而泰国几乎没有。

南亚国家对进口的植物产品采取的非关税措施主要为 A 类和 B 类措施，即所有南亚国家对进口植物产品都要实施 SPS 和 TBT 措施，只有个别国家会实施其余类别的非关税措施。A 类措施中，印度和斯里兰卡的频率指数均在 95.00 以上，覆盖率指数均在 99.00 左右，说明这两个国家对进口的植物产品无论是产品的种类还是实施频率都非常高，其余南亚国家该措施的两类指数都较低。B 类措施中，斯里兰卡的频率指数为 100.00，覆盖率指数也为 100.00，印度的频率指数为 79.61，覆盖率指数为 99.04，可知斯里兰卡和印度实施的 TBT 措施几乎覆盖了所有的进口植物产品，但印度的实施频率较低。C 类、E 类和 F 类措施在南亚国家较少实施。P 类措施中，斯里兰卡的频率指数和覆盖率指数均为 100.00；阿富汗的频率指数为 74.57，覆盖率指数为 83.38；巴基斯坦的频率指数为 31.27，覆盖率指数为 66.79；表明斯里兰卡对所有出口的植物产品实施出口相关措施，阿富汗对大部分的出口植物产品、巴基斯坦对部分出口植物产品实施出口措施，其余国家的 P 类措施频率指数和覆盖率指数都较低。

西亚国家对进口植物产品实施的非关税措施较多，主要为 A 类和 B 类措施。A 类措施中，所有西亚国家的频率指数均在 97.00 以上，覆盖率指数除土耳其为 95.36 外，其余国家都接近 100.00，说明西亚国家对进口植物产品实施的 SPS 措施覆盖面广，且发生频率高。B 类措施中，卡塔尔的频率和覆盖率指数均为 100.00，卡塔尔对进口植物产品实施的 TBT 措施非常多且频率高；科威特和阿曼的频率指数均在 90.00 左右，科威特的覆盖率指数较高，为 96.06，阿曼的覆盖率指数为 78.19；其余国家两类指数都较低。可知科威特和阿曼对进口植物实施的 TBT 措施频率相差不大，但科威特对进口植物产品的覆盖率远高于阿曼。C 类措施中，阿联酋和巴林的频率指数均在 90.00 以上，覆盖率指数均在 98 以上，说明阿联酋和巴林几乎对所有的进口植物产品实施装运前检验措施；土耳其的频率指数为 66.67，覆盖率指数为 89.44；其余国家的指数较低。E 类措施中，科威特的频率指数为 89.35，覆盖率指数最高，为 96.04，其余国家的指数很低。F 类措施中，沙特阿拉伯的频率指数为 98.71，覆盖率指数为 99.96；阿联酋、科威特、阿曼和卡塔尔的频率指数均在 86.00 以上，覆盖率指数除阿曼外，其余都在 90.00 以上；说明西亚大多数国家对 90% 左右的出口植物产品实施 P 类措施，且实施频率较高。P 类措施中，阿联酋、巴林、科威特、阿曼、沙特阿拉伯和卡塔尔的频率指数均在 85.00 以上，覆盖率指数均在 88.00 以上，说明这些国家对出口的植物产品实施较多的出口相关措施；以色列、黎巴嫩和土耳其的频率指数较低，均在 50.00 左右，以色列的覆盖率指数为 87.05，黎巴嫩和土耳其的覆盖率指数较低，表明黎巴嫩和土耳其仅对小部分出口植物产品实施相关措施，发生频率为 50% 左右，以色列则对大部分出口植物产品实施出口相关措施。

中亚国家中，塔吉克斯坦对进口植物产品实施的非关税措施有 A 类和 P 类措施。A 类措施中，频率指数为 91.75，覆盖率指数为 99.89，说明塔吉克斯坦对绝大部分进口植物产品、大部分进口批次实施 SPS 措施。针对出口产品实施的相关措施也较多，P 类措施的频率指数为 90.48，覆盖率指数为 96.22。

欧洲国家中，俄罗斯对进口植物产品实施的非关税措施种类较多，主要为 A 类、B 类、C 类和 F 类措施。A 类、C 类和 F 类措施的频率指数均在 96.00 以上，B 类措施的频率指数为 88.72，这些措施的覆盖率指数均在 92.00 以上，表明俄罗斯对进口植物产品实施的非关税措施覆盖面广且实施频率高。P 类措施的频率指数为 75.31，覆盖率指数为 76.48，说明俄罗斯对出口植物产品实施较多的出口相关措施。

美国对进口的植物产品实施的非关税措施主要为 A 类、B 类、F 类和 P 类。其中 F 类措施频率比率和覆盖率指数均为 100.00。A 类措施的频率指数为 91.71，覆盖率为 96.79。B 类措施频率比率为 81.14，覆盖率为 90.48，可知美国对进口植物产品实施的非关税措施主要是新型的 SPS 和 TBT 措施，但也有传统的影响植物产品价格的非关税措施。P 类措施两类指数都为 100.00，美国对出口植物产品都会实施出口相关措施。

日本对进口植物产品实施的非关税措施主要是 A 类、B 类和 C 类措施，其中 A 类和 B 类措施的频率指数分别为 98.18 和 84.85，覆盖率指数分别为 99.47 和 85.27 相对较高。C 类措施频率比率为 58.79，覆盖率指数为 78.15。SPS 和 TBT 非关税措施覆盖了日本进口的大多数植物产品，但 SPS 措施实施力度更频繁一些。并且日本对进口植物产品装运前检验也较严格。

4.2.3 食品及相关产品的非关税措施

针对食品及相关产品实施的非关税措施如表 4-5 和表 4-6 所示。从实施的非关税措施类型来看，东盟国家对进出口食品及其制品实施的非关税措施主要为 A 类和 B 类措施，C 类、E 类、F 类和 P 类措施较少。A 类措施中，缅甸、菲律宾、越南和文莱 4 个国家的频率指数均在 90.00 以上，覆盖率指数均在 95.00 左右，说明以上国家对进口食品及其制成品实施的 SPS 措施覆盖 95% 的产品和大部分进口批次；新加坡的频率指数为 82.55，覆盖率指数为 87.75，虽比前述 4 个国家稍低，但仍属东盟国家中对进口食品及其制品实施非关税措施较多的；马来西亚的频率指数为 69.51，泰国和柬埔寨的频率指数都在 50.00 左右，相对较低，但这 3 个国家的覆盖率指数都在 80.00 以上，表明东盟国家实施的非关税措施覆盖了 80% 以上的进口食品及其制成品。B 类措施中，马来西亚、菲律宾、新加坡、越南、柬埔寨和泰国的频率指数均在 90.00 左右，覆盖率指数也在 90.00 左右，相对较高；说明以上国家对进口的绝大部分食品制成品及半制成品实施了 TBT 措施。文莱的频率指数为 79.63，印度尼西亚的频率指数仅为 49.14，而两国的覆盖率指数均在 90.00 左右，说明这两个国家实施的 TBT 措施覆盖了 90% 左右的进口食品制品及半制成品，但频率相对低一些。C 类措施中，缅甸的频率指数为 73.93，覆盖率指数为 18.18，说明缅甸对进口的食品制品及半制成品实施装运前检查和非技术类的其他措施涉及的产品种类较少，但发生频率较高。印度尼西亚和菲律宾的频率指数均在 42.00 左右，覆盖率指数分别为 62.69 和 46.60，说明两国对进口的食品制品及半制成品实施的 C 类措施较少。其余国家针对进口的食品制品及半制成品，几乎没有 C 类措施。E 类措施中，缅甸的频率指数在所有东盟国家中最高，为 76.45，覆盖率指数为 50.27；东盟其余国家的两种指数都非常低。F 类措施中，新加坡的频率指数最高，为 93.60，覆盖率指数为 89.71，文莱的频率指数为 79.93，覆盖率指数为 91.89，这两国对进口食品实施的 F 类措施较多；缅甸的频率指数为 73.93，覆盖率指数仅为 18.18，说明缅甸对进口的食品制成品及半制成品实施的 F 类措施覆盖较少的产品种类，但针对具体品种实施 F 类措施的频率较高。P 类措施中，缅甸和菲律宾的频率和覆盖率指数都在 90.00 以上，说明这两个国家对出口的食品制成品及半制成品采取较多的相关出口限制措施。

表 4-5 "一带一路" 沿线国家实施的非关税措施频率指数（食品制成品及半制成品）

区域	国家	A	B	C	E	F	P	G	H
东盟国家	印度尼西亚	76.39	49.14	42.20	23.64	7.93	16.03	—	22.41
	缅甸	99.27	81.51	73.93	76.45	73.93	97.03	—	—
	马来西亚	69.51	99.10	—	1.95	21.99	26.40		
	菲律宾	95.48	99.09	43.55	26.52	25.57	99.57	11.49	
	新加坡	82.55	91.72	—	0.96	93.60	14.62	—	
	泰国	59.24	88.29	—	7.21	54.47	28.21		
	越南	91.66	95.93	0.42	0.92	—	72.48	1.39	0.03
	文莱	99.98	79.63		2.16	79.63	10.17		
	柬埔寨	49.10	92.42	—	—	16.09	—		
南亚国家	印度	93.09	10.57	—		23.26	0.11		
	尼泊尔	37.11	23.00						
	阿富汗	2.70	1.52	2.58	3.86	—	52.30	—	
	斯里兰卡	90.65	90.65	7.63	—	7.66	58.92		
	巴基斯坦	3.29	—	3.66		—	3.33		
西亚国家	阿联酋	98.31	4.39	24.75	—	0.03	2.54		4.44
	巴林	99.93	21.38	78.58	21.36	—	24.77	—	
	以色列	89.28	—	4.11		4.11	10.99		
	科威特	96.63	95.14	3.21	83.42	—	2.77		
	黎巴嫩	79.75	63.45	8.82	15.07	14.19	—	—	15.77
	阿曼	80.48	37.70	5.05	—	0.11	—	14.26	
	沙特阿拉伯	84.88	0.76	12.95	0.00	77.56	99.81	7.16	
	土耳其	51.29	48.37	31.87	—	5.90	11.80	0.04	17.90
	卡塔尔	90.10	100.00	5.31	3.27	8.08	6.68	—	—

(续表)

区域	国家	A	B	C	E	F	P	G	H
中亚国家	塔吉克斯坦	98.36	81.26	—	—	19.33	63.50	—	—
欧洲国家	俄罗斯	88.23	80.70	94.77	0.02	100.00	—	—	—
	斯洛文尼亚	3.99	3.99	—	—	3.18	—	—	—
典型国家	日本	83.05	97.89	21.01	9.63	41.85	18.44	—	4.11
	美国	90.69	93.60	30.13	—	93.13	95.44	—	—

数据来源：TRAINS 和 WITS。

A：卫生与植物检疫措施；B：技术性贸易壁垒；C：装运前的检验和其他手续；E：非自动许可、配额、除 SPS 和 TBT 原因外禁止贸易和数量控制措施；F：价格控制措施，包括附加税、费；G：金融措施；H：影响竞争的措施；P：与出口相关的措施。

表 4-6　"一带一路"沿线国家实施的非关税措施覆盖率指数（食品制成品及其半制成品）

区域	国家	A	B	C	E	F	P	G	H
东盟国家	印度尼西亚	97.01	87.56	62.69	8.46	12.44	11.52	—	1.49
	缅甸	94.65	82.89	18.18	50.27	18.18	92.00	—	—
	马来西亚	86.54	98.08	—	1.44	19.23	33.17	—	—
	菲律宾	95.63	99.03	46.60	30.58	13.59	98.50	11.70	—
	新加坡	87.75	85.29	—	0.98	89.71	24.63	—	—
	泰国	85.24	90.00	—	3.81	87.62	9.76	—	—
	越南	99.03	97.09	3.88	1.94	—	68.21	1.46	6.31
	文莱	97.30	91.35	—	3.24	91.89	33.63	—	—
	柬埔寨	80.00	94.21	—	—	23.68	100.00	—	—
南亚国家	印度	98.38	41.08	—	—	11.89	1.08	—	—
	尼泊尔	17.32	10.06	—	—	—	1.15	—	—
	阿富汗	28.49	14.53	27.37	38.55	—	27.27	—	—
	斯里兰卡	94.87	94.87	16.92	—	8.72	89.39	—	—
	巴基斯坦	22.46	—	17.65	—	—	25.69	—	—
西亚国家	阿联酋	98.58	11.37	26.54	—	19.43	20.29	—	2.37
	巴林	98.06	3.88	96.12	2.91	—	25.47	—	—
	以色列	93.23	—	14.58	—	14.58	18.90	—	—
	科威特	93.75	88.54	17.19	83.33	—	15.33	—	—
	黎巴嫩	86.93	58.29	10.05	6.53	4.02	21.64	—	5.53
	阿曼	95.05	17.33	26.73	—	0.99	92.80	27.70	—
	沙特阿拉伯	94.62	4.84	30.11	0.54	83.87	95.00	3.23	—
	土耳其	74.74	22.68	44.33	—	10.82	17.95	0.52	21.13
	卡塔尔	91.18	100.00	20.10	6.37	4.90	9.76	—	—

(续表)

区域	国家	A	B	C	E	F	P	G	H
中亚国家	塔吉克斯坦	98.24	80.00	—	—	14.71	25.00	—	—
欧洲国家	俄罗斯	93.63	88.24	93.63	0.49	100.00	36.63	—	—
	斯洛文尼亚	1.55	1.55	—	—	0.52	—	—	—
典型国家	日本	94.23	97.12	15.38	13.94	24.04	18.88	—	0.48
	美国	84.76	91.43	12.86	—	96.67	99.05	—	—

数据来源：TRAINS 和 WITS。

A：卫生与植物检疫措施；B：技术性贸易壁垒；C：装运前的检验和其他手续；E：非自动许可、配额、除 SPS 和 TBT 原因外禁止贸易和数量控制措施；F：价格控制措施，包括附加税、费；G：金融措施；H：影响竞争的措施；P：与出口相关的措施。

南亚国家对进口的食品制品及半制成品采取的非关税措施较少，主要为 A 类措施，其中印度和斯里兰卡的频率指数均在 90.00 以上，覆盖率指数均在 95.00 左右，说明这两个国家对进口的食品制成品及半制成品实施 A 类措施的覆盖种类及实施频率都非常高，其余的南亚国家实施 A 类措施的两类指数都较低。B 类措施中，斯里兰卡的频率指数为 90.65，覆盖率指数为 94.87，相对较高。C 类、E 类和 F 类措施在西亚国家不经常实施。P 类措施中，斯里兰卡的频率指数为 58.92，覆盖率指数为 89.39，其余国家 P 类措施的频率指数和覆盖率指数都较低，说明除斯里兰卡外，南亚国家对食品类产品的出口采取相关措施的覆盖面和发生频率都较低。

西亚国家对进口食品实施的非关税措施主要是 A 类和 B 类措施。A 类措施中，阿联酋、巴林以及科威特的频率指数均在 95.00 以上，土耳其最低，为 51.29，其余西亚国家的频率指数均在 75.00 以上；覆盖率指数除土耳其为 74.74 外，其余国家均在 90.00 左右，说明西亚国家对大部分的进口食品经常性地实施 SPS 措施。B 类措施中，从频率指数来看，卡塔尔为 100.00，科威特为 95.14，是最高的两个国家；从覆盖率指数来看，卡塔尔为 100.00，科威特为 88.54。其余国家中，除黎巴嫩的两类指数稍高一些外，两类指数都相对较低，表明多数西亚国家对进口食品实施的 TBT 措施较少，相对而言，卡塔尔和科威特两个国家对进口食品的技术标准较高，技术规范较严格。C 类措施中，巴林的频率指数为 78.58，覆盖率指数为 96.12，是西亚国家中最高的，表明巴林对 96% 以上的进口食品在装运前进行严格检查和实施其他非技术类措施。E 类和 F 类措施中，只有个别国家指数较高。E 类措施中，科威特的频率和覆盖率指数最高，分别为 83.42 和 83.33。F 类措施中，沙特阿拉伯的频率和覆盖率指数最高，分别为 77.56 和 83.87。这两个国家实施的传统非关税措施覆盖了大部分进口食品。P 类措施中，沙特阿拉伯的频率指数最高，为 99.81，在覆盖率指数方面，沙特阿拉伯为 95.00，阿曼为 92.80。由此可见，沙特阿拉伯对出口的大部分食品实施出口相关措施；阿曼对大部分出口食品实施出口措施，但这些措施的发生频率较低。

中亚国家中，塔吉克斯坦对进口食品实施的非关税措施为 A 类和 B 类措施，频率指数分别为 98.36 和 81.26，覆盖率指数分别为 98.24 和 80.00。塔吉克斯坦几乎对所有进口食品、所有进口批次都会实施 SPS 措施，TBT 措施的覆盖面和发生频率相对较低。

欧洲国家中，俄罗斯对进口食品实施的非关税措施集中于 A 类、B 类、C 类和 F 类措施。C 类措施的频率指数为 94.77，覆盖率指数为 93.63；F 类措施的频率和覆盖率指数均为 100.00；A 类和 B 类措施的频率指数均在 80.00 以上，A 类措施的覆盖率指数较高，为 93.63，B 类措施的覆盖率指数为 88.24。结果表明，俄罗斯几乎对所有进口食品都会实施 F 类措施，如征收额外的税收等，会对大部分的进口食品在转运前进行严格检验或实施 SPS 和 TBT 措施。

美国对进口的食物产品实施的非关税措施主要为 A 类、B 类和 F 类，且这 3 类措施的频率指数都在 90.00 以上，A 类和 F 类措施的覆盖率指数分别为 84.76 和 96.67，B 类措施的覆盖率指数为 91.43，相对较高，说明 F 类措施覆盖了绝大多数的进口食物产品。P 类措施的频率和覆盖率指数分别为 95.44 和 99.05，表明美国对出口的大部分食品都会有较严格的限制。

日本对进口食物产品实施的非关税措施主要是 A 类和 B 类措施，这两类措施的频率指数分别为 83.05 和 97.89，覆盖率指数分别为 94.23 和 97.12。SPS 和 TBT 措施覆盖了大多数日本进口的食物产品，但 TBT 措施的发生频率更高。P 类措施的频率指数为 18.44，覆盖率指数为 18.88，日本会对出口的食物产品实施相关的措施。

4.3 本章小结

本章梳理了非关税措施的量化方法，并在此基础上对"一带一路"沿线国家的农产品贸易非关税措施进行量化和分析。总体而言，从实施措施的类型来看，"一带一路"沿线国家对进口农产品实施的非关税措施主要集中在 A 类和 B 类措施，覆盖了绝大部分的进口农产品，且这两类措施的发生频率也较高。A 类和 B 类作为新型的非关税措施，因其隐蔽性、有效性、针对性和合理性，被越来越多的国家使用。C 类、E 类和 F 类措施作为传统的非关税措施，使用的国家相对较少，覆盖的产品范围较小；从产品的角度来讲，农产品分为动物产品、植物产品和食物制成品及半制成品，其中对进口动物类产品实施的非关税措施种类最多、覆盖面最广、发生频率也最高；从实施区域角度来讲，东盟国家对进口农产品实施的非关税措施比"一带一路"沿线的其他国家要多、覆盖面要广；欧洲和西亚次之，南亚国家和中亚国家采取的非关税措施涉及的产品种类较少，发生频率较低；与美国和日本为代表的发达国家比较，"一带一路"沿线国家对进口农产品实施的非关税措施种类并不少、频率并不低。

5 非关税措施对贸易和福利的影响机理

随着WTO规则体系的完善和国际贸易竞争的日趋激烈，传统的贸易保护措施的作用大大降低，各种新的非关税措施常常以保护安全、维护人类和动植物生命健康、保护环境和生态平衡等为理由，通过立法或制定技术法规、标准和合格评定程序等来影响国际商品自由流动。当前在中国倡导"一带一路"的背景下，国际贸易是沿线国家互惠互利的重要途径，中国和沿线国家的非关税措施势必会对各国的贸易和福利产生影响，本章将基于相关国际贸易理论，选取常见的非关税措施，阐述它们对贸易和福利的影响机理。

5.1 非关税措施

相对传统贸易壁垒的高透明度，非关税措施的隐蔽性、复杂性、强制性较强，而且种类繁多，具有一定的合法性，难以应对。在不影响正常的国际贸易或不对其他成员国产生歧视的前提下，WTO协议也承认各成员国采取相关非关税措施的必要性和合理性。随着非关税贸易措施在国际贸易中越来越多的使用，已经对国际贸易产生了各个方面的影响，在现实中表现为对进口国、进口国消费者、进口国生产者，以及出口国、出口国消费者和出口国生产者6方经济主体的贸易及福利产生不同程度的影响；在理论上则表现为对各国的贸易得益和对生产者剩余、消费者剩余以及社会总福利的影响。

总体而言，非关税措施阻碍国际贸易，在其他条件不变的情况下，世界性非关税措施强度与国际贸易增长速度成反比关系，同时也造成世界福利状况变差。从图5-1中可以看出，非关税措施会使国际贸易量由Q_0下降到Q_1，造成进口国的消费者福利损失ABC和出口国生产者福利损失AB'C。

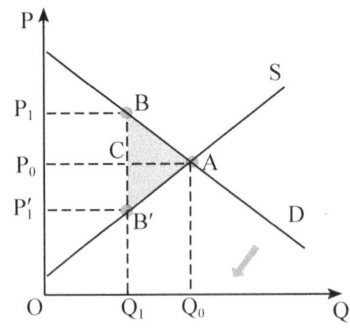

图5-1 贸易商品的市场均衡及其变化

对出口厂商而言，进口国加强非关税措施，将减少进口国对出口厂商产品的需求，即需求曲线由D向左下方移动到D'，使出口厂商的产品出口数量由Q_0下降到Q_1，进而减少了外汇收入，由AP_0OQ_0变为了BP_0OQ_1，下降了ABQ_1Q_0（图5-2）。

假设未出口的商品需要在国内市场出清，则出口数量下降导致产品在国内的供给曲线由S向右下方平移到S'，导致均衡点由A变化为B，出口国的该产品在国内市场价格下降，生产者收益下降，由AP_0OQ_0下降到BP_1OQ_0，下降了AP_0P_1B，福利状况变差

(图5-3);但对于消费者而言,能以更低的价格购买到该商品,消费者剩余增加,福利状况有所改善。

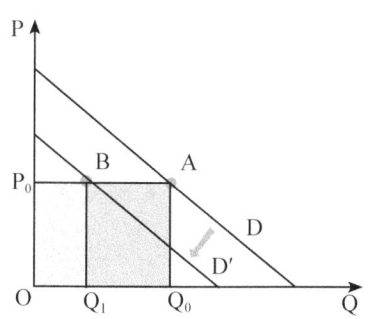

图5-2 出口厂商在进口国面临的需求变化

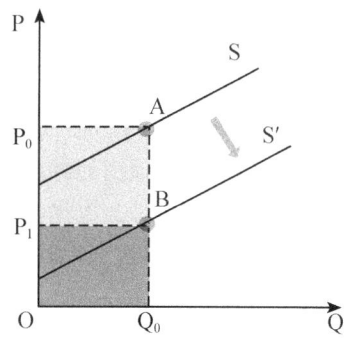

图5-3 出口国消费者在国内面临的供给变化

对进口国而言,非关税措施限制产品进口,减少了本国居民对外国商品的需求,增加对国内相应产品的需求,即进口国消费者的需求曲线由D向右上方平移到D',由此引起国内相应产品市场价格由P_0上涨到P_1(图5-4),消费者购买产品需要支付比以往更多的货币,消费者剩余下降,福利状况变差;但是,非关税措施成为进口国同类产品生产的"价格保护伞",在一定条件下保护和促进本国该类产品的生产和发展。

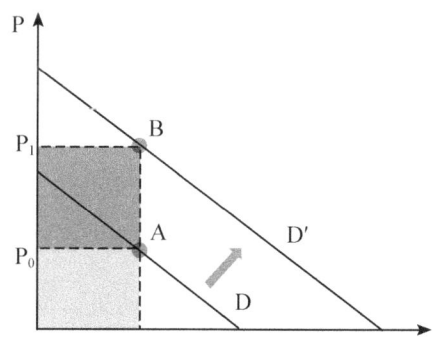

图5-4 进口国消费者对本国产品的需求变化

由以上分析可以发现,非关税措施对贸易中的进口国和出口国及其各自的消费者产生了不同的影响,尽管实施非关税措施对特定市场主体具有一定的意义。但总体而言,非市场化的干预导致了世界贸易量的降低和福利的损失。一般来说,发展中国家蒙受非关税措施造成的损失会超过发达国家。在非关税措施加强的情况下,发达国家之间不但会采取各种措施鼓励商品出口,而且会采取报复性或歧视性的措施限制对方商品进口,从而进一步加剧贸易摩擦和冲突。

接下来的3个小节将选取反倾销措施、技术性贸易措施和保障措施3种主要非关税措施形式,分别进行大国条件下的局部均衡分析,以揭示其对贸易和福利的影响机理。这些分析基于如下假设条件:要素缺乏国际流动,要素和产品的价格存在国际差异;国内该产品市场完全竞争；交易成本和运输成本为零；不考虑汇率、通货膨胀等货币因素对国际贸易的影响。

5.2 反倾销措施

反倾销是进口国对外国商品在本国市场上的倾销所采取的抵制措施，通常是在征收一般进口税的基础上对倾销的外国商品再征收附加税，称为"反倾销税"。反倾销措施在保护某一方利益的同时，也损害了另一方的利益。图5-5显示了实施反倾销措施时出口厂商所生产的产品在进口国的局部均衡变化。

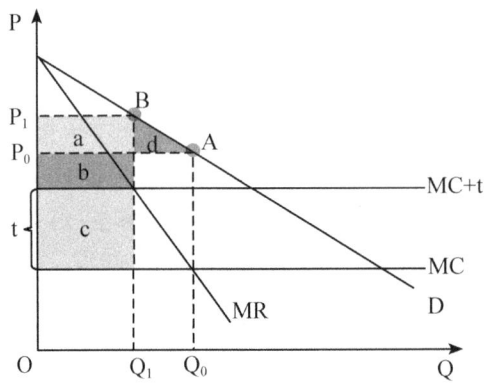

图5-5 反倾销措施比较静态图

MC为出口厂商边际成本线，D和MR分别为出口厂商所面对的进口国需求曲线和边际收益曲线。在未征收反倾销税时，生产厂商出口的商品数量为Q_0，价格为P_0，若该价格低于进口国国内价格，进口国对其征收反倾销税t，出口厂商的边际成本曲线上移至MC+t，新的均衡下，出口厂商出口量下降到Q_1，进口国消费者需支付的价格上升至P_1，市场均衡点由A移至B。

对进口国的贸易而言，反倾销措施降低了产品的进口量，由Q_0下降到Q_1，进口国政府获得了反倾销税收入，数量为c。福利方面，由于产品进口量的减少，导致消费者剩余减少a+d；征收反倾销税对进口国的社会福利净效应取决于c和a+d的比较，如果c>a+b，则征收反倾销税对进口国的净福利为正，否则为负；对进口国的生产者而言，反倾销措施打击了竞争对手，让进口国生产者重新获取一部分市场份额，带来收益状况的改善。

由于大部分受制裁国会对进口国的反倾销措施作出适当的回应，所以反倾销在限制进口国进口的同时，对进口国的出口也有相当大的负面影响。此外，对国外产品征收反倾销税是对国内同类产品的保护，如果这些受保护的产业是走向衰落的传统产业，反倾销税将导致进口国对受保护传统产业的过分依赖，缺乏创新动力，不利于生产效率的提高；另一方面，这种非市场化的干预措施也造成了资源配置的扭曲，不利于进口国产业结构的升级。

反倾销会使出口国的产品出口遭受打击，进口国的反倾销调查和征收反倾销税，会严重阻碍出口国的产品在进口国市场上的销售，出口国产品的市场份额随之缩小，甚至可能被迫退出进口国市场；图 5-5 显示，出口厂商因遭受反倾销税导致其出口商品的数量从 Q_0 下降到 Q_1；同时，反倾销还可能产生连锁反应，即出口厂商的其他出口市场可能会在反倾销措施实施后受到影响。

对出口厂商而言，反倾销使出口商因利润下降、产能浪费和可能的产品积压而蒙受损失。图 5-5 显示，出口厂商可以从提价中获得额外收入 a，同时支付 c 的反倾销税，出口厂商还将因出口减少损失 $OP_0 \times Q_1Q_0$ 的收入，其净收益为 $a-c-OP_0 \times Q_1Q_0$。由于征税导致产品竞争力下降、市场份额减少，从而造成净收益的改变，因此出口厂商的净收益一般为负，即造成出口厂商的福利下降，但出口国消费者则可以从国内供给增加导致的价格下降中获得收益。对于出口国而言，其净福利的变动取决于出口商损失和消费者收益两者的对比。虽然全面考察两者的对比关系需要将就业、汇率等因素考虑进来，但是经济学家普遍认为，反倾销对于出口国的负面影响更大。

从世界范围看，反倾销将减少全球福利，世界福利总损失为梯形面积 ABQ_1Q_0，如图 5-5 所示。现实中会存在第三贸易国，如果出口国的出口商品在进口国市场与第三国的出口产品存在竞争，那么出口国的产品竞争力由于征收反倾销税而被大大削弱，这将有利于第三国产品占领进口国市场，提升其在进口国的市场占有率；如果出口国的产品是通过转口贸易由第三国出口到进口国的，则按照原产地原则，第三国也会受到消极的影响。

5.3 技术性贸易措施

技术性贸易措施形式繁多，影响范围广泛，涉及商品出口国和进口国的产品贸易及福利水平。技术性贸易措施的影响分析需事先假定进口国是贸易大国或贸易小国，即明确该国产品在国际贸易中的重要程度。本小节的分析主要选择贸易大国条件（有一定的买方垄断优势，实行技术性贸易措施后可以通过进口量的调整，影响国际市场供给，进而引起世界价格变化），并与贸易小国条件作对比。

大国条件下技术性贸易措施对进口国贸易和福利的影响，如图 5-6 所示。D_d 表示进口国国内需求曲线，S_d 表示国内生产厂商的供给曲线，S 表示未设置技术性措施时进口国国内的总供给（国内供给和进口之和）曲线，当设置技术性措施后，这一曲线向左上移动至 S+C，由此产生了不同条件下的市场均衡。

在未设置技术性贸易措施时，进口国国内均衡价格为 P_0，均衡数量为 Q_0，国内厂商供给为 Q_{d0}，因此进口量为 Q_0-Q_{d0}；设置技术性贸易措施时，进口国国内均衡价格为 P_0+C_0，均衡数量 Q_1，进口量为 Q_1-Q_{d1}，对比 Q_0-Q_{d0} 和 Q_1-Q_{d1} 可以发现，技术性措施导致进口国对产品的进口量下降。技术性措施导致的出口厂商成本的增加会由出口国和进口国共同承担，因此设置技术性措施的均衡价格 P_0+C_0 将小于 P_0+C，即 $C_0<C$；此时出口厂商得到的实际价格为 $P'_0=P_0+C_0-C<P_0$，该价格也就是进口国进口商品的实际价

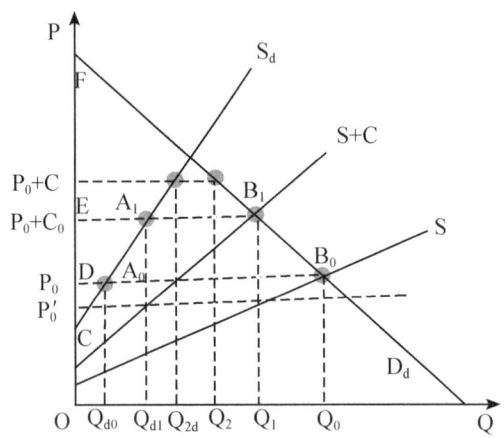

图 5-6 大国条件下技术性贸易措施对进口国贸易的影响

格。因此,技术性措施使进口国的进口数量下降,同时进口价格下降,在一定程度上改善了贸易条件。

技术性措施导致进口国福利水平的降低,未设置技术性措施时的福利水平为消费者剩余 DFB_0+生产者剩余 DCA_0;设置技术性贸易措施之后,进口国的福利水平变为消费者剩余 EFB_1+生产者剩余 ECA_1;对比后可以发现,价格提高减少了消费者剩余,但增加了生产者剩余,减少的总福利为 $A_0B_0B_1A_1$。

在小国条件下,作为国际贸易的价格接受者,设置技术性措施的成本增加将会全部转嫁到进口国,此时的均衡价格为 P_0+C,出口厂商得到的实际价格仍然为 P_0,进口量为 $Q_2-Q_{d2}<Q_1-Q_{d1}$,此时的贸易条件没有得到改善,进口数量比大国条件下下降的更多。福利方面,技术性措施提高了价格,导致消费者剩余下降,消费者福利水平降低,在小国条件下,价格水平上涨更多,消费者福利损失更大。

大国条件下,技术性措施的设置导致成本增加的一部分由出口厂商承担,降低了保护国内竞争厂商的代价,出口国分担的成本幅度取决于进口产品在进口国的供给和需求弹性,分担成本越多,世界价格降低越多,大国产业保护的损失就越小。进口数量的减少也为国内厂商提供了扩大市场份额的机会,因此技术性措施的实施对进口国厂商来说,意味着福利状况的改善。小国条件下,出口国生产厂商虽然不会分担由技术性措施带来的成本增加,但由于进口量下降比大国条件下更多,此时国内生产厂商面临更大的国内需求缺口,更有利于扩大市场份额。从以上分析可以看出,技术性贸易措施可能成为大国的战略性贸易工具,从而改善其贸易条件,但是这种改变是以扭曲国内外资源配置为代价的。

面对进口国实施的技术性贸易措施,出口厂商采取的不同应对策略会对出口国的福利造成不同的影响。一是出口厂商调整出口市场,如开辟新市场或通过间接贸易重新进入原进口国市场,如果出口数量增加,国内生产规模扩大,国内消费者从规模经济中获利,反之国内消费者将不得不承担一部分成本。二是出口厂商减少或停止产品的出口,并将原先用于出口的部分或全部产品销售到国内市场,从而导致国内的产品供给增加,消费者从下降的价格和增加的消费量中获利,即消费者剩余增加;但是,当出口厂商因所面临的贸易壁垒减少甚至停止国内供应时,出口国消费者会因损失选择机会而降低福利水平。三是通过寻租活动获得继续出口的机会,但这是一种纯粹的成本增加,对国内消费者福利没有任何正面影响。

从中长期来看,出口厂商可以通过提高生产技术水平来满足技术性措施的要求,厂商在国内市场可以实行多种市场策略。一是向国内市场提供技术改进后的产品。二是提供原技术生产的产品。三是同时提供两种技术水平下生产的产品。如果向国内提供技术改进的产品,国内消费者通过支付更高的价格获得更高质量的产品,在富有需求弹性的情况下,消费者的需求量会大幅下降,消费者福利一般会下降;在缺乏需求弹性的情况下,比如消费者对高质量产品具有较强的偏好,此时消费者可以从高质量产品的消费中得到效用水平的改善。如果厂商向国内市场提供原技术标准产品,在国内外市场不能完全分割的情况下,产品存在平行进口的可能,此时消费者只需支付更低的价格就能获得高新技术产品,因此消费者的福利将增加。如果厂商向国内同时提供两种技术标准的产品,那么消费者将获得更多的选择机会,其消费的满足程度和福利水平会提高。

短期内技术性贸易措施阻止了产品出口,使生产企业销售量急剧下降,对生产企业产生很大的冲击,这种冲击对出口依存度高、对外贸易地理方向单一、生产单一和技术创新能力差的企业尤其大;而对实力雄厚、产品多样化、技术创新能力强和市场广阔的企业冲击较小,这类企业可以通过扩展产品或市场,甚至突破进口国的技术性贸易措施来避免产品销售量锐减。因此,短期内对厂商的影响是负面的。

从中长期来看,技术性贸易措施冲击足以使实力薄弱的企业在市场中消失,而实力较强、技术创新能力较强的企业可以通过提高技术水平突破技术性贸易措施的限制。根据波斯纳(Posner)的技术差距模型,若出口厂商面对技术性贸易措施不采取任何措施,则其产品出口会以很快的速度下降,但是如果积极主动地提高技术水平并突破技术性贸易措施的限制,技术的创新会带来出口量更大的增加;如此往复,技术性贸易措施反而会加快出口厂商技术创新的速度,从而产生贸易促进效应,这一促进效应的发挥是以出口厂商能及时加快技术创新,并且技术性贸易措施不足以让出口厂商停止出口为前提的。

5.4 保障措施

保障措施的实施采取非歧视性原则,不能对来自不同国家或地区的产品实施歧视性措施,它只针对进口产品而不考虑来源国,即实施措施不具有国别选择性,不会产生贸易转移,不会像反倾销税那样具有针对性。保障措施可能会导致一国产品进口的下降,同时其他国家的相同产品的进口可能会增加。由于不存在贸易转移效应,保障措施执行完毕后,进口国的进口往往会大幅增长。

保障措施会将低于公平价格的产品列为贸易保护对象,因此对市场的干预更深,对经济机制的扭曲更大，实施保障措施的成本也更高。保障措施主要用来保护进口国产业竞争力相对较弱的产业，进口比例越大、产出比例越高、劳动系数越大的产业，实施保障措施进行贸易保护的重要性就越强。相对于反倾销和技术性贸易措施而言，实施保障措施的政治性更强，一国为了保护国内产业而采取保障措施时，必须对可能造成的对外贸易关系紧张甚至导致贸易战等结果进行综合考量。

实施数量限制是重要的保障措施之一。在大国条件下，进口配额作为直接的进口数量限制，降低了国内市场的供给，导致价格上升。对进口国的产品生产者来说，他们将会从价格上涨中获益，从而导致生产者剩余增加；对进口国的消费者来说，他们将会面临更高的价格，消费量相应减少，从而导致消费者剩余减少；由于与采取保障措施前相比，均衡数量有所下降，因此造成进口国的社会总福利下降。

5.5 本章小结

本章分析了非关税措施对"一带一路"沿线国家贸易和福利的影响机制。总体而言，非关税措施会导致世界贸易总量的下降，由于非关税措施属于非市场化的干预，因此也造成了世界总福利水平的下降；进口国的生产厂商福利状况会更好，而消费者需要为贸易干预付出代价；在非关税措施下，出口国的出口厂商会因产品出口难度增大或出口成本提高而遭受福利损失，但是出口国的消费者可以从产品的国内供给增加中获利。由于具体的非关税措施对贸易和福利的影响有所差别，本章分别对反倾销措施、技术性贸易措施和保障措施的贸易和福利影响进行了阐述。

6 非关税措施对农产品贸易的影响：基于中国与"一带一路"沿线国家的实证分析

非关税措施的影响是研究者和政策制定者关注的重点内容。随着非关税措施的数据采集系统日益完善、量化工具和手段不断丰富，人们对于非关税措施的影响分析也更加深入和准确，这为人们更好地理解非关税措施并制定有效的应对策略提供必要的参考和帮助。本章将基于"一带一路"沿线国家针对农产品实施的非关税措施，采用扩展的引力模型，对非关税措施的贸易影响进行实证分析。

6.1 文献回顾

大量的实证研究表明，非关税措施对农产品贸易的影响是不统一的，一些研究支持"标准是催化剂"的观点，而另外一些研究则赞成"标准是壁垒"的解释，通过梳理以往研究，发现非关税贸易措施的影响会因措施类型、措施的代理变量以及研究的细致程度的不同而不同，其中，方法设定和发布过程是造成影响不同的不可忽视的因素（Santeramo et al., 2019）。具体来说，采用引力模型估计100多个国家非关税措施的贸易效应，在所有的估计中，约60%的结果显示出非关税措施具有贸易阻碍效应，SPS措施在需求侧的正向作用弥补了在供给侧生产成本增加的负面影响，但是TBT措施总体上阻碍了贸易，尤其是对欧洲的高收入国家和中亚国家（Ghodsi et al., 2017）。采用引力模型估计中国的非关税措施对猪肉贸易的影响，结果证实了非关税措施既有抑制作用，又有促进作用（Peci et al., 2020）。采用引力模型估计非关税措施对伊朗出口贸易的影响，结果显示，非关税措施对开心果和虾出口的影响大于关税，葡萄干出口未受非关税措施的影响（Ardakani et al., 2009）。采用空间均衡模型方法，估计取消关税和非关税措施对东非共同体成员国乳制品贸易的相对福利影响，结果表明，仅取消关税不会产生任何显著的福利改善，除非同时采取促进贸易的措施，如减少非关税壁垒和运输成本，同时表明，降低贸易成本可以减少东非共同体的区域不平衡（Gelan et al., 2014）。

国内的非关税措施研究主要聚焦于技术性壁垒，顾国达等（2007）采用引力模型发现日本技术性壁垒对中国茶叶出口有负向影响；张相文等（2010）对欧盟技术性壁垒进行分析，认为技术性壁垒是影响中国农产品出口的主要障碍；陈晓娟等（2014）运用变截距随机效应面板模型研究日本、美国、欧盟和韩国的技术性贸易壁垒，发现进口国的技术性壁垒对中国农产品出口有负向影响；李玮（2014）研究发现技术性壁垒限制了中国农产品的出口，减弱了中国农产品的出口竞争力，并一定程度上推动了双边或多边的贸易摩擦；朱丽娜（2017）分析中国重要农产品的出口数据发现，技术性壁垒在抑制水果蔬菜类和鱼肉类出口上是显著的，在谷物类出口方面则不明显；杨韶艳等（2020）运用全球贸易分析模型发现他国技术性壁垒的降低促进本国农产品出口数量增加，促进国内福利的增加；张映红等（2020）对技术性贸易壁垒对农产品出口的作用机制进行分析，发现特别贸易关注视角下技术性贸易壁垒对中国农产品出口产生显著的负向影响。但是也有相反的结论，比如彭勇（2017）发现技术性壁垒对中国农产品出口有积极作用，并且他国人民币汇率下降有利于中国农产品出口；徐维等

(2011)利用引力模型发现,日本、美国和欧盟的技术性贸易壁垒对我国农产品出口有显著的正面效应;郁鹏(2017)研究日本非关税壁垒对中国农业出口时发现,日本非关税壁垒促进了中国出口农产品质量的升级,其中SPS措施、关税配额和进口数量限制可以促进农产品质量升级,反倾销、反补贴等贸易救济措施会抑制农产品质量升级,而TBT对农产品质量升级没有显著影响;刘健西(2019)通过分析农产品贸易壁垒的演进与发展后得出,在"一带一路"倡议下,提高对国际标准的认知度和参与度,重视劳工标准和劳动者权益的保护是应对新型贸易壁垒、增强我国农产品出口竞争力的重要措施。

总体来看,多数研究都得出非关税措施对于出口存在一定阻碍作用的结论,从短时间来看,非关税措施会增加农产品出口成本,削弱农产品的国际竞争力。但是长期来看,非关税措施将会通过出口压力迫使出口国进行创新和结构优化,从而增强了农产品的竞争力(李殿勇,2009;许德友 等,2010;江凌 等,2013;董斌昌 等,2017;田曦 等,2019)。

6.2 贸易引力模型

在研究非关税措施的贸易和福利影响方面,一般采用引力模型、局部均衡模型、一般均衡模型以及基于风险评估的成本收益方法。引力模型用来估计由于边境效应而引起的贸易流量(Moenius,1999),例如通过频率指数或者调查获得的规则信息可作为模型解释变量。局部均衡模型用来分析标准和技术规则对贸易的部门效应(Krissoff et al.,1997;Thimany et al.,1997;Cook et al.,2002;Wieck et al.,2012)。可计算的一般均衡分析则基于非关税措施的实施对产品市场和要素市场带来价格和数量的变化。该方法有助于分析生产者和消费者的福利变动,既可以考察非关税措施实施的福利效应损失,也可以考察非关税措施取消的福利增进效应(Henson et al.,1998)。风险评估的成本收益方法基于福利效应识别贸易壁垒(Orden et al.,1996)。

Tinbergen(1962)和Pöyhönen(1963)首先将引力公式用于分析国际贸易问题。在此之后,引力模型成为对外贸易实证分析的一种常见工具,用于分析移民、对外直接投资等多个领域的国际贸易问题。起初,贸易引力模型的理论基础并不是很坚实,到20世纪70年代后期,才出现一些有关引力模型的理论发展,不断尝试用不同的理论框架来论证引力模型(Anderson,1979;Bergstrand,1985,1989;Helpman,1987;Dear-dorff,1995;Anderson et al.,2001)。目前大量的实证分析在改进引力公式方面做出贡献,主要体现在不断改进引力公式的计量模型设定以及重新定义解释变量和增加新的变量两个方面(Egger,2000;Porojan,2001;Carrere,2006)。在中国也有许多学者运用贸易引力模型进行实证研究(张广 等,2012;秦臻 等,2013;王瑛 等,2014;蔡静静 等,2017;韩爽 等,2019;吴丹 等,2020;黄志华 等,2020)。

结构引力模型可以从需求的角度推导出来(Yotov et al.,2016),假设不同国家的消费者偏好是相同的,给定j国的CES效用函数,如式6-1所示:

$$\left\{\sum_i \alpha_i^{\frac{1-\sigma}{\sigma}} c_{ij}^{\frac{\sigma-1}{\sigma}}\right\}^{\frac{\sigma}{\sigma-1}} \tag{式6-1}$$

式中，$\sigma > 1$，表示不同品种间的替代弹性，即不同国家的品种；$\alpha_i > 0$，表示 CES 偏好参数，作为外生参数处理；c_{ij} 表示来自 i 国的品种在 j 国的消费量。

消费者最大化的标准预算约束，如式 6-2 所示，保证了国家 j（E_j）的总支出等于包括国家 j 在内的所有国家的品种总支出，交货价格为 $p_{ij} = p_i t_{ij}$，一般定义为原产国的出厂价格 p_i 和 i 国及 j 国的双边贸易成本 t_{ij} 的函数，$t_{ij} \geq 1$。

$$\sum_i p_{ij} c_{ij} = E_j \tag{式6-2}$$

解决消费者最大化问题就会产生从原产国 i 到目的地国家 j 的运输费用，如式 6-3 所示：

$$X_{ij} = \left(\frac{\alpha_i p_i t_{ij}}{P_j}\right)^{(1-\sigma)} E_j \tag{式6-3}$$

式中，X_{ij} 为出口国 i 到目的地国家 j 的贸易流量；P_j 为消费价格指数。

$$P_j = \left[\sum_i (\alpha_i p_i t_{ij})^{1-\sigma}\right]^{\frac{1}{1-\sigma}} \tag{式6-4}$$

式 6-4 反映出在 j 国购买来源于 i 国的商品支出的几点含义：第一，与目的地国家 j 的总支出 E_j 成正比；第二，与原产国 i 到目的地国家 j 的交货价格成反比，$p_{ij} = p_i t_{ij}$；第三，与 CES 价格指数 P_j 直接相关；第四，当出厂价格或 CES 总价格或两者综合的相对价格变化时，视替代弹性 σ_i 而定。

推导结构引力模型的最后一步是对各原产地货物进行市场出清：

$$Y_i = \sum_j \left(\frac{\alpha_i p_i t_{ij}}{P_j}\right)^{(1-\sigma)} E_j \tag{式6-5}$$

式 6-5 表明，在一定的交货价格下，国家 i 的产值，应该等于该国的品种在世界上所有国家的总支出，包括国家 i。

定义 $Y = \sum_i Y_i$，将式 6-5 除以 Y，可得到：

$$(\alpha_i p_i)^{1-\sigma} = \frac{\dfrac{Y_i}{Y}}{\sum_j \left(\dfrac{t_{ij}}{P_j}\right)^{1-\sigma} \dfrac{E_j}{Y}} \tag{式6-6}$$

根据 Anderson et al.(2003)，定义式 6-6 中的分母项为 $\prod_i^{1-\sigma} = \sum_j (t_{ij}/P_j)^{1-\sigma} E_j/Y$，得到转换公式：

$$(\alpha_i p_i)^{1-\sigma} = \frac{Y_i/Y}{\prod_i^{1-\sigma}} \tag{式6-7}$$

利用式 6-7 代替式 6-3 和式 6-4 中的 $(\alpha_i p_i)^{1-\sigma}$，再结合 $\prod_i^{1-\sigma}$ 的定义以及式 6-3 和

式 6-4 的结果表达式，得出结构引力模型：

$$X_{ij} = \frac{Y_i E_j}{Y} \left(\frac{t_{ij}}{\prod_i P_i} \right)^{1-\sigma} \quad \text{（式 6-8）}$$

6.3 模型设定

考虑到结构引力方程（式 6-8）的乘法性质，并假设它在每个时期 t 都成立，则可以对它进行对数线性化，并增加一个附加误差项 $\varepsilon_{ij,t}$：

$$\ln X_{ij,t} = \ln E_{j,t} + \ln Y_{i,t} - \ln Y_t + (1-\sigma)\ln t_{ij,t} - (1-\sigma)\ln P_{j,t} - (1-\sigma)\ln \prod_{i,t} + \varepsilon_{ij,t} \quad \text{（式 6-9）}$$

式 6-9 是结构引力方程的流行实证版本，被广泛应用于各类贸易文献中，研究双边贸易的各种决定因素的影响。

估计结构引力方程（式 6-9）遇到的第一个挑战就是多边阻力项 $P_{j,t}$ 和 $\prod_{i,t}$，因为它们是不能直接被观察到的理论构造。其中一种解决办法是在动态引力模型框架下用出口国和进口国的时间固定效应来解释多边阻力条件（Olivero et al., 2012），此外，出口国和进口国的时间固定效应也能解释流量变量，如 $E_{j,t}$ 和 $Y_{i,t}$，以及所有其他可观察和不可观察的国家特征，包括不同的国家政策、制度安排和汇率。

普通最小二乘法（OLS）是估计各种结构引力模型最常用的技术方法。但是这种估计方法有一个明显的缺陷，即没有考虑到零贸易流量所包含的信息，因为当贸易值转换为对数形式时，这些观察结果被简单地删除了。要解决零贸易流量的问题，一个简单而方便的办法是用乘法形式代替对数形式进行模型估计，其中就包括使用泊松伪极大似然法（PPML）估计结构引力模型（Silva et al., 2006）。蒙特卡罗模拟表明 PPML 估计量即使在零的比例很大的情况下也有很好的表现。

此外，贸易数据一般会存在异方差问题。由于异方差的存在，当用对数线性形式 OLS 方法估计引力模型时，对贸易成本和贸易政策影响的估计既有偏差，也不一致。其中一种解决方法就是应用 PPML 估计量。

为了分析"一带一路"沿线国家非关税措施对中国农产品出口的影响，建立如下 3 种扩展的引力模型（式 6-10）、（式 6-11）和（式 6-12）：

$$\ln X_{j,t} = \beta_0 + \beta_1 \ln GDPEX_t + \beta_2 \ln GDPIM_{j,t} + \beta_3 \ln DIST_j + \beta_4 BOAR_j + \beta_5 FTA_j + \beta_6 NOTI_{j,t} + \varepsilon_{ij,t} \quad \text{（式 6-10）}$$

被解释变量 $X_{j,t}$ 为中国对 j 国在 t 年的农产品出口额；$GDPEX_t$ 为中国在 t 年的产值，中国的产值越高，相应的农产品出口额有可能会增加，因此该变量系数符号预期为正；$GDPIM_{j,t}$ 为进口国 j 在 t 年的消费支出，进口国的农产品市场需求越高，中国的农产品出口额可能会增加，因此该变量系数符号预期为正；为了消除通货膨胀的影响，中国和进口国的 GDP 以 2015 年不变美元价格计算。$DIST_j$ 为中国与贸易伙伴国 j 的距离，该变量数值越大，代表双方的贸易成本越高，贸易会减少，所以该变量系数符号预期为负。

$BOAR_j$ 为中国和进口国 j 是否接壤,如果中国和进口国 j 接壤,意味着有较强的地缘优势,可以促进中国农产品的出口,预期该变量系数符号为正。FTA_j 为中国和进口国 j 之间是否签署 FTA 协定,如果中国和进口国 j 之间签署有 FTA 协定,会促进中国农产品的出口,预期该变量系数符号为正。非关税措施用 $NOTI_{j,t}$ 表示,表示进口国 j 在 t 年对进口农产品发起的 SPS 和 TBT 措施通报,该变量为虚拟变量,有通报设置为1,否则为零。由于本书的研究对象是所有类别的农产品,不同的农产品受到的非关税措施种类和强度都不一样。因而,我们需要一个可以从整体上来衡量进口国非关税措施的指标。WTO 规定各成员国对于涉及人类和动植物生命健康安全的所有法律、法规以及制度等,需要向 WTO 通报。从这个角度而言,TBT 和 SPS 通报可以作为非关税措施的衡量指标。该变量数值越大,表示进口国的非关税措施越严格,中国农产品出口的合规性越高,但是如前所述,SPS 和 TBT 措施可能会对中国的农产品出口产生正向或者负向作用,因此不能确定该变量系数符号的方向。

为了解决多边阻力项的问题,模型构建加入出口国的时间固定效应项($\pi_{i,t}$),同时对出口国的产值变量做出调整,因为出口国时间固定效应能够解释所有可观测和不可观测的出口国特征:

$$\ln X_{j,t} = \pi_{i,t} + \beta_1 \ln GDPIM_{j,t} + \beta_2 \ln DIST_j + \beta_3 BOAR_j + \beta_4 FTA_j + \beta_5 NOTI_{j,t} + \varepsilon_{ij,t}$$
(式6-11)

为了解决零贸易流量和异方差的问题,模型以乘法形式重构,并使用 PPML 估计法对模型进行估计:

$$X_{j,t} = \exp[\pi_{i,t} + \beta_1 \ln GDPIM_{j,t} + \beta_2 \ln DIST_j + \beta_3 BOAR_j + \beta_4 FTA_j + \beta_5 NOTI_{j,t}] \times \varepsilon_{ij,t}$$
(式6-12)

涉及的中国对"一带一路"沿线国家的农产品出口额数据来自 World Integrated Trade Solution(WIST)数据库(https://wits.worldbank.org),用2015年美元价格进行调整;中国和"一带一路"沿线国家的 GDP 来自于 National Accounts-Analysis of Main Aggregates(AMA)数据库(https://unstats.un.org/unsd/snaama);中国和"一带一路"沿线国家的距离来自 CEPII 数据库(http://www.cepii.fr);边界数据来自 World Development Indicators(WDI)数据库(https://datacatalog.worldbank.org/dataset/world-development-indicators);自由贸易协定数据来自商务部的中国自由贸易区服务网(http://fta.mofcom.gov.cn);SPS 和 TBT 通报则来自 WTO 的 TBT 和 SPS 通报。

6.4 模型估计结果

从模型估计结果来看,进口国 GDP、中国与进口国的距离以及中国与进口国是否签订自由贸易协定3个变量的系数符号符合预期方向且显著。进口国 GDP 系数为正数,说明中国农产品出口量与进口国 GDP 水平正相关,即进口国的经济增长有利于中国的农产品出口。中国与进口国的距离系数为负,说明运输成本是阻碍中国农产品出口的重要因素。中国与进口国签署自由贸易协定的系数为正,说明良好的贸易关系有利于中国的农产品出口。中国与进口国是否接壤的系数为正,符合预期方向,但是系数并不显著。关键变量(TBT 和 SPS 措施通报数量)的系数为正,但是在不同的模型估计下,系数的显著性水平并不明确。非关税措施系数为正的原因可能有两个方面:一是"一带一路"沿线国家多为欠发达地区或发展中国家,其中一些国家在农产品国际贸易中尚未普遍或者流行使用非关税措施工具;二是一般情况下,贸易越紧密,贸易摩擦越多,相反,贸易摩擦越多,也能在一定程度上反映出两国的贸易关系相对紧密,因此在这种情况下,TBT 和 SPS 措施通报数虽然反映出两国的贸易摩擦次数,但是也从侧面反映了两国贸易联系的紧密程度。总体来看,沿线国家针对农产品实施的非关税措施并未对中国的农产品出口产生实质的负面影响。同时,考虑到农产品的生产特点和生产周期,需要一定的时间适应新的非关税措施,因此未来需要考虑加入 SPS 通报滞后项,从动态的角度考查非关税措施对中国农产品出口的影响。滞后项的系数符号可正可负,长期来看,非关税措施可能会阻碍中国的农产品出口,也可能经过一段时间的适应,中国生产的农产品已经达到进口国的要求,因为产品质量的提高,从而促进贸易增长(表6-1)。

表 6-1 中国农产品出口的引力模型估计结果

项目	OLS	OLS 固定效应	PPML 固定效应
TBT 和 SPS 措施通报	0.514*** (0.172)	0.516*** (0.173)	0.440 (0.292)
中国 GDP	−0.313 (0.250)		
进口国 GDP	0.903*** (0.094)	0.903*** (0.094)	0.724*** (0.131)
中国与进口国的距离	−1.265*** (0.310)	−1.265*** (0.311)	−1.060** (0.477)
中国与进口国具有共同边界	0.033 (0.374)	0.033 (0.376)	0.053 (0.397)
中国与进口国签署自由贸易协定	0.959*** (0.271)	0.958*** (0.272)	1.466*** (0.342)
常数项	12.373* (6.628)	5.194 (3.619)	7.027*** (4.747)
样本量	315	315	315
R^2	0.778	0.778	0.718
出口国时间固定效应	无	有	有

*、**、*** 分别表示在 10%、5% 和 1% 显著性水平上显著。

6.5 本章小结

本章在一般的贸易引力模型基础上,利用 2011—2016 年中国与"一带一路"沿线国家的面板数据，构建中国农产品出口贸易引力模型，考察进口国 GDP、两国距离、TBT 和 SPS 措施通报、两国是否拥有共同边界以及两国是否签订自由贸易协定等因素对中国农产品出口贸易的影响。结果显示，进口国经济增长有利于中国对"一带一路"沿线国家的农产品出口；运输成本仍是阻碍中国农产品出口贸易的重要因素；两国拥有良好贸易关系将对中国的农产品出口有促进作用。尽管"一带一路"沿线国家针对农产品实施非关税措施，但它并未对中国的农产品出口产生负面影响。为进一步增强中国农产品的出口能力，需要从两个方面着手：第一，增强中国的综合发展实力，加快农业综合能力发展，提高农产品的生产能力以及国际竞争力；第二，在"一带一路"倡议下加强与世界各国的交流与合作，紧密追踪世界农业的发展情况，分享农业发展经验，建立良好的农产品贸易关系。

7 总结、国际经验及行动建议

针对农产品实施的非关税措施通常表现出严格的标准、繁多的检验程序、复杂的认证制度以及完备的标签要求。随着各国关税税率整体降低，非关税措施已成为新阶段贸易政策的重要内容，这些措施既可能是保证农产品质量安全的主要举措，也可能会成为贸易保护的隐秘手段。本书在"一带一路"倡议背景下梳理中国与沿线国家的农产品贸易情况，归纳总结各国农产品贸易的非关税措施及其类型，探讨非关税措施对贸易及福利的作用机制，在量化非关税措施的基础上，构建贸易引力模型来估计非关税措施的贸易影响。结果显示：第一，中国和"一带一路"沿线国家的农产品贸易持续增长，农产品的进出口区域集中在东南亚地区、俄罗斯和蒙古国，进出口品种集中于蔬菜、水果、油脂和水产品；第二，在各类非关税措施中，以 SPS 和 TBT 措施为代表的新型非关税措施的使用频率最高，且亚洲国家实施的非关税措施最多，在农产品方面，实施的非关税措施也集中在 SPS 和 TBT 措施，其中 SPS 措施的实施最多，因受农药残留、兽药残留以及各国的食品标准和相关法规的影响，活动物及其产品、蔬菜类产品以及饮料、烈酒和醋、烟草等产品是非关税措施实施的重点产品；第三，进口国经济增长、两国拥有良好贸易关系有利于中国对"一带一路"沿线国家的农产品出口，但是运输成本仍是阻碍中国农产品出口贸易的重要因素，并未发现针对农产品实施的非关税措施会对中国的农产品出口产生负面影响。

虽然各国在农产品贸易上仍存在个别产品的高关税，但是非关税措施已成为贸易谈判的重要内容。例如美欧在农产品贸易上的争端集中在国际标准定义、标准互认以及标准严格程度等方面。美国标准以市场为导向，通过三方机构进行认证；而欧盟很多标准和国际标准化组织（ISO）一致。此外，美欧双方在劳工权益、环境保护、消费者权利，以及食品安全标准等方面也存在差异，欧盟的标准更加严格，尤其体现在转基因食品的标准差异上。在应对非关税措施方面，发达国家也拥有比较成熟的经验，比如美国有完善的法律、法规，健全的职能管理机构，完善的通报评议制度，用来保证农产品的质量安全；欧盟有全套的质量安全管理体系，农产品食品安全贯穿整个产业链，农产品和食品安全标准和国际接轨；日本政府制定出口促进战略，积极协助出口企业应对各类非关税措施。

具体来说，作为世界上最大的农产品出口国，美国拥有完备的法律体系、食品安全管理机构以及通报评议机制，以此促进农产品出口，保障农产品和食品的安全。在法律体系方面，美国拥有严格、系统的法律、法规，以保证农产品的健康、安全，其中《公共健康服务法》《联邦食品药品和化妆品法》《联邦肉类检验法规》《禽肉产品检验法规》和《食品安全现代化法》（2011 年）是关于食品安全的基本法律。在农产品安全管理机构方面，美国拥有食品与药物管理局（FDA）、农业部（USDA）、环境保护局（EPA）、商务部（USDC）等部门，这些部门分工明确、职责分明，如表 7-1 所示。在通报评议机制方面，美国农业部海外农业局设立有 TBT/SPS 通报咨询点，主要负责提交、接收 TBT/SPS 以及组织协调通报评议等。此外，美国有完善的政策审议机制来解决非关税措施纠纷。

表 7-1 美国农产品和食品安全管理机构

组织机构	主要职责
食品与药物管理局（FDA）	负责除肉、禽和蛋产品以外其余所有食品的监督管理，包括食品添加剂、防腐剂和兽药标准
农业部（USDA）	农业部下设的食品安全和检查局（FSIS），负责肉、禽和蛋制品的监督管理；农业市场局负责制定蔬菜、水果、肉、蛋等常见食品的市场质量分级标准
环境保护局（EPA）	环境保护局负责制定饮用水标准以及食品中的农药残留限量标准
商务部（USDC）	商务部下设的国家海洋渔业局，负责鱼类和海产品质量及标准

资料来源：商务部外贸发展局。

欧盟的农产品和食品被认为是世界上最安全的产业链，具有完善合理的农产品和食品安全管理体系、法律体系以及产品质量安全体系。在管理体系方面，欧洲食品安全管理局主要负责对影响农产品食品安全的因素做出分析，食品与兽医办公室（FVO）负责对各成员国建立的各项食品安全操作标准进行审核，监督食品安全工作标准的执行情况等。在法律体系方面，2003 年 6 月通过的《新农业政策改革决议》对环境、食品安全、动物健康和动物福利标准等方面提出了更严格的要求。农场咨询系统（Farm Advisory System）为农民提供咨询服务，指导农民在生产过程中遵循有关标准和良好操作规范。农场审计部门会定期对农场生产资料的投入水平进行审查，以确定其是否符合有关的环境、食品安全和动物福利要求。在质量安全体系方面，为了使农产品质量安全标准既能适应国际市场要求又符合欧盟各国的实际情况，欧盟农产品食品安全标准从一开始就与国际标准化组织（ISO）和国际食品法典委员会（CAC）等组织的国际食品标准接轨。

日本政府通过制定出口促进战略，不断加强对外交涉，建立面向出口的生产和流通体制，来应对各种针对农产品实施的非关税措施。在宏观战略方面，日本建立政府主导、各方参与的出口促进体制，专门成立农林水产品出口推广协会，负责制定日本农产品出口的基本战略，完成并实施年度农产品出口行动计划。在对外沟通方面，日本政府出面同各国在关税、检疫等方面进行交涉。比如，通过双边 FTA 协议，降低农产品的进口关税；要求进口国调整检疫政策，或根据进口国的检疫要求采取改进措施等。在生产流通管理方面，日本通过构筑面向出口的生产体制，改进技术，生产出满足海外市场需求的、符合海外市场标准的农产品。同时，完善面向出口的包装和保鲜系统，规划面向出口的运输路径、运输方式，不断提高农产品的出口品质，降低成本。

不仅发达国家之间、发达国家与发展中国家之间的农产品贸易存在非关税措施，发展中国家之间也存在非关税措施，分析和总结发达国家的应对经验，对于促进中国和"一带一路"沿线国家农产品贸易具有十分重要的意义。总体而言，借鉴美国、欧盟和日本应对非关税措施的经验，中国应完善农产品安全管理机制、推进标准的双边和多边互认；行业协会应搭建服务平台、提供预警信息；企业要不断进行创新，加大境外投资。

具体而言，在宏观政策方面，遵循"一带一路"倡议的政策相通、贸易畅通的原则，中国政府应进一步完善农产品安全管理机制，明确各职能机构的职责，避免各部门互相推卸责任。同时中国政府应着力推进"一带一路"沿线国家间农产品相关标准的双边与多边互认，尽可能通过谈判削减非关税措施。借鉴美国应对 TBT 和 SPS 措施的经验，建立完善的通报评议机制，如在商务部设立的 TBT 和 SPS 通报咨询点的基础上，协调相关部门如农业农村部、海关总署、国家市场监督管理局、国家卫生健康委员会负责对通报进行技术层面的评议，为企业提供准确有效的非关税措施信息。

在行业发展方面，农业行业协会应积极利用自身优势搭建服务平台，收集、研究并发布各国非关税措施的最新信息，有针对性地为企业发布预警信息，做到资源共享。同时做好标准、检测、认证、研发、培训等服务内容，为企业提供坚强后盾。

在企业发展方面，农业企业不应将出口目的国实施的 TBT 和 SPS 等非关税措施作为贸易壁垒看待，更应该着眼于长远，理解和把握非关税措施在提高企业产品质量中的积极作用。基于新型非关税措施的本质，农业企业应立足于科技创新，加大研发投入力度、创新研发机制，努力提升产品质量和科技含量。同时，农业企业应该"走出去"，加大境外农业投资，这不仅能够充分利用全球农业资源，保障我国的粮食安全，而且能够更好地应对非关税措施的阻碍和限制。

参考文献

鲍晓华,2010. 技术性贸易壁垒的量度工具及其应用研究:文献述评 [J]. 财贸经济 (6):89-97.

蔡静静,何海燕,李思奇,等,2017. 技术性贸易壁垒与中国高技术产品出口——基于扩展贸易引力模型的经验分析 [J]. 工业技术经济,36 (10):45-54.

曹绿,2021. 新时代新型经济全球化的理论阐释与思想逻辑——习近平经济全球化系列论述研究 [J]. 云南大学学报(社会科学版)(1):5-16.

陈晓娟,穆月英,2014. 技术性贸易壁垒对中国农产品出口的影响研究——基于日本、美国、欧盟和韩国的实证研究 [J]. 经济问题探索 (1):115-121.

戴磊,2017. 逆全球化的演变及中国的经济对策 [J]. 发展改革理论与实践 (5):55-58,12.

董斌昌,杨万平,牛思远,等,2017. 中日技术贸易壁垒对双边贸易的影响 [J]. 管理学刊 (3):30-41.

董银果,吴倚天,2019. 健康与贸易,孰轻孰重?——SPS措施的保护目的探讨 [J]. 华中农业大学学报(社会科学版)(6):50-59,161-162.

符磊,强永昌,2018. 世界非关税壁垒形势与我国的策略选择 [J]. 理论探索 (4):98-106.

公丕萍,宋周莺,刘卫东,2015. 中国与"一带一路"沿线国家贸易的商品格局 [J]. 地理科学进展 (5):571-580.

顾国达,牛晓婧,张钱江,2007. 技术壁垒对国际贸易影响的实证分析:以中日茶叶贸易为例 [J]. 国际贸易问题 (6):74-80.

韩爽,伍海泉,刘意,2019. 贸易自由化对中国林产品出口的影响:基于微观引力模型的实证研究 [J]. 学习与探索 (9):143-150.

韩永辉,罗晓斐,邹建华,2015. 中国与西亚地区贸易合作的竞争性和互补性研究:以"一带一路"战略为背景 [J]. 世界经济研究 (3):89-98+129.

何敏,张宁宁,黄泽群,2016. 中国与"一带一路"国家农产品贸易竞争性和互补性分析 [J]. 农业经济问题 (11):51-60,111.

黄志华,何毅,2020. 基于引力模型的中国与34个"一带一路"沿线国家的本地市场效应研究 [J]. 中国软科学 (3):100-109.

季志业,2020. 经济全球化的过去、趋势及应对 [J]. 中国政协 (18):46-48.

江凌,陈玛丽,2013. 技术性贸易壁垒的经济效应及对我国农产品出口的影响 [J]. 西南师范大学学报(自然科学版)(3):149-155.

蒋建业,汪定伟,2009. 针对中国面临的非关税壁垒问题的测算与分析 [J]. 东北大学学报(自然科学版),30 (6):783-785.

金碚,2016. 论经济全球化3.0时代——兼论"一带一路"的互通观念 [J]. 中国工业经济 (1):5-20.

李殿勇,2009. 农产品出口技术性贸易壁垒问题研究 [D]. 泰安:山东农业大学.

李清如,2016. 关税与非关税壁垒对贸易获益的影响——基于要素禀赋与资源错配

理论的实证分析 [J]. 经济问题探索（12）：113-119.

李玮，2014. 论非关税壁垒对中国出口贸易的影响 [J]. 知识经济（24）：47, 49.

刘健西，2019. 贸易自由化进程中的农产品贸易壁垒：演进与发展 [J]. 农村经济（8）：111-118.

鲁明川，2021. 逆全球化的政治经济学论析 [J]. 浙江社会科学（1）：4-12, 155.

彭勇，2017. 技术性贸易壁垒对中国农产品出口的影响研究——基于日本、美国、欧盟和韩国的实证研究 [J]. 世界农业（4）：97-102.

秦臻，倪艳，2013. WTO 成立以来技术性贸易措施对中国农产品出口影响研究——基于多边贸易阻力的两阶段引力模型 [J]. 国际经贸探索，29（1）：35-47.

孙楚仁，张楠，刘雅莹，2017. "一带一路" 倡议与中国对沿线国家的贸易增长 [J]. 国际贸易问题（2）：83-96.

孙瑾，杨英俊，2016. 中国与 "一带一路" 主要国家贸易成本的测度与影响因素研究 [J]. 国际贸易问题（5）：94-103.

谭晶荣，王丝丝，陈生杰，2016. "一带一路" 背景下中国与中亚五国主要农产品贸易潜力研究 [J]. 商业经济与管理（1）：90-96.

汤海滨，王颖，2007. 非关税壁垒强度测定及其在东盟的应用 [J]. WTO 实务（7）：37-40.

田曦，柴悦，2019. 特别贸易关注视角下技术性贸易措施对我国出口贸易的影响 [J]. 国际贸易问题)（3）：41-55.

王婉如，2018. 技术标准、贸易壁垒与国际经济效应研究——基于 "一带一路" 沿线国家的实证分析 [J]. 国际贸易问题（9）：80-94.

王瑛，许可，2014. 食品安全标准对我国农产品出口的影响——基于引力模型的实证分析 [J]. 国际贸易问题（10）：45-55.

吴丹，吴野，2020. 贸易便利化对中国从 "一带一路" 国家进口的影响——基于贸易引力模型的实证分析 [J]. 工业技术经济，39（2）：73-81.

吴国松，2012. 中国农产品进口非关税贸易壁垒量化研究 [J]. 经济经纬（5）：43-47.

徐维，贾金荣，2011. 技术性贸易壁垒对我国农产品出口的影响——基于引力模型的实证研究 [J]. 中国经济问题（2）：45-51.

许德友，梁琦，2010. 金融危机、技术性贸易壁垒与出口国企业技术创新 [J]. 世界经济研究（9）：28-33, 88.

薛金华，2020. 全球化的中国与中国的全球化 [J]. 理论月刊（9）：15-22.

杨韶艳，李娟，2020. 中海自贸区框架下农产品技术性贸易壁垒降低的经济效应——基于全球贸易分析模型的模拟分析 [J]. 国际商务（对外经济贸易大学学报)（2）：1-16.

余妙志，梁银锋，高颖，2016. 中国与南亚地区农产品贸易的竞争性与互补性——以 "一带一路" 战略为背景 [J]. 农业经济问题（12）：83-94, 112.

郁鹏, 2017. 日本非关税壁垒与中国农业出口产品质量升级 [J]. 世界农业 (8): 165-172.

张福贵, 2020. 人类命运共同体意识与"新全球化"理念 [J]. 学习与探索 (12): 1-7.

张广, 金钟范, 2012. 卫生检疫壁垒对我国农产品出口的影响——基于扩展的引力模型的实证分析 [J]. 财经研究, 38 (11): 70-80.

张会清, 2017. 中国与"一带一路"沿线地区的贸易潜力研究 [J]. 国际贸易问题 (7): 85-95.

张相文, 王贺光, 梁肖, 2010. 欧盟技术性壁垒对我国农产品出口的影响分析 [J]. 农业经济问题 (4): 105-108, 112.

张映红, 朱晶, 2020. 技术性贸易壁垒与中国农产品出口——基于特别贸易关注视角 [J]. 世界农业 (9): 4-12, 140.

赵静, 于豪谅, 2017. "一带一路"背景下中国—东盟贸易畅通情况研究 [J]. 经济问题探索 (7): 116-123.

朱丽娜, 2017. 非关税壁垒对中国农产品出口二元边际的影响 [J]. 世界农业 (10): 140-147.

邹嘉龄, 刘春腊, 尹国庆, 等, 2015. 中国与"一带一路"沿线国家贸易格局及其经济贡献 [J]. 地理科学进展 (5): 598-605.

ANDERSON J E, 1979. A theoretical foundation for the gravity equation [J]. The American economic review, 69 (1): 106-116.

ANDERSON J E, VAN WINCOOP E, 2001. Borders, trade and welfare [J]. Brookings Trade Forum (1): 207-243.

ANDERSON J E, VAN WINCOOP E, 2003. Gravity with gravitas: A solution to the border puzzle [J]. American economic review, 93 (1): 170-192.

ANDRIAMANANJARA S, DEAN J M, FERRANTINO M J, et al., 2004. The effects of non-tariff measures on prices, trade, and welfare: CGE implementation of policy-based price comparisons [R]. Working papers.

ARDAKANI Z, YAZDANI S, GILANPOUR O, 2009. Studying the effects of Non-Tariff Barriers on the export of the main agricultural products of Iran [J]. American Journal of Applied Sciences 6, 1321-1326.

BERGSTRAND J H, 1985. The gravity equation in international trade: some microeconomic foundations and empirical evidence [J]. The review of economics and statistics, 67 (3): 474-481.

BERGSTRAND J H, 1989. The generalized gravity equation, monopolistic competition, and the factor-proportions theory in international trade [J]. The review of economics and statistics, 71 (1): 143-153.

CARRERE C, 2006. Revisiting the effects of regional trade agreements on trade flows with proper specification of the gravity model [J]. European Economic Review, 50 (2): 223-247.

CHEN C, YANG J, FINDLAY, C, 2008. Measuring the effect of food safety standards on China's agricultural exports [J]. Review of World Economics, 144 (1): 83-106.

COOK D C, FRASER R W, 2002. Exploring the regional implications of interstate quarantine policies in Western Australia [J]. Food Policy, 27 (2): 143-157.

DEARDORFF A V, 1995. Determinants of Bilateral Trade: Does Gravity Work in a Neoclassical World [R]. National Bureau of Economic Research Working Papers.

DEARDORFF A V, STERN R, 1997. Measurement of Non-Tariff Barriers [J]. Journal of International Economics, 55 (1) : 239-242.

DE SOYRES F, MULABDIC A, MURRAY S, et al., 2019. How much will the Belt and Road Initiative reduce trade costs? [J]. International Economics, 159: 151-164.

EGGER P, 2000. A note on the proper econometric specification of the gravity equation [J]. Economics Letters, 66 (1): 25-31.

FUGAZZA M, MAUR J C, 2008. Non-tariff barriers in CGE models: How useful for policy? [J]. Journal of policy Modeling, 30 (3): 475-490.

GAO S, 2000. Economic globalization: trends, risks and risk prevention [R]. Economic Social Affairs, CDP Background Paper (1): 1-8.

GELAN A, OMORE A, 2014. Beyond tariffs: the role of non-tariff barriers in dairy trade in the East African Community free trade area [J]. Development Policy Review, 32, 523-543.

GHODSI M, GRÜBLER J, REITER O, et al., 2017. The evolution of non-tariff measures and their diverse effects on trade [R]. wiiw Research Report.

HELPMAN E, 1987. Imperfect competition and international trade: Evidence from fourteen industrial countries [J]. Journal of the Japanese and international economies, 1 (1): 62-81.

HELPMAN E, MELITZ M J, YEAPLE S R, 2004. Export versus FDI with Heterogenous Firms [J]. American Economic Review 94 (1): 300-316.

HENSON S, HEASMAN M, 1998. Food safety regulation and the firm: understanding the compliance process [J]. Food Policy, 23 (1): 9-23.

JAGER H, LANJOUW G J, 1977. An alternative method for quantifying International trade barriers [J]. Weltwirtschaftliches Archiv 113: 719-740.

KEE H L, NICITA A, OLARREAGA M, 2004. Import demand elasticities and trade distortions [R]. Policy Research Working Paper NO. 4669, The World Bank.

KEE H L, NICITA A, OLARREAGA M, 2006. Estimating trade restrictiveness indices [J]. Policy Research Working Paper Series, 119 (534): 172-199.

KEE H L, NICITA A, OLARREAGA M, 2008. Import demand elasticities and trade distortions [J]. The Review of Economics and Statistics, 90 (4): 666-682.

KRISSOFF B, CALVIN L, GRAY D, 1997. Barriers to trade in global apple markets [J]. Fruit and Tree Nuts Situation and Outlook (8): 42-51.

LI Y, BEGHIN J C, 2013. Protectionism Indices for Non-tariff Measures: An Application to Maximum Residue Levels [R]. International Agricultural Trade Research Consortium Working Paper.

MOENIUS J, 1999. The bilateral standards database (BISTAN) -a technical reference manual [M]. San Diego: University of California.

OLIVERO M P, YOTOV Y V, 2012. Dynamic gravity: endogenous country size and asset accumulation [J]. Canadian Journal of Economics/Revue canadienne d'économique, 45 (1): 64-92.

ORDEN D, ROMANO E, 1996. The avocado dispute and other technical barriers to agricultural trade under NAFTA [R]. In Paper present at the conference of NAFTA and Agriculture: Is the Experiment Working.

PECI J, SANJUÁN, 2020. The dual trade impact of non-tariff measures: an empirical assessment of China's pork imports [J]. European Review of Agricultural Economics, 47 (5): 1716-1739.

POROJAN A, 2001. Trade flows and spatial effects: the gravity model revisited [J]. Open economies review, 12 (3): 265-280.

PÖYHÖNEN P, 1963. A tentative model for the volume of trade between countries [J]. Weltwirtschaftliches Archiv (90): 93-100.

SANTERAMO F G, LAMONACA, 2019. The effects of non-tariff measures on agri-food trade: A review and meta-analysis of empirical evidence [J]. Journal of Agricultural Economics, 70 (3): 595-617.

SILVA J S, TENREYRO S, 2006. The log of gravity [J]. The Review of Economics and statistics, 88 (4): 641-658.

THILMANY D D, BARRETT C B, 1997. Regulatory barriers in an integrating world food market [J]. Review of Agricultural Economics, 19 (1): 91-107.

TINBERGEN J, 1962. Shaping the World Economy: Suggestions for an International Economic Policy [M]. New York: The Twentieth Century Fund.

UNCTAD, 2015. International classification of non-tariff measures (2012 version) [M]. New York and Geneva: United Nations.

UNCTAD, 2019. International classification of non-tariff measures (2019 version) [M]. Geneva: United Nations.

WIECK C, SCHLÜTER S W, BRITZ W, 2012. Assessment of the impact of avian influenza-related regulatory policies on poultry meat trade and welfare [J]. The World Economy, 35（8）: 1037-1052.

YOTOV Y V, PIERMARTINI R, MONTEIRO J A, et al., 2016. An advanced guide to trade policy analysis: The structural gravity model［R］. Geneva: World Trade Organization.

附 录

附表1-1 "一带一路"沿线国家对世界的农产品出口额　　　单位：亿美元

国家	2012年	2013年	2014年	2015年	2016年	2017年	2018年	2019年
阿富汗	—	—	—	—	—	—	6.99	—
阿尔巴尼亚	1.18	1.39	1.59	1.67	2.04	2.54	3.00	—
亚美尼亚	—	3.97	4.14	3.89	5.18	6.28	6.70	7.76
阿塞拜疆	8.32	8.78	8.41	7.70	5.26	6.59	7.04	7.72
巴林	—	8.44	6.29	4.49	3.69	5.22	5.96	—
孟加拉国	9.02	10.14		9.07	—	—	—	—
白俄罗斯	49.42	56.51	55.28	43.69	41.64	49.04	51.73	54.84
不丹	0.39	—	—	—	—	—	—	—
波黑	3.89	4.32	4.20	4.40	5.03	5.81	4.99	4.57
文莱	—	0.18	0.41	0.07	0.08	0.11	0.14	0.11
保加利亚	42.47	53.56	49.15	41.55	45.66	47.21	50.82	53.65
柬埔寨	2.23	4.04	3.62	4.24	4.74	5.83	6.99	7.20
克罗地亚	15.93	15.67	17.35	17.18	19.31	21.15	23.96	24.34
捷克	75.82	82.03	86.90	81.86	82.52	84.16	85.69	86.32
东帝汶								
埃及	—	—	50.35	48.75	49.85	49.26	49.10	53.16
爱沙尼亚	17.84	19.37	18.86	14.92	14.23	15.92	16.29	17.07
格鲁吉亚	5.11	7.75	8.26	6.12	6.92	7.78	9.59	8.89
匈牙利	103.73	106.38	102.74	87.74	88.79	100.42	102.54	104.71
印度	—	427.69	389.61	315.76	304.93	356.12	352.55	348.30
印度尼西亚	325.55	311.01	340.88	312.51	308.79	367.44	347.18	322.43
伊朗	—	52.90	68.62	60.05	63.05	64.17	63.13	—
伊拉克	—	—	—	—	—	—	—	—
以色列	24.02	25.34	24.59	21.37	20.76	22.41	21.76	21.82
约旦	13.79	15.44	16.48	15.54	12.52	12.26	12.08	11.20
哈萨克斯坦	31.09	27.33	26.38	21.36	21.29	24.18	31.02	32.84
科威特	—	4.83	4.93	5.17	4.90	6.54	6.43	3.92
吉尔吉斯斯坦	—	—	—	1.44	1.47	2.19	1.99	2.58
老挝	2.61	4.50	4.61	6.47	9.33	10.40	10.18	13.38
拉脱维亚	26.02	27.20	26.29	21.33	22.10	26.95	27.94	30.50
黎巴嫩	6.14	7.30	7.81	7.33	6.88	44.10	6.44	0.00
立陶宛	54.51	62.46	61.83	49.67	48.55	53.98	57.85	60.64
马来西亚	—	240.59	248.35	207.82	209.62	218.82	207.04	203.92

（续表）

国家	2012年	2013年	2014年	2015年	2016年	2017年	2018年	2019年
马尔代夫	1.59	1.64	1.42	1.40	1.38	1.96	1.78	—
摩尔多瓦	—	—	—	9.14	9.45	11.31	11.68	12.11
蒙古国	—	0.48	0.50	0.80	0.97	1.58	2.16	1.73
黑山	0.73	0.75	1.21	0.60	0.57	0.54	0.55	0.00
缅甸	30.63	33.85	29.15	34.88	43.77	44.67	46.63	43.66
尼泊尔	—	2.29	2.48	1.91	1.91	2.11	—	—
马其顿	6.04	6.58	6.37	5.33	5.82	6.02	6.37	6.95
阿曼	11.27	14.15	14.94	15.28	13.83	16.60	18.96	0.00
巴基斯坦	47.74	55.64	52.02	47.79	41.20	44.73	54.21	52.46
菲律宾	—	—	—	—	—	65.78	60.36	66.91
波兰	220.83	268.69	279.65	255.94	255.32	295.83	347.22	345.23
卡塔尔	—	0.85	0.82	1.65	0.78	0.48	0.32	0.32
罗马尼亚	51.99	70.49	73.97	65.77	68.28	72.78	76.46	80.55
俄罗斯	167.38	162.27	189.81	161.81	173.29	210.85	248.81	248.30
沙特阿拉伯	35.45	35.13	37.26	37.58	37.43	37.88	36.62	34.51
塞尔维亚	26.76	27.64	30.38	28.46	31.71	31.55	33.64	36.34
新加坡	90.25	98.94	107.77	103.01	99.07	98.96	134.26	138.25
斯洛伐克	46.19	42.70	36.32	31.05	31.29	32.23	33.71	33.42
斯洛文尼亚	10.62	11.79	12.88	11.77	12.60	14.34	16.72	16.96
巴勒斯坦	—	—	—	2.64	2.60	2.72	2.79	4.97
斯里兰卡	—	26.91	29.58	26.61	26.23	30.32	—	—
叙利亚								
塔吉克斯坦								
泰国	321.79	308.76	324.06	305.28	304.11	333.61	356.66	355.12
土耳其	152.51	169.77	179.95	167.90	162.49	169.09	176.82	197.26
土库曼斯坦								
乌克兰	—	—	166.71	145.63	152.81	177.73	186.12	—
阿联酋	80.05	59.98	64.93	70.53	67.81	67.63	125.59	135.09
乌兹别克斯坦	—	—	—	—	—	8.88	11.11	15.93
越南	204.86	199.68	231.67	220.62	236.65	270.32	269.18	260.84
也门	4.54	4.46	4.84	3.13	—	—	0.15	0.23
总计	2330.31	3192.57	3516.60	3179.68	3190.49	3667.37	3836.01	3569.00

数据来源：WITS数据库、UN COMTRADE数据库，农产品包含HS01-HS24。

附表1-2 "一带一路"沿线国家对世界的农产品进口额　　　单位：亿美元

国家	2012年	2013年	2014年	2015年	2016年	2017年	2018年	2019年
阿富汗	—	—	—	—	—	—	25.44	—
阿尔巴尼亚	8.61	8.85	8.90	7.69	7.89	9.00	9.86	—
亚美尼亚	—	8.46	8.09	6.63	6.35	7.15	8.04	8.71
阿塞拜疆	14.42	15.89	15.54	13.66	15.75	17.00	17.03	19.26
巴林	—	17.29	19.06	19.29	17.74	18.16	19.23	—
孟加拉国	62.11	60.24	—	80.68	—	—	—	—
白俄罗斯	36.07	41.14	47.89	44.06	40.26	45.24	43.55	46.12
不丹	1.45	—	—	—	—	—	—	—
波黑	18.49	18.66	18.66	16.39	16.67	18.00	18.61	18.27
文莱	—	5.48	5.60	5.11	5.01	4.66	5.09	5.11
保加利亚	30.23	32.54	32.73	29.98	31.45	35.56	38.42	41.45
柬埔寨	5.28	5.73	7.83	8.52	8.87	11.13	13.04	14.35
克罗地亚	25.42	27.90	30.65	27.95	29.03	32.82	35.92	38.24
捷克	88.49	94.36	96.32	89.69	91.96	98.28	104.91	107.01
东帝汶	—	—	—	—	—	—	—	—
埃及	—	—	153.09	145.59	145.61	137.11	153.00	165.05
爱沙尼亚	19.98	22.62	22.42	18.01	18.16	19.94	20.71	19.87
格鲁吉亚	12.64	12.89	13.06	11.06	10.62	11.74	13.54	12.51
匈牙利	57.33	59.39	62.14	53.90	57.33	64.01	68.77	70.60
印度	0.00	172.70	194.20	209.23	220.93	252.48	242.82	193.68
印度尼西亚	163.98	167.33	174.58	147.49	162.40	189.99	197.65	186.30
伊朗	—	132.59	123.85	91.19	89.32	105.49	106.25	—
伊拉克	—	—	—	—	—	—	—	—
以色列	52.96	54.88	56.92	53.23	56.25	61.04	65.29	67.86
约旦	36.46	37.41	41.04	39.37	41.08	38.66	38.90	38.27
哈萨克斯坦	42.46	46.19	43.36	33.93	30.37	34.73	36.38	38.97
科威特	—	44.75	49.66	49.56	46.66	51.12	54.49	55.85
吉尔吉斯斯坦	—	—	—	5.74	4.62	6.39	5.96	6.73
老挝	1.67	1.55	1.89	2.02	5.54	6.31	7.30	9.17
拉脱维亚	24.80	26.61	26.48	21.14	22.61	26.85	29.84	30.08
黎巴嫩	32.90	34.25	36.15	33.41	32.72	462.73	34.97	—
立陶宛	41.90	49.46	49.26	39.76	37.73	41.27	45.76	46.69
马来西亚	—	157.97	165.08	154.54	145.37	152.60	159.82	157.31

(续表)

国家	2012年	2013年	2014年	2015年	2016年	2017年	2018年	2019年
马尔代夫	3.32	3.93	4.23	4.22	4.50	4.78	5.18	0.00
摩尔多瓦	—	—	—	5.87	6.08	7.05	7.74	8.16
蒙古国	—	5.82	4.64	4.76	5.07	5.44	6.73	6.41
黑山	5.69	6.02	6.40	5.21	5.43	6.00	6.39	
缅甸	9.78	10.25	14.87	18.98	29.72	28.53	25.78	22.31
尼泊尔	—	12.41	13.63	11.88	16.29	17.79	—	—
马其顿	8.66	8.62	8.54	7.72	7.89	8.54	9.29	9.31
阿曼	29.33	31.78	36.39	35.82	36.42	36.23	38.47	0.00
巴基斯坦	49.83	45.40	56.71	54.28	60.00	69.01	61.39	54.78
菲律宾	—	—	—	—	—	117.37	133.47	145.76
波兰	167.81	187.47	192.08	170.66	177.10	199.66	234.32	230.25
卡塔尔	—	26.59	30.60	33.23	32.19	33.90	34.11	32.05
罗马尼亚	61.62	65.94	68.05	67.06	75.16	83.45	90.28	94.35
俄罗斯	405.70	431.64	399.05	264.57	258.47	299.62	296.52	299.65
沙特阿拉伯	214.66	238.94	242.46	243.14	224.62	217.57	198.39	201.26
塞尔维亚	14.57	15.89	16.10	15.61	13.87	16.96	20.14	20.90
新加坡	128.01	132.54	135.78	122.68	119.46	127.42	132.98	132.43
斯洛伐克	51.44	52.37	50.88	43.13	45.93	48.50	53.69	54.12
斯洛文尼亚	23.80	25.66	26.16	23.27	24.15	26.34	28.97	28.68
巴勒斯坦	—	—	—	10.24	10.73	11.15	13.28	27.53
斯里兰卡	—	21.53	25.56	25.24	23.64	27.91		
叙利亚	—	—	—	—	—	—	—	—
塔吉克斯坦	—	—	—	—	—	—	—	—
泰国	129.56	131.46	129.04	130.37	134.93	142.11	151.25	141.87
土耳其	107.34	112.00	124.18	112.44	110.38	126.66	128.45	146.87
土库曼斯坦	—	—	—	—	—	—	—	—
乌克兰	—	—	60.52	34.84	38.91	42.91	50.55	
阿联酋	176.38	150.52	166.93	167.83	161.97	183.59	181.28	181.76
乌兹别克斯坦	—	—	—	—	—	13.49	17.00	20.86
越南	97.64	113.47	132.03	143.90	157.26	176.33	194.91	198.75
也门	40.06	38.35	48.00	30.48	—	—	13.32	18.46
总计	2 502.83	3 225.71	3 497.26	3 246.25	3 178.53	4 037.76	3 754.49	3 474.02

数据来源：WITS数据库、UN COMTRADE数据库，农产品包含HS01-HS24。

附表 2-1　中国对"一带一路"沿线国家的农产品出口额（1 000 美元）

地区	国家	2012 年	2013 年	2014 年	2015 年
东北亚 2 国	蒙古国	79 106.85	90 924.97	94 930.17	85 520.02
	俄罗斯	1 839 240.32	1 982 324.93	2 190 730.09	1 706 720.63
区域总计		1 918 347.17	2 073 249.90	2 285 660.26	1 792 240.65
东南亚 11 国	印度尼西亚	1 821 933.55	1 635 464.08	1 807 791.81	1 650 123.18
	新加坡	645 200.80	823 410.99	950 033.91	922 385.18
	马来西亚	2 136 777.01	2 591 998.04	2 692 986.40	2 488 787.36
	泰国	2 019 482.92	2 527 170.78	2 765 706.63	3 704 881.47
	越南	1 894 995.77	2 265 851.58	2 921 513.31	3 350 893.55
	菲律宾	1 176 880.00	1 403 689.09	1 429 217.88	1 637 292.06
	柬埔寨	34 550.65	56 778.05	55 770.84	49 947.78
	缅甸	139 815.85	227 251.13	409 981.76	318 268.95
	老挝	19 578.10	23 858.04	19 787.74	29 781.93
	文莱	12 330.53	11 545.45	11 770.39	11 479.59
	东帝汶	1 442.69	2 260.17	2 953.79	5 419.43
区域总计		9 902 987.87	11 569 277.40	13 067 514.46	14 169 260.48
南亚 7 国	印度	340 239.97	376 141.50	378 277.88	336 016.99
	巴基斯坦	237 126.66	216 431.37	254 438.61	313 012.15
	斯里兰卡	113 560.14	125 858.24	164 982.63	271 420.70
	孟加拉国	196 868.58	227 242.62	264 541.62	284 011.32
	尼泊尔	42 697.37	51 949.56	39 779.31	44 246.25
	马尔代夫	2 686.39	3 320.98	3 424.51	4 270.06
	不丹	284.30	286.00	142.80	605.99
区域总计		933 463.41	1 001 230.27	1 105 587.36	1 253 583.46
中亚 5 国	哈萨克斯坦	190 459.17	232 134.41	236 273.93	238 208.35
	吉尔吉斯斯坦	128 774.88	127 029.74	185 460.58	154 779.41
	塔吉克斯坦	12 056.25	14 790.17	18 756.54	17 677.06
	土库曼斯坦	10 131.81	9 886.35	11 246.69	12 417.03
	乌兹别克斯坦	65 715.09	69 527.67	55 547.45	67 509.03
区域总计		407 137.20	453 368.34	507 285.19	490 590.88
西亚北非 20 国	沙特阿拉伯	262 347.26	266 669.04	292 199.30	309 038.59
	阿联酋	410 745.42	521 687.96	521 685.34	513 912.19
	科威特	52 880.71	51 863.77	63 425.77	40 313.32
	土耳其	161 708.71	156 854.47	175 779.58	185 980.52
	卡塔尔	11 738.89	13 229.96	15 862.85	14 303.00
	阿曼	23 668.68	22 573.48	22 188.08	28 680.86
	黎巴嫩	63 546.17	64 505.97	68 582.53	71 567.60

(续表)

地区	国家	2012年	2013年	2014年	2015年
西亚北非20国	巴林	28 022.99	34 080.90	35 814.86	36 056.10
	以色列	188 789.71	215 926.27	206 872.08	185 601.94
	也门	124 543.92	122 043.91	119 875.48	90 878.70
	埃及	245 474.95	263 186.99	217 563.86	232 654.43
	伊朗	118 090.98	122 063.71	194 339.59	284 453.00
	约旦	97 704.56	72 770.74	64 026.76	55 565.24
	叙利亚	25 655.28	15 121.29	26 918.21	23 846.96
	伊拉克	19 981.62	33 685.49	66 488.25	115 597.13
	阿富汗	9 208.32	13 970.13	19 826.41	19 505.95
	巴勒斯坦	4 658.99	2 983.13	2 945.65	3 939.20
	阿塞拜疆	9 083.44	13 103.30	10 925.34	7 397.89
	格鲁吉亚	26 084.72	27 364.87	33 651.95	26 746.58
	亚美尼亚	8 019.31	6 534.19	5 324.85	3 344.67
区域总计		1 891 954.63	2 040 219.57	2 164 296.74	2 249 383.87
中东欧19国	波兰	278 350.57	295 944.15	296 117.96	290 430.79
	阿尔巴尼亚	13 379.87	15 447.61	12 244.28	9 059.85
	白俄罗斯	22 927.78	28 483.57	32 328.44	31 714.87
	波黑	2 926.05	3190.32	2 966.04	3 009.43
	保加利亚	32 552.20	34 881.51	30 549.43	25 775.71
	克罗地亚	33 019.06	33 150.25	22 759.16	21 649.66
	捷克	42 796.49	50 431.51	56 450.82	48 340.92
	爱沙尼亚	11 678.96	12 919.54	20 311.94	15 796.33
	匈牙利	13 468.27	14 878.19	18 273.60	18 568.76
	拉脱维亚	25 285.97	25 672.01	33 685.60	18 247.25
	立陶宛	45 474.81	48 469.19	46 726.05	42 684.23
	马其顿	8 237.39	7 378.69	6 813.18	4 052.06
	摩尔多瓦	3 923.67	4 714.64	3 152.51	2 691.04
	黑山	4 612.43	4 372.51	3 075.97	1734.28
	罗马尼亚	56 192.35	48 808.72	53 088.89	51 622.13
	塞尔维亚	9 765.94	10 404.21	10 241.30	7 912.48
	斯洛伐克	6 349.66	6 889.03	8 363.05	8 420.54
	斯洛文尼亚	17 962.27	11 661.29	27 653.20	33 640.78
	乌克兰	217 375.66	223 136.96	149 677.52	84 384.14
区域总计		846 279.40	880 833.90	834 478.94	719 735.25
总计		15 900 169.67	18 018 179.34	19 964 822.91	20 674 794.52

(续表)

地区	国家	2016年	2017年	2018年	2019年
东北亚2国	蒙古国	96 301.98	107 413.90	133 823.47	129 914.14
	俄罗斯	1 858 128.25	1 884 236.42	1 948 474.22	1 828 327.43
区域总计		1 954 430.23	1 991 650.32	2 082 297.69	1 958 241.57
东南亚11国	印度尼西亚	1 958 133.03	2 231 169.72	2 157 530.12	2 477 881.80
	新加坡	885 722.71	800 264.46	844 517.92	883 656.81
	马来西亚	2 574 819.77	2 376 387.91	2 411 668.13	2 991 675.80
	泰国	3 471 739.64	3 066 670.91	3 285 508.02	3 657 100.53
	越南	3 818 004.97	4 509 356.68	5 209 916.84	5 355 182.61
	菲律宾	1 917 817.75	2 010 698.75	2 057 029.00	2 054 088.95
	柬埔寨	38 600.64	40 009.57	56 771.63	90 206.30
	缅甸	374 570.74	464 463.66	539 315.05	663 422.33
	老挝	25 005.90	24 163.88	56 086.82	45 006.56
	文莱	14 051.02	15 532.47	18 911.81	15 282.79
	东帝汶	4 421.00	7 195.61	8 757.01	10 778.35
区域总计		15 082 887.17	15 545 913.62	16 646 012.35	18 244 282.83
南亚7国	印度	425 764.88	434 926.47	339 755.27	313 254.07
	巴基斯坦	325 421.03	336 162.65	290 955.88	341 552.83
	斯里兰卡	273 459.72	223 840.10	159 433.31	194 141.30
	孟加拉国	315 327.02	291 234.11	356 410.72	564 262.12
	尼泊尔	67 313.19	72 744.09	81 092.99	89 802.70
	马尔代夫	6 619.68	6 049.63	5 231.72	6 744.57
	不丹	434.00	210.75	188.62	180.83
区域总计		1 414 339.52	1 365 167.80	1 233 068.51	1 509 938.42
中亚5国	哈萨克斯坦	218 442.97	314 693.71	308 453.80	294 378.78
	吉尔吉斯斯坦	101 390.26	47 482.29	84 037.08	263 468.75
	塔吉克斯坦	12 618.51	21 941.26	12 970.95	14 677.30
	土库曼斯坦	17 586.49	10 559.92	8 957.48	11 812.58
	乌兹别克斯坦	45 291.15	57 389.83	62 251.47	58 882.77
区域总计		395 329.38	452 067.01	476 670.78	643 220.18
西亚北非20国	沙特阿拉伯	301 294.60	320 161.55	273 133.41	320 842.38
	阿联酋	522 251.63	491 934.40	458 258.01	548 735.02
	科威特	374 78.64	31 437.24	31 318.71	32 719.26
	土耳其	143 940.13	240 561.73	343 105.17	441 747.36
	卡塔尔	19 440.67	24 589.93	30 347.82	36 015.47
	阿曼	25 434.31	33 252.87	39 981.73	66 556.18
	黎巴嫩	69 602.42	82 988.16	83 494.09	74 736.61

(续表)

地区	国家	2016年	2017年	2018年	2019年
西亚北非20国	巴林	33 214.60	40 926.83	33 828.85	52 726.30
	以色列	210 662.12	207 569.15	2 11 068.86	229 430.88
	也门	96 416.15	83 950.09	77 410.76	121 859.07
	埃及	208 151.46	225 807.91	263 835.35	394 875.70
	伊朗	415 600.49	348 610.87	247 460.64	160 563.96
	约旦	62 930.51	68 478.18	82 727.46	98 666.40
	叙利亚	19 044.55	15 452.90	28 713.43	33 608.24
	伊拉克	128 171.27	149 555.62	122 294.98	108 596.89
	阿富汗	20 400.07	34 589.88	29 893.10	22 658.95
	巴勒斯坦	3 199.12	3 516.39	3 911.66	4 528.86
	阿塞拜疆	5 470.48	7 930.94	6 623.57	8 782.07
	格鲁吉亚	30 078.29	30 141.28	27 733.05	31 342.00
	亚美尼亚	2 280.07	3 726.21	1 754.09	2 293.80
区域总计		2 355 061.58	2 445 182.13	2 396 894.74	2 791 285.40
中东欧19国	波兰	266 637.06	302 317.67	312 009.57	309 483.73
	阿尔巴尼亚	9 360.23	7 371.65	9 282.00	8 360.21
	白俄罗斯	32 371.49	36 668.51	47 000.66	46 772.67
	波黑	2 657.73	3 413.31	3 877.51	5 652.54
	保加利亚	22 785.42	27 701.92	35 274.22	42 698.88
	克罗地亚	21 125.02	18 468.62	19 049.84	17 080.16
	捷克	51 457.03	55 065.30	59 176.62	64 378.65
	爱沙尼亚	16 766.02	19 861.63	35 419.30	24 705.69
	匈牙利	17 458.57	22 646.10	27 288.92	28 882.69
	拉脱维亚	19 386.30	20 461.04	22 019.33	19 593.89
	立陶宛	42 075.31	50 497.16	51 504.09	67 576.27
	马其顿	2 239.07	3 340.60	4 889.89	3 589.97
	摩尔多瓦	1 512.14	2 148.36	2 567.37	3 671.06
	黑山	4 611.51	4 734.82	5 385.61	3 365.09
	罗马尼亚	54 434.96	48 303.25	54 257.54	53 125.82
	塞尔维亚	7 222.71	9 565.90	9 957.93	9 207.76
	斯洛伐克	6 573.87	6 877.93	6 467.81	5 858.92
	斯洛文尼亚	24 604.45	30 815.07	31 878.07	37 305.29
	乌克兰	109 503.35	133 415.77	177 892.70	201 146.33
区域总计		712 782.24	803 674.61	915 198.98	952 455.62
总计		21 914 830.11	22 603 655.45	23 750 143.02	26 099 423.98

数据来源：WITS数据库、UN COMTRADE数据库，农产品包含HS01-HS24。

附表 2-2 中国对"一带一路"沿线国家的农产品进口额（1 000 美元）

地区	中文名	2012 年	2013 年	2014 年	2015 年
东北亚 2 国	蒙古国	8 840.69	13 686.08	23 008.05	74 001.56
	俄罗斯	1 551 745.22	1 564 970.73	1 546 341.29	17 03 675.19
区域总计		1 560 585.91	1 578 656.81	1 569 349.34	1 777 676.75
东南亚 11 国	印度尼西亚	4 613 030.24	3 428 458.05	3 887 553.44	4 031 500.34
	新加坡	387 462.19	435 149.64	423 451.72	450 413.27
	马来西亚	4 278 583.75	3 797 388.68	3 335 897.41	2 494 190.81
	泰国	3 744 031.06	4 137 119.87	4 849 492.79	4 847 952.64
	越南	2 175 438.70	2 001 399.58	2 224 811.79	2 682 108.54
	菲律宾	478 097.34	506 098.61	757 709.35	694 956.46
	柬埔寨	18 633.92	35 629.45	70 060.26	109 728.37
	缅甸	190 415.46	179 956.65	177 844.23	172 826.57
	老挝	37 297.02	55 282.32	76 243.41	106 361.94
	文莱	196.76	191.78	232.01	227.77
	东帝汶	264.92	215.61	66.21	63.60
区域总计		15 923 451.36	14 576 890.24	15 803 362.62	15 590 330.31
南亚 7 国	印度	971 425.58	890 085.97	672 824.24	733 994.77
	巴基斯坦	427 810.94	321 812.61	368 787.97	415 552.70
	斯里兰卡	32 009.51	39 072.14	36 692.22	42 390.70
	孟加拉国	53 300.73	81 830.94	102 478.66	84 844.57
	尼泊尔	8 548.37	17 744.02	16 629.94	1 791.20
	马尔代夫	14.28	6.30	69.03	169.78
	不丹	—	—	—	—
区域总计		1 493 109.41	1 350 551.98	1 197 482.06	1 278 743.72
中亚 5 国	哈萨克斯坦	70 516.81	79 053.22	173 416.15	123 011.21
	吉尔吉斯斯坦	861.76	7 137.81	7 818.75	5 310.18
	塔吉克斯坦	83.43	1 245.38	1 734.20	759.70
	土库曼斯坦	19 709.50	13 939.17	17 376.04	19 950.24
	乌兹别克斯坦	21 621.77	22 164.71	27 453.56	29 722.85
区域总计		112 793.27	123 540.29	227 798.7	178 754.18
西亚北非 20 国	沙特阿拉伯	1 364.86	1 562.34	2 187.28	2 531.16
	阿联酋	141 146.37	266 531.80	160 245.79	92 107.39
	科威特	—	45.82	—	—
	土耳其	64 793.79	68 899.37	78 263.97	97 290.36
	卡塔尔	—	0.00	—	1.47
	阿曼	1 362.05	442.43	269.38	3 223.26
	黎巴嫩	10.97	197.11	352.27	238.75

(续表)

地区	中文名	2012年	2013年	2014年	2015年
西亚北非20国	巴林	—	—	—	—
	以色列	45 761.15	65 216.88	44 920.07	49 353.55
	也门	295.33	73.58	125.83	1 108.98
	埃及	6 585.59	4 004.48	8 837.20	22 902.79
	伊朗	47 140.55	17 375.39	24 239.33	43 638.14
	约旦	6.93	1.66	43.81	76.80
	叙利亚	6 857.08	2 735.25	308.26	2 838.74
	伊拉克	3 980.98	1 458.66	1 335.98	865.57
	阿富汗	1 968.38	4 878.84	9 380.89	4 084.90
	巴勒斯坦	—	2.78	—	—
	阿塞拜疆	2 653.76	8 118.63	4 324.95	239.81
	格鲁吉亚	3 418.95	4 418.54	4 632.16	6 143.19
	亚美尼亚	1 039.47	792.53	894.13	739.26
区域总计		328 386.21	446 756.09	340 361.30	327 384.12
中东欧19国	波兰	75 191.43	207 719.84	240 380.59	169 515.52
	阿尔巴尼亚	227.10	250.83	141.02	206.98
	白俄罗斯	5 705.92	10 501.02	3 772.79	2 530.29
	波黑	102.66	214.86	362.11	2 938.83
	保加利亚	3 616.44	5 702.65	52 906.80	48 697.75
	克罗地亚	1 660.49	951.26	780.06	897.58
	捷克	25 778.58	23 594.70	23 424.26	22 444.03
	爱沙尼亚	5 467.55	7 872.81	6 229.37	8 395.01
	匈牙利	6 970.95	12 503.05	13 843.30	58 579.37
	拉脱维亚	10 378.41	13 475.76	6 884.78	4 331.00
	立陶宛	6 611.36	7 812.48	3 983.79	1 907.95
	马其顿	1 008.67	1 437.94	1 484.95	2 190.53
	摩尔多瓦	6 581.48	5 706.52	6 946.36	5 647.60
	黑山	1 389.43	790.93	872.12	1 235.36
	罗马尼亚	7 784.29	5 359.58	15 205.04	12 451.30
	塞尔维亚	846.52	992.59	51 006.51	66 438.90
	斯洛伐克	367.16	783.30	2 444.77	1 730.31
	斯洛文尼亚	925.84	2 824.17	2 954.19	2 786.26
	乌克兰	129 617.39	530 253.86	762 068.00	1 717 203.06
区域总计		290 231.67	838 748.15	1 195 690.81	2 130 127.63
总计		19 708 557.77	18 915 143.56	20 334 044.81	21 283 016.73

(续表)

地区	中文名	2016 年	2017 年	2018 年	2019 年
东北亚 2 国	蒙古国	117 565.46	191 280.16	1 771.45	127 823.74
	俄罗斯	1 984 205.22	2 123 618.34	8 591.25	3 583 165.96
区域总计		2 101 770.68	2 314 898.50	10 362.70	3 710 989.70
东南亚 11 国	印度尼西亚	3 705 447.44	4 667 314.80	47 300.43	5 830 024.50
	新加坡	419 195.67	316 372.23	32 125.83	329 175.98
	马来西亚	2 156 950.41	2 321 289.04	12 973.78	2 565 008.23
	泰国	4 139 153.25	4 500 542.29	269.88	6 784 977.64
	越南	2 788 467.00	2 865 577.68	3 196 389.56	3 234 309.83
	菲律宾	617 752.81	775 567.50	474 050.97	1 012 574.49
	柬埔寨	109 970.13	131 667.21	1.90	260 955.01
	缅甸	170 873.80	189 154.88	192 059.80	479 464.31
	老挝	117 748.50	124 820.95	182 221.74	203 855.60
	文莱	772.12	2 686.97	74 604.43	1 539.51
	东帝汶	220.56	1322.05	25 509.51	3 188.71
区域总计		14 226 551.69	15 896 315.60	4 237 507.83	20 705 073.81
南亚 7 国	印度	568 978.68	751 006.55	1 055 333.99	2 331 090.91
	巴基斯坦	386 667.68	262 843.84	6 886.72	474802.43
	斯里兰卡	46 458.84	60 545.53	8 835.94	75 852.96
	孟加拉国	93 593.99	80 341.62	99 636.87	115 975.75
	尼泊尔	79.22	86.93	2 659.22	113.07
	马尔代夫	199.17	534.84	12 275.08	12.62
	不丹	0.65	—	8.43	—
区域总计		1 095 978.23	1 155 359.31	1 185 636.25	2 997 847.74
中亚 5 国	哈萨克斯坦	142 512.85	181 526.52	6 650.47	375 564.91
	吉尔吉斯斯坦	4 275.75	4 636.05	194 520.83	5 211.64
	塔吉克斯坦	476.72	365.78	5 562 278.53	533.79
	土库曼斯坦	29 502.59	14 427.11	2 817.96	16 976.14
	乌兹别克斯坦	61 023.17	26 689.89	48 375.12	61 796.80
区域总计		237 791.08	227 645.35	5 814 642.91	460 083.28
西亚北非 20 国	沙特阿拉伯	2 063.58	1 647.17	3 198 414.72	184 467.87
	阿联酋	11 477.12	31 442.75	1 373 897.42	214 306.24
	科威特	43.53	—	—	15.79
	土耳其	119 768.10	166 411.09	12 635.71	232 497.41
	卡塔尔	0.03	0.50	—	0.55
	阿曼	2 062.52	1 546.43	449.07	29.88
	黎巴嫩	214.97	489.52	69 121.73	990.25

(续表)

地区	中文名	2016年	2017年	2018年	2019年
西亚北非20国	巴林	1.28	—	351.39	2.03
	以色列	42 562.95	72 547.34	419.89	76 024.04
	也门	447.50	664.45	876.60	0.02
	埃及	31 993.54	93 986.68	21 129.24	167 676.65
	伊朗	27 899.43	26 971.07	1 625.69	308 228.78
	约旦	136.94	69.15	247 934.55	650.19
	叙利亚	2 042.07	414.58	293.24	1 072.35
	伊拉克	2 104.31	1 009.41	85 334.65	778.72
	阿富汗	268.70	122.50	15 044.40	22 315.02
	巴勒斯坦	—	—	—	—
	阿塞拜疆	543.38	1 063.74	686.91	744.18
	格鲁吉亚	12 579.07	19 010.61	43 524.16	26 695.31
	亚美尼亚	579.91	478.94	31 409.75	2 053.90
区域总计		256 788.93	417 875.93	5 103 149.12	1 238 549.18
中东欧19国	波兰	130 929.00	118 162.59	972 298.25	267 103.53
	阿尔巴尼亚	367.12	259.67	322.32	171.23
	白俄罗斯	5 243.98	9 490.64	9 716.63	152 750.39
	波黑	159.52	366.42	496.77	358.42
	保加利亚	10 600.46	14 806.28	1 422.69	32 141.31
	克罗地亚	3 720.55	3 000.29	46 975.42	2 399.09
	捷克	27 459.53	40 336.00	95 888.86	62 999.16
	爱沙尼亚	9 220.67	15 563.41	2 414.06	27 883.93
	匈牙利	83 795.44	82 589.10	5 143 388.75	32 530.28
	拉脱维亚	11 474.05	7 291.75	323.18	10 824.83
	立陶宛	4 523.74	7 890.44	7 162.82	65 632.54
	马其顿	1 765.28	2 406.27	2 316 979.22	2 074.53
	摩尔多瓦	8 692.63	11 541.67	955.13	16 906.69
	黑山	1 149.08	2 334.38	236 904.93	1 537.37
	罗马尼亚	23 168.52	22 385.73	198 776.76	9 480.13
	塞尔维亚	73 383.91	66 561.24	2 823.67	9 832.40
	斯洛伐克	1 762.73	2 615.40	297 347.05	1 640.84
	斯洛文尼亚	5 189.71	5 746.78	2 289.25	5 784.45
	乌克兰	1 268 979.72	1 131 278.43	148 759.30	2 449 730.87
区域总计		1 671 585.64	1544626.49	9 485 245.06	3 151 781.99
总计		19 590 466.24	21 556 721.18	25 836 543.84	32 264 325.67

数据来源：WITS数据库、UN COMTRADE数据库，农产品包含HS01-HS24。

附表3-1 中国对"一带一路"沿线国家农产品进口的国家排名及进口额

项目	2014—2018历年第1名及出口额	2019年前5名及出口额
HS01，活动物	2014年，俄罗斯（48 903.26） 2015年，俄罗斯（21 302.67） 2016年，俄罗斯（37 209.22） 2017年，俄罗斯（19 405.64） 2018年，俄罗斯（7 140.39）	1，波兰（12 372.42） 2，越南（6 387.82） 3，柬埔寨（4 500） 4，老挝（3 169.70） 5，俄罗斯（2 608.42）
HS02，肉及食用杂碎	2014年，波兰（62 715.97） 2015年，匈牙利（48 088.95） 2016年，匈牙利（71 460.88） 2017年，匈牙利（62 984.38） 2018年，蒙古国（57 154.08）	1，泰国（213 287.14） 2，俄罗斯（91 307.26） 3，蒙古国（53 000.16） 4，波兰（51 434.77） 5，白俄罗斯（49 978.35）
HS03，鱼等水生动物	2014年，俄罗斯（1 266 338.56） 2015年，俄罗斯（1 170 738.24） 2016年，俄罗斯（1 359 291.84） 2017年，俄罗斯（1 443 658.22） 2018年，俄罗斯（2 112 086.2）	1，俄罗斯（2 185 647.22） 2，印度（1 225 932.74） 3，越南（975 541.02） 4，印度尼西亚（653 821.87） 5，泰国（427 321.33）
HS04，乳、蛋制品及蜂蜜	2014年，波兰（66 586.78） 2015年，波兰（45 244.14） 2016年，波兰（37 664.95） 2017年，印度尼西亚（103 102.81） 2018年，印度尼西亚（143 253.79）	1，印度尼西亚（220 098.66） 2，马来西亚（104 878.30） 3，波兰（90 775.46） 4，白俄罗斯（61 780.85） 5，乌克兰（31 014.15）
HS05，其他动物产品	2014年，俄罗斯（15 399.47） 2015年，俄罗斯（14 168.95） 2016年，俄罗斯（15 981.56） 2017年，俄罗斯（13 103.87） 2018年，俄罗斯（19 244.36）	1，越南（30 028.43） 2，俄罗斯（28 896.98） 3，波兰（18 406.99） 4，泰国（18 263.88） 5，匈牙利（16 079.86）
HS06，活植物及插花等	2014年，泰国（12 791.83） 2015年，泰国（14 162.37） 2016年，泰国（14 633.86） 2017年，泰国（17 069.76） 2018年，泰国（17 133.27）	1，泰国（15 477.88） 2，越南（4 072.81） 3，波兰（1 154.49） 4，以色列（1 064.18） 5，印度尼西亚（282.84）
HS07，食用蔬菜	2014年，泰国（1 718 405.54） 2015年，泰国（1 706 052.68） 2016年，泰国（1 142 203.29） 2017年，泰国（1 201 725.36） 2018年，泰国（1 000 634.52）	1，泰国（572 102.37） 2，越南（107 070.35） 3，印度（89 231.10） 4，缅甸（56 395.40） 5，乌兹别克斯坦（22 775.90）
HS08，食用水果及坚果	2014年，泰国（1 105 379.80） 2015年，泰国（1 169 259.87） 2016年，泰国（1 153 256.89） 2017年，泰国（1 197 898.97） 2018年，泰国（2 020 709.80）	1，泰国（3 318 297.33） 2，越南（885 008.29） 3，菲律宾（754 774.10） 4，伊朗（299 658.81） 5，埃及（156 640.99）

(续表)

项目	2014—2018 历年第 1 名及出口额	2019 年前 5 名及出口额
HS09，咖啡、茶及调味香料	2014 年，越南（101 608.26） 2015 年，越南（84 681.30） 2016 年，越南（347 346.00） 2017 年，斯里兰卡（55 525.79） 2018 年，越南（167 467.04）	1，印度（428 848.87） 2，越南（66 484.39） 3，斯里兰卡（63 953.41） 4，马来西亚（53 176.44） 5，印度尼西亚（53 011.83）
HS10，谷物	2014 年，越南（626 111.89） 2015 年，乌克兰（1 061 169.23） 2016 年，越南（733 934.95） 2017 年，越南（1 021 704.00） 2018 年，越南（739 174.54）	1，乌克兰（1 085 933.12） 2，泰国（345 729.29） 3，越南（240 742.89） 4，缅甸（237 002.56） 5，巴基斯坦（234 868.59）
HS11，制粉工业产品	2014 年，泰国（726 944.17） 2015 年，泰国（616 376.93） 2016 年，泰国（565 464.56） 2017 年，泰国（564 098.08） 2018 年，泰国（795 164.77）	1，泰国（740 420.84） 2，越南（313 632.58） 3，乌克兰（62 134.66） 4，老挝（48 874.76） 5，俄罗斯（25 366.92）
HS12，子仁果实及工业用或药用植物	2014 年，印度尼西亚（203 750.73） 2015 年，俄罗斯（157 660.44） 2016 年，俄罗斯（167 647.06） 2017 年，俄罗斯（214 839.97） 2018 年，俄罗斯（376 103.02）	1，俄罗斯（411 740.61） 2，印度尼西亚（209 738.53） 3，哈萨克斯坦（109 051.63） 4，缅甸（79 241.44） 5，印度（42 272.19）
HS13，虫胶、树胶及树脂等	2014 年，印度（38 936.92） 2015 年，印度（19 422.06） 2016 年，印度尼西亚（16 236.66） 2017 年，印度尼西亚（23 097.17） 2018 年，印度尼西亚（45 391.37）	1，印度尼西亚（73 616.91） 2，印度（42 748.35） 3，越南（13 809.95） 4，阿联酋（10 357.55） 5，土库曼斯坦（10 060.90）
HS14，编结用植物材料	2014 年，马来西亚（74 379.90） 2015 年，马来西亚（71 358.08） 2016 年，马来西亚（48 430.39） 2017 年，马来西亚（59 397.20） 2018 年，马来西亚（56 159.25）	1，马来西亚（39 146.28） 2，印度（32 458.55） 3，土耳其（7 997.71） 4，印度尼西亚（7 168.16） 5，菲律宾（6 610.57）
HS15，动、植物油、脂及蜡等	2014 年，印度尼西亚（2 978 843.74） 2015 年，印度尼西亚（3 064 802.20） 2016 年，印度尼西亚（2 726 626.87） 2017 年，印度尼西亚（3 448 978.01） 2018 年，印度尼西亚（3 528 846.36）	1，印度尼西亚（3 956 106.41） 2，马来西亚（1 500 616.57） 3，乌克兰（806 522.75） 4，俄罗斯（494 313.15） 5，印度（407 060.55）
HS16，肉、鱼及其他水生动物制品	2014 年，泰国（30 948.25） 2015 年，泰国（28 033.96） 2016 年，泰国（34 695.24） 2017 年，泰国（37 929.05） 2018 年，蒙古国（66 948.13）	1，泰国（53 439.84） 2，蒙古国（45 420.19） 3，越南（14 930.41） 4，马来西亚（8 437.90） 5，土耳其（6 938.10）

(续表)

项目	2014—2018 历年第 1 名及出口额	2019 年前 5 名及出口额
HS17，糖及糖食	2014 年，泰国（220 857.56） 2015 年，泰国（251 080.24） 2016 年，泰国（113 552.75） 2017 年，泰国（172 237.27） 2018 年，泰国（146 975.84）	1，泰国（319 440.45） 2，马来西亚（55 482.29） 3，印度（11 239.94） 4，波兰（10 344.41） 5，柬埔寨（9 529.89）
HS18，可可及其制品	2014 年，马来西亚（108 385.77） 2015 年，马来西亚（107 143.84） 2016 年，马来西亚（94 810.61） 2017 年，马来西亚（94 077.56） 2018 年，马来西亚（119 979.96）	1，马来西亚（126 702.66） 2，印度尼西亚（95 622.03） 3，俄罗斯（83 133.26） 4，新加坡（52 190.38） 5，土耳其（4 983.36）
HS19，谷物制品	2014 年，新加坡（214 985.10） 2015 年，新加坡（268 652.43） 2016 年，新加坡（207 102.36） 2017 年，印度尼西亚（228 110.99） 2018 年，印度尼西亚（210 277.58）	1，印度尼西亚（199 356.70） 2，马来西亚（114 674.40） 3，新加坡（82 328.46） 4，泰国（64 971.50） 5，越南（45 905.40）
HS20，蔬菜、水果及坚果制品	2014 年，泰国（49 527.74） 2015 年，泰国（66 922.06） 2016 年，泰国（97 134.72） 2017 年，泰国（97 134.72） 2018 年，泰国（125 853.19）	1，越南（179 050.67） 2，泰国（141 223.32） 3，土耳其（100 419.46） 4，菲律宾（54 196.77） 5，以色列（47 137.02）
HS21，杂项食品	2014，马来西亚（124 271.06） 2015，马来西亚（125 094.09） 2016，越南（238 233.89） 2017，泰国（167 265.57） 2018，泰国（212 045.42）	1，泰国（266 850.16） 2，马来西亚（136 362.40） 3，越南（89 581.85） 4，新加坡（75 202.46） 5，印度尼西亚（75 202.46）
HS22，饮料、酒及醋	2014 年，泰国（28 844.81） 2015 年，巴基斯坦（109 787.09） 2016 年，泰国（35 242.59） 2017 年，泰国（77 882.59） 2018 年，巴基斯坦（150 080.40）	1，泰国（74 580.68） 2，俄罗斯（39 351.22） 3，巴基斯坦（36 807.25） 4，越南（26 474.18） 5，格鲁吉亚（20 331.88）
HS23，食品工业残渣废料及动物饲料	2014 年，泰国（104 977.87） 2015 年，泰国（129 463.52） 2016 年，越南（181 755.40） 2017 年，越南（187 559.93） 2018 年，越南（187 559.93）	1，乌克兰（403 556.68） 2，越南（182 525.18） 3，泰国（130 120.95） 4，俄罗斯（97 542.28） 5，印度尼西亚（84 364.58）
HS24，烟草及代用品制品	2014 年，新加坡（78 862.75） 2015 年，新加坡（76 491.20） 2016 年，塞尔维亚（71 831.40） 2017 年，塞尔维亚（62 584.67） 2018 年，新加坡（56 142.34）	1，印度尼西亚（73 738.94） 2，新加坡（59 380.25） 3，越南（22 308.43） 4，老挝（12 656.30） 5，俄罗斯（10 920.30）

数据来源：WITS 数据库、UN COMTRADE 数据库。

附表 4-1 中国对"一带一路"沿线国家的食用蔬菜（HS07）出口额

地区	国家	2012 年	2013 年	2014 年	2015 年	2016 年	2017 年	2018 年	2019 年
东北亚 2 国	蒙古国	9 602.57	10 110.79	9 987.34	10 613.55	8 670.84	10 219.24	11 585.39	10 960.16
	俄罗斯	224 026.29	244 449.95	333 661.20	347 419.34	367 972.31	409 897.15	344 979.04	375 534.70
区域总计		233 628.86	254 560.74	343 648.54	358 032.90	376 643.15	420 116.39	356 564.42	386 494.86
东南亚 11 国	印度尼西亚	400 160.08	412 203.88	392 922.29	467 753.97	714 943.94	613 601.15	330 847.76	547 211.19
	新加坡	90 262.54	105 669.87	112 441.90	121 361.72	123 047.47	116 529.70	106 862.27	116 321.14
	马来西亚	411 091.19	581 901.92	586 829.50	696 066.49	719 224.13	672 730.82	589 791.88	774 046.76
	泰国	336 059.84	557 692.27	489 406.04	541 551.24	447 117.27	482 257.05	665 258.97	715 514.26
	越南	443 977.27	810 339.86	1 258 827.77	1 476 539.68	1 583 740.48	1 959 785.37	2 316 957.37	1 862 758.95
	菲律宾	97 899.83	101 665.11	83 322.18	103 788.02	148 721.19	133 381.62	93 256.70	116 752.07
	柬埔寨	2 767.63	9 969.26	3 309.61	1 530.39	880.57	1 295.04	3 746.27	3 067.63
	缅甸	1 115.76	18 189.75	11 300.64	5 153.31	4 223.95	7 545.96	992.89	44569.43
	老挝	546.78	332.77	225.95	1 786.71	1 067.29	1 255.33	6 272.07	6 723.35
	文莱	4 023.97	2 280.25	2 345.57	2 834.00	4 935.42	5 628.99	7 157.93	4 931.21
	东帝汶	280.13	372.71	699.86	1 205.04	1 163.27	1 724.93	1 064.34	1 177.60
区域总计		1 788 184.99	2 600 617.65	2 941 631.32	3 419 570.58	3 749 064.98	3 995 735.95	4 122 208.44	4 193 073.58
南亚 7 国	印度	79 839.90	78 362.42	63 126.06	66 070.34	59 562.96	61 700.75	55 820.15	53 404.60
	巴基斯坦	45 970.31	34 685.13	67 365.51	79 936.15	107 460.66	67 473.63	32 028.52	61 081.67
	斯里兰卡	21 058.08	18 515.81	29 988.07	31 234.05	48 498.01	39 546.29	21 989.62	37 638.72
	孟加拉国	18 775.90	30 179.58	48 394.62	50 603.77	53 964.94	43 554.52	33 815.65	82 648.54
	尼泊尔	4 634.48	6 287.32	4 948.96	9 293.36	7 636.61	6 056.76	4 909.54	7 832.35
	马尔代夫	1 334.05	1 433.11	538.65	1 869.59	2 399.02	1 642.35	1 592.02	2 249.87
	不丹	—	—	—	—	—	—	—	—
区域总计		171 612.72	169 463.37	215 361.86	23 9007.26	279 522.21	219 974.28	150 155.49	244 855.74

(续表)

地区	国家	2012年	2013年	2014年	2015年	2016年	2017年	2018年	2019年
中亚5国	哈萨克斯坦	15 358.35	15 218.09	24 881.48	31 853.96	19 144.84	25 885.30	24 841.52	35 429.06
	吉尔吉斯斯坦	1 487.44	1 795.49	13 030.54	15 937.33	6 651.28	6 729.13	1 364.08	4 673.48
	塔吉克斯坦	64.00	211.18	856.92	979.10	134.44	309.22	31.95	101.88
	土库曼斯坦	128.80	—	—	—	—	40.78	—	—
	乌兹别克斯坦	373.48	192.02	497.02	412.58	273.65	424.12	464.21	902.42
区域总计		17 412.07	17 416.78	39 265.95	49 182.97	26 204.21	33 388.55	26 701.77	41 106.84
西亚北非20国	沙特阿拉伯	45 134.41	39 817.65	39 303.26	55 042.50	86 085.37	72 000.87	42 634.75	62 119.14
	阿联酋	91 669.62	103 922.46	103 837.61	130 665.35	167 969.14	129 338.34	71 595.79	92 403.04
	科威特	5 230.23	6 537.07	7 651.59	9 776.38	12 545.17	8 746.19	6 533.26	7 828.16
	土耳其	42 662.09	40 243.31	30 914.60	19 314.15	19 835.96	14 988.73	8 069.48	14 177.71
	卡塔尔	3 010.31	3 997.31	5 042.24	4 646.72	8 114.64	8 287.13	8 944.10	12 918.67
	阿曼	6 280.68	5 500.82	4 342.29	2 985.18	3 780.67	8 569.69	10 367.07	14 339.63
	黎巴嫩	8 175.96	9 222.82	9 946.80	12 076.51	12 858.73	11 167.35	6 251.15	9 852.19
	巴林	3 771.09	3 669.96	4 129.44	3 680.22	3 467.69	3 816.13	2 957.04	3 324.66
	以色列	14 197.91	16 664.81	12 539.96	13 639.00	21 291.44	19 171.89	13 506.94	17 334.70
	也门	28 724.14	34 750.98	32 644.07	10 217.29	5 989.86	6 483.43	7 855.67	8770.08
	埃及	5 741.62	8 093.37	11 381.40	7 778.45	3 643.54	3 235.70	3 379.51	4 787.40
	伊朗	8 434.74	5 272.81	1 965.99	3 752.98	6 288.83	25 826.61	9 012.68	1 501.52
	约旦	5 845.25	5 104.00	5 539.39	6 188.47	10 378.83	7 394.70	2 869.10	695.95
	叙利亚	4 087.65	931.98	3 777.09	1 996.68	1 322.55	1 284.38	2 389.98	2 908.60
	伊拉克	424.54	204.60	201.20	446.68	2 968.62	7 925.68	4 083.49	3 364.19
	阿富汗	20.20	0.30	23.48	0.01	—	0.69	10.90	0.84
	巴勒斯坦	—	—	29.91	—	—	44.85	—	—
	阿塞拜疆	352.84	236.99	83.64	132.52	170.24	466.73	77.14	63.94
	格鲁吉亚	1 446.01	1 065.60	3 474.08	4 737.19	2 903.18	3 231.74	341.74	1 060.12
	亚美尼亚	—	12.35	55.12	55.96	—	77.83	4.80	—
区域总计		275 209.25	285 249.18	276 883.16	287 132.24	369 614.46	332 058.68	200 884.59	257 450.53

(续表)

地区	国家	2012年	2013年	2014年	2015年	2016年	2017年	2018年	2019年
中东欧19国	波兰	12 984.77	17 988.01	13 724.02	12 587.55	20 001.97	16 731.47	14 686.57	13 931.39
	阿尔巴尼亚	606.22	1 026.06	1 198.56	1 256.57	1 782.30	1 364.16	1 255.99	1 104.80
	白俄罗斯	264.88	120.84	125.48	161.63	177.01	333.36	529.21	1 709.32
	波黑	884.83	571.36	585.12	412.95	332.54	222.61	341.50	1 018.47
	爱沙尼亚	563.92	696.68	945.85	1 520.73	1 279.96	1 411.93	590.76	1 004.49
	保加利亚	8 508.93	4 448.95	2 154.88	1 482.45	615.72	900.41	710.15	1 118.37
	黑山	1 641.90	2 038.73	809.99	637.82	665.96	608.58	555.94	367.59
	捷克	1 363.13	1 332.37	965.64	1 414.84	1 593.34	1 092.43	640.48	780.99
	克罗地亚	10 698.22	14 190.27	7 404.02	5 509.65	5 540.49	3 775.36	2 745.43	2 368.85
	拉脱维亚	1 490.37	1 013.17	811.98	893.04	1 226.03	1 268.75	801.46	1 024.63
	立陶宛	4 282.41	3 491.36	3 797.21	2 354.15	2 841.72	2 669.59	2 776.50	2 933.05
	罗马尼亚	10 591.32	7 089.47	3 041.56	2 786.41	3 670.91	3 326.95	1 619.60	1 974.71
	马其顿	325.76	354.42	58.65	—	—	17.50	—	—
	摩尔多瓦	474.12	262.43	213.39	339.82	286.00	266.28	349.69	392.21
	塞尔维亚	145.46	337.35	135.33	131.79	64.68	237.42	100.54	77.01
	斯洛伐克	222.59	398.39	512.05	669.79	686.40	662.86	122.80	392.11
	斯洛文尼亚	1 926.22	3 082.90	3 734.95	2 643.65	2 855.75	3 537.73	4 982.96	5 418.02
	乌克兰	10 403.22	7 859.63	4 180.62	5 775.41	6 866.65	5 116.32	3 846.45	6 749.47
	匈牙利	4 498.75	2 855.58	3 420.55	2 018.03	1 443.89	1 186.05	1 658.48	901.61
区域总计		71 877.01	69 157.96	47 819.84	42 596.28	51 931.32	44 729.75	38 314.50	43 267.10
总计		2 557 924.90	3 396 465.69	3 864 610.67	4 395 522.22	4 852 980.32	5 046 003.60	4 894 829.21	5 166 248.65

数据来源：WITS数据库、UN COMTRADE数据库。

附表 4-2　中国对"一带一路"沿线国家的食用水果及坚果（HS08）出口额

地区	国家	2012 年	2013 年	2014 年	2015 年	2016 年	2017 年	2018 年	2019 年
东北亚 2 国	蒙古国	3 827.55	3 731.06	3 422.69	3 231.58	3 087.59	26 68.73	3 728.24	4 507.56
	俄罗斯	288 860.25	314 999.97	324 018.38	342 554.15	401 875.10	377 090.19	428 366.59	324 159.37
区域总计		292 687.80	318 731.03	327 441.07	345 785.73	404 962.69	379 758.92	432 094.82	328 666.92
东南亚 11 国	印度尼西亚	434 239.92	315 042.52	366 413.57	295 169.30	251 808.12	390 380.56	490 516.53	648 770.86
	新加坡	49 530.75	55 907.36	59 667.20	66 618.18	66 905.17	52 966.09	56 387.46	54 984.91
	马来西亚	317 863.42	449 716.99	318 863.84	366 733.33	396 737.92	227 599.95	260 325.78	318 742.15
	泰国	458 278.92	586 980.02	643 713.08	1 114 050.03	953 667.21	802 651.75	675 550.95	703 990.90
	越南	445 845.66	480 812.70	553 946.86	822 822.38	879 846.44	1 049 586.12	999 219.70	1423 307.65
	菲律宾	203 651.49	246 536.70	182 162.24	205 288.65	265 395.87	246 396.06	281 414.85	338 715.63
	柬埔寨	91.82	521.92	1 556.11	1 940.88	1 021.91	258.22	302.17	377.88
	缅甸	894.02	17 908.13	86 480.22	99 803.16	145 460.81	163 298.54	168277.06	214 534.01
	老挝	3 258.22	1 916.14	1 310.26	128.00	123.98	75.58	240.52	716.42
	文莱	441.27	598.04	651.13	1 377.99	1 583.18	1 086.73	1 459.73	666.62
	东帝汶	451.43	970.06	1 148.00	1 321.35	1 175.55	1 181.58	1 244.96	1 063.84
区域总计		1 914 546.90	2 156 910.58	2 215 912.52	2 975 253.22	2 963 726.15	2 935 481.18	2 934 939.69	3 705 870.86
南亚 7 国	印度	91 505.08	113 484.90	104 511.02	59 815.97	173 699.05	136 070.60	8 370.11	15 087.72
	巴基斯坦	10 678.34	9 129.36	10 809.05	7 659.65	12 148.68	50 252.57	30 907.76	41 695.46
	斯里兰卡	25 520.28	17 225.58	16 847.24	16 708.35	26 958.03	17 112.39	24 189.10	20 480.83
	孟加拉国	85 870.20	88 817.86	106 151.23	118 670.56	153 191.44	138 107.12	171 475.47	261 759.37
	尼泊尔	29 177.00	34 539.00	29 595.06	30 680.16	52 930.51	58 991.36	68 176.69	71 707.15
	马尔代夫	87.68	84.20	160.72	200.27	123.71	83.83	49.85	—
	不丹	—	—	—	—	—	—	—	—
区域总计		242 838.58	263 280.90	268 074.33	233 734.96	419 051.42	400 617.86	303 168.97	410 730.52

(续表)

地区	国家	2012年	2013年	2014年	2015年	2016年	2017年	2018年	2019年
中亚5国	哈萨克斯坦	107 064.68	143 668.90	136 787.95	132 452.70	132 435.02	204 249.52	186 522.53	154 960.36
	吉尔吉斯斯坦	24 021.19	29 572.76	35 380.76	41 628.67	29 576.28	30 715.78	69 633.97	222 424.52
	塔吉克斯坦	1 522.46	3 098.78	5 779.01	1 042.48	484.16	768.84	722.43	626.42
	土库曼斯坦	152.59	—	20.06	18.34	—	—	—	71.14
	乌兹别克斯坦	145.66	29.96	121.41	64.12	35.26	28.70	114.24	732.52
区域总计		132 906.58	176 370.40	178 089.19	175 206.30	162 530.73	235 762.85	256 993.16	378 814.96
西亚北非20国	沙特阿拉伯	45 300.38	38 666.76	24 357.51	19 190.30	24 480.06	19 793.91	24 370.64	17 146.66
	阿联酋	50 787.14	55 919.51	45 555.08	39 063.86	41 947.97	36 779.08	32 774.17	41 929.54
	科威特	2 824.28	2 417.17	2 000.67	1 466.51	1 312.57	810.05	1 083.90	1 185.94
	土耳其	2 844.31	1 787.33	2 854.54	2 952.07	5 147.28	9 128.56	15 930.84	37 856.71
	卡塔尔	1 645.74	2 542.29	1 528.32	763.94	1 411.89	2 935.32	5 186.63	2 995.06
	阿曼	3 188.91	1 414.15	1 788.30	361.86	678.36	1 934.32	3 274.80	3 814.93
	黎巴嫩	3 081.57	1 774.92	3 006.10	1 717.42	1 266.25	2 663.48	2 428.06	1 449.39
	巴林	986.34	737.09	818.22	197.03	434.12	294.74	559.68	819.15
	以色列	9 907.68	14 277.71	19 026.70	12 045.89	19 393.48	21 108.04	11 545.34	15 067.17
	也门	381.60	278.95	183.60	182.90	25.77	—	90.75	200.92
	埃及	5 152.65	1 501.41	510.71	639.22	512.50	695.57	545.66	796.16
	伊朗	3 979.16	104.44	419.35	138.57	99.79	1 566.17	2 903.85	114.15
	约旦	2 814.35	2 821.60	1 226.13	1 811.97	2 162.14	1 688.83	1 174.60	1 883.87
	叙利亚	264.55	39.12	600.85	—	—	—	178.85	2 875.85
	伊拉克	4.50	43.81	—	159.68	856.03	772.82	3 038.56	3 736.85
	阿富汗	—	—	—	—	—	395.03	2 519.52	994.66
	巴勒斯坦	—	—	—	—	—	180.89	—	—
	阿塞拜疆	25.92	283.10	474.99	395.10	211.47	730.64	1 053.48	1 645.55
	格鲁吉亚	144.31	224.08	415.39	360.24	286.37	547.73	542.61	739.35
	亚美尼亚	39.36	—	—	—	—	—	—	36.15
区域总计		133 372.74	124 833.43	104 766.47	81 446.54	100 226.04	102 025.18	109 201.94	135 288.06

（续表）

地区	国家	2012年	2013年	2014年	2015年	2016年	2017年	2018年	2019年
中东欧19国	波兰	13 344.78	8 483.66	4 554.92	6 624.00	6 541.39	8 810.86	8 285.74	7 490.08
	阿尔巴尼亚	27.60	42.78	—	—	62.85	246.99	325.67	106.41
	白俄罗斯	56.00	19.23	4.51	51.53	37.96	45.49	192.51	714.56
	波黑	—	—	—	—	—	66.00	—	—
	爱沙尼亚	74.37	243.26	90.73	32.77	41.38	1.22	105.87	592.93
	保加利亚	42.80	151.94	294.89	535.06	561.09	701.71	204.37	420.81
	黑山	77.79	37.75	37.20	34.60	40.05	873.32	13.04	48.38
	捷克	1 413.37	456.22	405.73	318.49	433.85	1 660.38	1 228.79	1 671.63
	克罗地亚	503.00	121.17	144.08	393.53	141.37	579.31	48.30	511.31
	拉脱维亚	1 366.24	1 678.60	1 821.02	1 716.77	1 192.45	1 780.80	1 568.60	1 686.77
	立陶宛	4 572.76	5 276.36	6 853.52	7 142.88	6 707.36	7 403.80	6 319.78	6 136.97
	罗马尼亚	3 232.88	4 352.84	5 620.36	10 816.80	8 970.02	7 690.44	6 951.39	8 206.85
	马其顿	79.00	—	10.00	—	42.40	47.28	64.60	0.00
	摩尔多瓦	—	9.45	—	—	—	226.69	—	26.09
	塞尔维亚	9.80	—	2.45	39.67	18.50	107.25	293.93	—
	斯洛伐克	—	—	—	1.98	11.50	—	80.33	184.51
	斯洛文尼亚	381.88	35.88	61.91	44.61	282.33	228.36	155.39	1 088.20
	乌克兰	3 442.47	3 954.39	3 962.75	2 320.31	2 839.21	4 607.52	6 261.32	11 110.37
	匈牙利	478.56	551.06	262.08	637.95	439.72	379.86	227.43	249.05
区域总计		29 103.29	25 414.59	24 126.14	30 710.94	28 363.43	35 457.28	32 327.03	40 244.93
总计		2 745 455.89	3 065 540.92	3 118 409.71	3 842 137.69	4 078 860.46	4 089 103.26	4 068 725.62	4 999 616.24

数据来源：WITS 数据库、UN COMTRADE 数据库。

附表 4-3 中国对"一带一路"沿线国家的鱼等水生动物（HS03）出口额

地区	国家	2012 年	2013 年	2014 年	2015 年	2016 年	2017 年	2018 年	2019 年
东北亚 2 国	蒙古国	84.03	114.23	166.30	66.69	101.33	89.19	226.99	153.31
	俄罗斯	199 317.44	270 854.03	278 305.41	133 652.23	210 557.20	214 246.88	220 134.93	231 594.14
区域总计		199 401.47	270 968.25	278 471.71	133 718.92	210 658.53	214 336.07	220 361.93	231 747.45
东南亚 11 国	印度尼西亚	165 182.68	143 934.59	133 085.45	106 877.11	99 860.09	181 014.10	135 966.54	105 348.52
	新加坡	57 393.66	114 917.59	161 762.48	156 857.61	125 593.59	103 084.01	92 470.98	80 047.35
	马来西亚	381 343.51	470 231.97	644 042.91	363 018.41	439 429.00	390 446.43	249 293.16	256 804.18
	泰国	263 301.55	407 264.47	687 371.49	991 596.79	909 114.51	642 312.17	608 770.91	666 898.68
	越南	130 770.45	117 684.73	81 367.07	65 444.90	89 540.85	111 514.22	171 882.59	252 399.70
	菲律宾	277 517.12	294 645.72	373 415.68	462 373.15	510 478.90	588 596.27	622 011.51	537 531.78
	柬埔寨	—	76.56	9.60	—	106.29	8.10	2 278.87	11 571.58
	缅甸	58.85	626.44	645.74	1 261.38	1.82	29.30	1 204.50	0.25
	老挝	—	—	0.43	3.00	—	7.37	8.64	77.26
	文莱	1 615.16	1 855.88	1 748.77	985.52	1 356.61	1 143.33	1 656.53	1 621.04
	东帝汶	—	71.50	635.80	1 997.36	1 380.91	3 799.88	2 546.50	4 381.66
区域总计		1 277 182.97	1 551 309.45	2 084 085.43	2 150 415.23	2 176 862.58	2 021 955.19	1 888 090.73	1 916 682.00
南亚 7 国	印度	294.04	100.58	712.89	1 090.89	1 699.29	713.54	1 041.54	989.90
	巴基斯坦	20.05	18.10	29.72	33.67	51.33	55.88	24.35	41.40
	斯里兰卡	11 585.91	32 291.86	53 467.64	103 830.99	94 457.05	52 385.18	27 929.95	44 462.42
	孟加拉国	1 808.07	1 498.70	302.29	—	201.52	1 616.95	8 164.21	33 850.91
	尼泊尔	1.70	6.95	4.86	—	48.75	—	83.98	—
	马尔代夫	—	117.62	—	169.85	2 196.00	642.54	632.38	827.03
	不丹	—	—	—	—	—	—	—	—
区域总计		13 709.77	34 033.81	54 517.40	105 125.39	98 653.93	55 414.09	37 876.42	80 171.67

(续表)

地区	国家	2012年	2013年	2014年	2015年	2016年	2017年	2018年	2019年
中亚5国	哈萨克斯坦	3 173.08	3 984.82	2 902.83	1121.57	1 842.14	1 426.89	1 588.82	1 543.08
	吉尔吉斯斯坦	37.35	123.42	6.52	3.34	161.23	145.79	65.31	425.19
	塔吉克斯坦	0.89	0.65	—	1.39	—	—	1.00	—
	土库曼斯坦	1.67	120.83	140.54	53.08	—	58.30	35.52	67.76
	乌兹别克斯坦	—	73.00	74.65	61.60	3.00	—	6.66	159.57
区域总计		3 212.99	4 302.72	3 124.53	1 240.98	2 006.37	1 630.98	1 697.31	2 195.60
西亚北非20国	沙特阿拉伯	5 941.59	5 429.66	9 196.02	4 357.45	6 790.93	12 928.46	9 470.39	14 892.87
	阿联酋	20 502.68	21 773.76	40 166.41	44 492.75	29 908.53	38 571.99	24 936.59	23 501.89
	科威特	482.71	1 080.72	913.34	1 241.50	1 326.97	316.95	738.26	592.02
	土耳其	12 021.27	7 870.23	11 234.43	9 807.60	9 762.90	10 829.91	13 391.91	17 098.42
	卡塔尔	1 019.83	719.37	457.06	927.41	1 119.33	2 165.73	1 336.27	1808.88
	阿曼	338.58	69.35	523.98	539.24	392.56	577.68	298.04	545.47
	黎巴嫩	1 071.29	1 084.51	816.54	470.24	505.62	1 212.49	790.62	1 362.67
	巴林	316.96	96.35	206.48	3 035.84	362.64	518.45	433.93	361.12
	以色列	30 438.17	37 421.43	61 180.95	53 821.09	61 029.91	49 207.04	58 902.79	36 321.26
	也门	—	—	—	—	—	—	—	—
	埃及	36 009.25	34 920.10	46 072.40	36 549.08	62 262.32	46 687.40	41 610.67	79 211.59
	伊朗	17 861.76	23 318.38	59 605.98	70 050.01	103 475.84	57 844.00	27 649.72	17 903.65
	约旦	3 035.03	2 769.32	3 811.00	2 926.82	2 353.29	2 278.22	2 897.74	2 583.36
	叙利亚	—	—	—	—	—	—	—	—
	伊拉克	39.58	94.71	223.16	6.80	98.15	564.64	1797.75	1 617.22
	阿富汗	—	—	—	—	—	—	97.20	7.86
	巴勒斯坦	—	—	1 545.57	44.00	—	—	—	—
	阿塞拜疆	648.89	1 868.41	697.49	697.49	881.60	277.11	310.11	477.10
	格鲁吉亚	2 837.71	3 342.40	3 941.92	674.46	871.07	1302.57	906.26	2 935.98
	亚美尼亚	—	111.00	—	—	—	—	—	—
区域总计		132 565.29	141 969.69	239 895.22	229 641.76	281 141.67	225 282.62	185 568.24	201 221.35

(续表)

地区	国家	2012年	2013年	2014年	2015年	2016年	2017年	2018年	2019年
中东欧19国	波兰	115 276.25	125 198.88	108 336.54	100 688.44	93 971.15	86 490.46	77 992.32	88 834.33
	阿尔巴尼亚	1 820.25	1 396.27	1 818.81	1 903.43	905.66	364.83	590.20	724.72
	白俄罗斯	5 817.79	5 710.93	8 135.09	2 308.04	2 412.76	3 098.47	3 094.43	2 114.46
	波黑	690.45	717.75	911.57	1 066.03	804.18	1 043.70	841.56	1 254.49
	爱沙尼亚	379.25	395.80	212.90	212.06	397.20	483.34	242.02	327.16
	保加利亚	3 419.57	2 678.73	3 297.44	2 542.21	1 338.70	2 023.56	5 474.57	3 060.69
	黑山	173.46	726.83	810.70	159.13	602.89	259.61	150.50	92.99
	捷克	2 173.19	1 719.05	1 463.85	1 677.89	1 571.72	1941.90	2 417.88	3 481.71
	克罗地亚	3 377.33	2 654.38	3 002.77	3 355.46	5 781.45	3 924.23	5 224.65	4 309.81
	拉脱维亚	2 815.03	1 587.94	2 844.87	1 682.96	2 214.63	1 915.68	1 739.26	2 154.08
	立陶宛	9 091.72	11 206.00	8 827.96	6 690.26	3 531.46	4 726.62	7 329.44	7 756.11
	罗马尼亚	3 966.70	2 939.35	2 690.00	2 045.55	2 023.47	1 691.84	2 575.90	2 426.97
	马其顿	1.64	184.69	—	74.82	60.52	41.91	37.60	59.71
	摩尔多瓦	69.16	136.03	160.14	—	—	41.25	300.32	383.86
	塞尔维亚	1 230.54	1 480.46	1 902.76	1 053.24	1 499.53	806.11	1 226.80	904.31
	斯洛伐克	589.48	751.13	1 077.24	856.90	1 254.95	1 158.20	280.83	499.28
	斯洛文尼亚	513.08	764.21	1 216.13	1 520.37	2 151.63	1 148.52	1 881.36	1 106.09
	乌克兰	32 097.36	36 130.70	19 595.59	7 740.36	13 832.08	17 214.71	25 436.40	21 662.32
	匈牙利	1 203.95	1 790.39	2 036.57	2 298.13	2 300.86	2 837.91	2 324.28	2 291.72
区域总计		184 706.21	198 169.52	168 340.89	137 875.27	136 654.83	131 212.82	139 160.29	143 444.80
总计		1 810 778.69	2 200 753.44	2 828 435.19	2 758 017.54	2 905 977.90	2 649 831.77	2 472 754.92	2 575 462.87

数据来源：WITS数据库、UN COMTRADE数据库。

附表 4-4 中国对"一带一路"沿线国家的蔬菜、水果及坚果制品（HS20）出口额

地区	国家	2012年	2013年	2014年	2015年	2016年	2017年	2018年	2019年
东北亚2国	蒙古国	8 454.12	7 110.57	7 491.16	5 127.52	3 768.62	4 114.47	5 712.92	6 592.38
	俄罗斯	405 681.86	399 853.80	439 921.63	315 656.70	336 807.76	304 234.52	321 773.08	332 679.62
区域总计		414 135.97	406 964.37	447 412.79	320 784.22	340 576.38	308 348.99	327 486.00	339 272.00
东南亚11国	印度尼西亚	89 870.60	104 840.90	92 967.31	98 986.13	93 117.01	140 530.45	157 875.81	147 532.15
	新加坡	39 301.34	45 669.78	40 297.18	34 243.10	44 965.98	42 090.74	37 682.40	39 458.20
	马来西亚	133 437.06	201 924.20	229 947.80	191 454.00	221 216.77	241 914.46	243 197.36	294 366.24
	泰国	190 613.94	227 756.52	204 469.28	220 086.04	227 048.42	239 250.89	227 933.50	256 463.13
	越南	35 952.89	99 860.29	133 346.16	144 980.73	138 636.73	132 835.16	180 928.06	274 719.92
	菲律宾	86 258.75	113 219.87	109 932.86	125 475.36	138 735.51	178 043.68	153 952.00	157 882.42
	柬埔寨	1 356.16	5 732.92	4 923.97	5 237.00	5 089.91	6 165.82	5 110.93	7 256.08
	缅甸	91.28	13 167.12	8 820.41	281.67	706.93	954.31	1 458.85	13 861.52
	老挝	—	—	—	116.23	747.92	1 580.35	1 304.95	1 933.87
	文莱	1 935.33	1 956.00	1 623.90	1 693.14	1 870.02	2 038.98	1 653.64	1 439.81
	东帝汶	47.38	51.89	24.65	36.51	90.38	30.24	46.94	44.78
区域总计		578 864.73	814 179.47	826 353.52	822 589.90	872 225.60	985 435.08	1 011 144.43	1 194 958.11
南亚7国	印度	24 880.54	23 264.67	20 293.42	20 801.04	21 430.17	20 127.97	28 284.93	38 060.10
	巴基斯坦	20 938.70	14 205.20	14 253.09	17 725.57	19 136.08	16 771.60	19 372.99	16 696.54
	斯里兰卡	4 302.25	4 314.14	4 064.28	5 089.61	5188.50	5968.15	5 639.15	5 146.61
	孟加拉国	779.38	1 033.44	1 193.56	1 561.07	1 652.95	2 902.88	3 557.36	3 746.07
	尼泊尔	747.94	855.05	1 740.61	1 927.11	1 921.36	4 232.07	3 606.69	2 424.80
	马尔代夫	501.74	538.46	525.88	785.19	747.91	803.32	896.44	771.72
	不丹	—	—	—	24.43	24.58	74.26	123.56	29.40
区域总计		52 150.54	44 210.95	42 070.85	47 914.01	50 101.55	50 880.25	61 481.13	66 875.23

(续表)

地区	国家	2012年	2013年	2014年	2015年	2016年	2017年	2018年	2019年
中亚5国	哈萨克斯坦	36 686.80	41 517.49	36 353.33	38 929.87	30 027.01	40 364.73	42 901.03	46 083.80
	吉尔吉斯斯坦	1 876.44	2 116.67	2 122.59	2 268.47	1 190.31	1 510.95	1 356.41	21 154.52
	塔吉克斯坦	560.50	643.37	1 068.51	418.70	674.18	667.52	639.68	806.69
	土库曼斯坦	2 559.24	3 254.59	3 171.24	3 327.47	3 215.47	1 725.37	1 319.98	956.92
	乌兹别克斯坦	2 878.76	500.47	515.35	302.90	388.71	2 151.91	970.42	2 107.80
区域总计		44 561.74	48 032.59	43 231.03	45 247.42	35 495.68	46 420.48	47 187.53	71 109.72
西亚北非20国	沙特阿拉伯	65 992.54	74 790.41	69 178.73	82 737.19	64 452.46	64 513.65	55 412.84	64 706.03
	阿联酋	60 692.92	57 479.27	52 270.41	64 686.80	63 170.67	49 316.10	49 892.42	63 343.10
	科威特	10 522.07	16 005.82	15 826.22	13 035.38	6 999.99	7 399.88	8 185.14	7 436.57
	土耳其	23 797.78	14 676.29	20 988.27	29 030.73	16 089.85	32 447.23	42 063.47	53 595.41
	卡塔尔	2 510.82	2 272.49	2 603.09	2 481.41	2 416.53	3 508.65	4 497.40	4 978.71
	阿曼	6 893.26	9 232.01	8 597.83	14 103.90	11 041.36	10 701.21	11 692.24	22 980.06
	黎巴嫩	20 914.46	23 070.42	22 375.26	21 210.19	22 694.17	23 657.89	21 643.04	17 952.11
	巴林	3 548.35	3 390.58	3 820.54	5 009.75	5 317.27	7 960.47	4 028.35	3 909.54
	以色列	29 885.89	28 951.79	24 886.72	27 455.91	25 569.96	25 682.60	27 253.55	32 312.42
	也门	60 286.97	53 100.93	51 978.74	58 578.66	61 751.55	52 130.52	41 195.46	75 431.97
	埃及	19 712.92	18 711.54	14 219.82	19 595.64	25 652.74	11 472.47	9 103.73	10 434.15
	伊朗	14 432.11	12 511.03	11 332.99	17 627.30	33 847.44	35 763.87	31 055.31	18 511.85
	约旦	35 861.75	30 807.87	21 967.60	17 466.64	16 571.87	16 634.76	18 831.15	24 802.51
	叙利亚	2 819.88	715.68	3 524.86	3 262.98	5 925.77	2 870.15	5 097.03	3 365.87
	伊拉克	7 231.31	13 147.32	18 349.58	29 824.36	27 533.99	37 356.98	32 237.33	24 256.57
	阿富汗	553.80	258.90	270.26	112.68	237.62	369.16	1 514.20	800.57
	巴勒斯坦	886.90	1 220.14	605.85	819.62	556.06	875.26	1 104.53	1 859.33
	阿塞拜疆	3 777.16	3 802.96	3 537.58	3 726.15	2 162.52	40 34.97	3 847.07	3 625.39
	格鲁吉亚	5 699.98	4 421.63	5 261.34	4 042.86	3 811.77	4 373.27	3 837.21	4 899.93
	亚美尼亚	1 859.55	2 341.69	1 795.65	1 645.18	878.35	1 838.06	1 045.70	1 017.06
区域总计		377 880.41	370 908.75	353 391.34	416 453.32	396 681.92	392 907.14	37 3537.16	440 219.15

(续表)

地区	国家	2012年	2013年	2014年	2015年	2016年	2017年	2018年	2019年
中东欧19国	波兰	31 083.92	32 737.33	34 569.25	26 149.13	20 727.60	25 636.74	22 290.87	23 215.64
	阿尔巴尼亚	2 305.91	2 034.53	2 149.68	1 799.94	1 981.77	1 241.23	1 062.14	961.13
	白俄罗斯	4 917.82	5 091.50	4 730.84	3 807.01	2 935.26	3 837.91	3 672.94	4 589.32
	波黑	1 025.67	1 425.81	883.37	1 345.43	1 338.11	1 805.42	1 904.50	1 641.16
	爱沙尼亚	9 295.24	10 008.55	7 802.04	3 229.67	1 896.34	2 973.54	3 861.38	2 105.07
	保加利亚	6 922.74	11 410.90	8 821.56	6 996.08	5 580.05	4 242.83	2 822.56	3 113.71
	黑山	950.44	721.26	880.45	437.95	10 66.64	948.57	873.10	617.65
	捷克	15 516.57	15 701.54	14 166.56	11 016.51	12 626.97	10 586.67	10040.74	7 997.71
	克罗地亚	5 517.51	4 819.69	3 671.66	2 849.02	2 548.39	2 686.24	2 408.85	2 156.23
	拉脱维亚	3 186.18	3 527.93	2 083.83	1 687.60	1 816.61	3 068.30	2 351.97	1 864.35
	立陶宛	9 286.43	8 718.56	9 814.40	5 559.09	4 870.77	7 014.80	5 550.54	9 263.26
	罗马尼亚	11 673.94	6 685.76	8 758.37	10 478.48	8251.48	3 848.21	7 023.22	7 115.52
	马其顿	5 583.66	3 619.64	3 279.72	1 356.26	513.36	1 153.07	2 996.46	1 838.35
	摩尔多瓦	1 709.17	3 161.80	1 387.93	1 428.86	713.43	712.68	552.90	769.41
	塞尔维亚	5 522.82	3 295.08	2 752.25	2 258.82	1 693.97	3 186.39	2 875.68	2 183.61
	斯洛伐克	2 085.16	2 038.54	2 617.83	2 208.38	2 413.77	2 227.85	3 459.66	1 290.38
	斯洛文尼亚	2 611.21	1 198.30	2 196.28	2 832.54	3 518.57	6 690.04	2 599.02	1 517.73
	乌克兰	31 867.81	37 620.81	26 475.62	10 100.91	12 349.25	25 409.58	22 505.98	25 209.48
	匈牙利	2 144.52	1 815.95	1 998.28	2 357.95	2 625.37	2 055.44	2 739.77	2 826.71
区域总计		153 206.71	155 633.47	139 039.91	97 899.63	89 467.72	109 325.48	101 592.27	100 276.39
总计		1 620 800.10	1 839 929.60	1 851 499.43	1 750 888.48	1 784 548.84	1 893 317.42	1 922 428.51	2 212 710.60

数据来源：WITS数据库、UN COMTRADE数据库。

附表 4-5 中国对"一带一路"沿线国家的肉、鱼及其他水生动物制品(HS16)出口额

地区	国家	2012年	2013年	2014年	2015年	2016年	2017年	2018年	2019年
东北亚2国	蒙古国	225.48	65.40	219.35	269.79	462.30	528.35	668.83	977.52
	俄罗斯	370 286.72	369 917.24	368 515.66	227 249.94	210 093.61	220 898.05	257 165.62	177 465.14
区域总计		370 512.20	369 982.64	368 735.01	227 519.72	210 555.91	221 426.40	257 834.45	178 442.67
东南亚11国	印度尼西亚	27 430.27	28 075.43	37 153.57	20 388.32	33 159.48	54 559.49	51 169.18	54 343.65
	新加坡	110 157.33	169 844.82	156 214.76	199 586.96	194 301.46	189 366.29	195 463.00	198 616.54
	马来西亚	352 150.54	314 219.08	204 471.78	159 867.32	136 880.86	168 010.84	212 084.00	254 542.88
	泰国	209 471.85	217 444.25	170 187.37	167 598.24	161 125.83	156 675.28	248 989.15	322 395.79
	越南	126 859.53	62 863.06	10 311.33	5 053.55	10 470.15	24 910.59	30 295.32	38 345.72
	菲律宾	62 396.41	95 233.30	81 015.81	66 428.01	71 134.89	101 669.71	135 493.29	97 803.49
	柬埔寨	1 359.66	31.00	—	970.70	1 209.49	1 505.01	4 720.30	9 633.84
	缅甸	0.22	—	—	579.81	1 124.04	3 433.82	5 759.22	5 892.85
	老挝	—	—	—	—	—	691.28	13 846.87	6 966.47
	文莱	850.57	1 076.86	1 138.41	973.44	1 194.59	1 204.40	1 546.40	1 522.56
	东帝汶	402.88	407.05	315.70	178.16	275.59	357.29	342.46	664.58
区域总计		891 079.26	889 194.85	660 808.71	621 624.51	610 876.37	702 384.00	899 709.19	990 728.36
南亚7国	印度	423.98	503.93	128.41	116.61	750.98	1 071.14	1 671.89	970.56
	巴基斯坦	2 373.02	3 218.06	1 919.21	45.87	50.20	47.15	99.23	24.43
	斯里兰卡	31 542.02	32 617.04	34 351.43	88 175.99	71 031.42	73 855.89	40 440.00	57 199.26
	孟加拉国	9.10	—	—	3.70	—	—	51.30	494.92
	尼泊尔	70.39	67.52	55.97	40.83	6.55	60.61	40.99	28.25
	马尔代夫	208.80	195.49	278.58	138.60	302.76	1 572.40	29.84	116.38
	不丹	—	—	—	—	—	—	—	—
区域总计		34 627.30	36 602.03	36 733.59	88 521.60	72 141.91	76 607.19	42 333.26	58 833.80

(续表)

地区	国家	2012年	2013年	2014年	2015年	2016年	2017年	2018年	2019年
中亚5国	哈萨克斯坦	2 502.71	2 006.68	3 800.38	3 583.22	4 351.92	4 490.50	7 867.75	9 168.26
	吉尔吉斯斯坦	1 217.76	1 985.59	2 173.39	1 364.14	2 705.16	1 612.76	1 580.56	1 176.92
	塔吉克斯坦	—	19.67	—	—	—	4.81	21.36	4.39
	土库曼斯坦	—	—	—	—	—	25.62	147.67	4.89
	乌兹别克斯坦	—	61.67	—	—	—	30.00	346.72	618.53
区域总计		3 720.47	4 073.62	5 973.77	4 947.36	7 057.08	6 163.69	9 964.05	10 972.99
西亚北非20国	沙特阿拉伯	6 640.60	2 487.36	7 371.45	8 742.87	5 125.29	3 302.42	19 958.17	26 743.00
	阿联酋	4 662.96	5 942.65	6 755.19	6 165.38	5 472.92	6 279.86	27 370.30	22 583.36
	科威特	1 111.77	782.99	288.26	445.87	901.69	455.05	190.58	522.61
	土耳其	1 813.11	832.66	40 48.87	1 647.79	1 296.76	6 322.62	4 471.06	6210.47
	卡塔尔	221.10	115.44	311.47	56.94	49.85	108.49	89.00	336.09
	阿曼	2 436.51	1 322.78	1 053.00	1 916.44	2 637.20	—	2 318.16	13 413.44
	黎巴嫩	2 318.95	29 65.58	2 681.74	2 252.41	2 088.87	3 206.84	3 493.38	3 018.76
	巴林	1 531.06	1 500.92	1 547.14	1 558.53	1 634.96	1 645.05	2 032.68	997.77
	以色列	49 597.70	73 318.64	34 367.26	25 841.06	19 120.55	27 355.53	35 814.29	59 181.31
	也门	—	63.51	112.84	293.49	—	—	—	—
	埃及	2 139.30	1 065.11	519.36	701.89	1 089.90	859.18	3 465.44	3 541.10
	伊朗	2 246.58	403.04	1 004.17	857.91	17.28	1 450.37	3 346.73	5 871.93
	约旦	3 644.43	1 980.38	1 700.30	944.45	992.26	2 566.00	2 977.76	3 595.79
	叙利亚	851.95	1 088.25	248.98	105.23	—	—	—	—
	伊拉克	1 365.29	1 434.99	1 094.03	88.77	130.51	396.41	2 027.06	2 798.96
	阿富汗	—	—	—	—	6.88	53.65	70.35	56.95
	巴勒斯坦	—	—	50.49	—	49.61	94.30	419.92	170.99
	阿塞拜疆	122.50	519.05	347.07	100.65	137.49	238.55	440.29	1 650.24
	格鲁吉亚	714.44	770.51	1 180.00	713.90	992.63	1 021.86	1 251.75	1 409.65
	亚美尼亚	52.96	49.61	69.47	51.17	409.25	—	—	—
区域总计		81 471.21	96 643.45	64 751.07	52 484.73	41 744.65	55 765.44	109 736.92	152 102.41

（续表）

地区	国家	2012年	2013年	2014年	2015年	2016年	2017年	2018年	2019年
中东欧19国	波兰	1 138.82	450.70	2 609.82	2 481.79	450.52	829.72	1 930.03	4 143.32
	阿尔巴尼亚	209.22	14 64.15	1 289.28	1 316.15	994.71	514.55	1 483.91	1 603.95
	白俄罗斯	5 647.01	12 062.09	13 032.03	21 843.07	21 301.01	15 467.63	22 672.32	28 484.65
	波黑	—	—	36.70	—	—	108.46	298.30	1 149.49
	爱沙尼亚	69.93	610.05	1 723.00	1 483.44	1 539.87	2 399.65	3 196.30	2 475.96
	保加利亚	368.30	168.90	197.19	191.88	136.74	235.59	342.15	938.04
	黑山	78.29	47.87	32.42	—	—	44.20	49.20	116.34
	捷克	87.24	155.68	933.26	1 048.81	1 093.04	1 365.96	1 186.80	1 779.13
	克罗地亚	15.72	112.15	—	—	65.25	—	—	—
	拉脱维亚	1 432.80	2 149.02	1 944.26	1 064.83	1 097.82	1 008.46	437.77	1 223.13
	立陶宛	1 095.23	1 020.21	956.31	1 420.82	1 507.72	1 108.95	1 560.48	6 390.28
	罗马尼亚	—	—	—	—	202.21	—	12.90	56.37
	马其顿	29.10	—	—	—	—	1.79	—	72.99
	摩尔多瓦	901.98	939.46	969.44	753.43	370.47	641.10	912.16	1 058.95
	塞尔维亚	—	33.66	33.94	80.96	275.36	447.32	976.85	2 276.63
	斯洛伐克	—	—	2.46	—	—	—	—	91.10
	斯洛文尼亚	—	—	—	—	—	—	2 018.00	—
	乌克兰	73 851.67	74 920.72	45 594.52	15 312.46	29 169.05	33 549.29	48 409.56	68 653.18
	匈牙利	—	—	18.18	20.94	—	—	—	1.25
区域总计		84 925.29	94 134.64	69 372.80	47 018.59	58 203.77	57 722.68	85 486.74	120 514.76
总计		1 466 335.73	1 490 631.23	1 206 374.95	1 042 116.52	1 000 579.69	1 120 069.39	1 405 064.60	1 511 594.98

数据来源：WITS数据库、UN COMTRADE数据库。

附表 4-6 中国对"一带一路"沿线国家的杂项食品（HS21）出口额

地区	国家	2012 年	2013 年	2014 年	2015 年	2016 年	2017 年	2018 年	2019 年
东北亚 2 国	蒙古国	7 088.73	9 585.60	8 882.41	9 412.11	7 265.39	7 632.18	9 345.31	9 200.54
	俄罗斯	71 058.85	96 076.70	104 655.31	74 329.57	70 705.40	69 225.19	69 562.72	65 819.34
区域总计		78 147.58	105 662.30	113 537.73	83 741.68	77 970.78	76 857.37	78 908.03	75 019.87
东南亚 11 国	印度尼西亚	103 558.67	114 214.46	115 033.57	120 926.84	143 388.61	160 541.71	208 483.01	143 705.31
	新加坡	43 862.92	49 102.80	50 288.94	45 444.01	47 269.30	43 722.24	62 451.88	88 823.43
	马来西亚	70 346.60	76 233.90	86 948.17	118 673.80	122 061.14	124 670.47	170 842.32	244 071.14
	泰国	80 863.33	86 067.14	83 224.85	115 729.26	100 073.66	105 498.10	137 619.34	284 974.63
	越南	29 581.40	33 977.66	55 697.71	89 257.10	134 168.49	143 632.55	133 699.58	75 029.82
	菲律宾	104 412.06	121 242.78	143 679.41	141 680.28	149 779.62	141 772.90	150 730.81	160 176.39
	柬埔寨	620.18	1 094.90	1 258.55	1 596.11	1 110.78	2 445.53	3 808.19	5 837.74
	缅甸	28 658.85	32 046.84	39 951.95	70 386.12	53 320.27	119 614.18	134 019.87	105 296.15
	老挝	41.15	—	—	0.37	21.06	70.36	91.39	197.19
	文莱	479.08	577.24	478.01	509.03	501.28	554.01	600.65	693.50
	东帝汶	6.65	4.61	20.57	49.07	—	—	—	—
区域总计		462 430.89	514 562.32	576 581.73	704 251.98	751 694.20	842 522.03	1 002 347.04	1 108 805.29
南亚 7 国	印度	14 275.51	11 722.21	15 579.92	35 785.71	25 859.98	44 478.11	44 651.82	27 506.44
	巴基斯坦	9 020.64	13 669.84	11 705.90	33 593.07	18 130.63	31 070.70	13 981.12	13 083.06
	斯里兰卡	4 428.42	4 757.88	5 264.51	6 609.25	5 271.84	5 377.96	6 939.81	4 866.68
	孟加拉国	8 286.01	10 232.67	10 984.33	13 532.50	16 446.77	17 342.49	21 586.27	22 509.06
	尼泊尔	51.66	522.47	1 073.58	984.64	699.49	946.37	885.26	1 307.68
	马尔代夫	69.12	105.18	148.09	147.72	115.85	139.25	73.52	116.81
	不丹	—	—	—	—	—	—	—	—
区域总计		36 131.37	41 010.25	44 756.34	90 652.89	66 524.57	99 354.88	88 117.81	69 389.73

(续表)

地区	国家	2012年	2013年	2014年	2015年	2016年	2017年	2018年	2019年
中亚5国	哈萨克斯坦	13 160.41	15 209.45	15 165.95	13 780.84	12 970.21	13 989.74	14 441.46	17 170.81
	吉尔吉斯斯坦	4 315.56	4 579.82	5 498.73	4 682.28	3 548.09	4 483.80	5 192.27	3 998.45
	塔吉克斯坦	1 727.44	1 437.59	1 191.92	1 523.75	1 054.29	1 646.21	1 546.23	1 343.05
	土库曼斯坦	102.51	415.80	293.37	378.41	—	51.54	90.04	95.29
	乌兹别克斯坦	5 193.82	7 234.13	8 295.22	8 319.92	5 255.06	5 195.68	3 043.51	2 711.61
区域总计		24 499.74	28 876.78	30 445.19	28 685.19	22 827.65	25 366.97	24 313.52	25 319.22
西亚北非20国	沙特阿拉伯	15 754.32	12 653.84	15 166.78	15 979.17	10 925.11	8 491.81	5 095.22	5 089.23
	阿联酋	12 646.38	12 337.53	15 429.63	20 469.86	18 454.52	22 972.54	16 207.49	24 210.47
	科威特	309.98	491.03	420.34	774.38	661.56	740.01	629.92	633.64
	土耳其	8 170.20	6 573.16	8 435.05	10 114.05	11 441.78	7 783.65	5 403.07	5 443.02
	卡塔尔	506.55	448.98	325.03	472.47	580.49	664.01	1 222.29	719.00
	阿曼	514.75	508.49	382.73	1 461.67	1 127.89	610.48	1 368.51	936.81
	黎巴嫩	747.08	853.39	778.59	1 010.32	1 433.00	1 518.83	2 057.56	1 319.89
	巴林	101.41	200.46	257.27	555.57	422.55	339.65	88.75	98.45
	以色列	2 850.26	5 450.05	5 735.07	5 892.48	6 376.26	5 882.20	5 288.30	6 717.83
	也门	9 162.27	9 013.66	8 222.20	6 212.68	10 670.29	8 181.91	10 667.40	13 708.05
	埃及	7 525.86	8 230.95	8 303.80	7 208.72	4 016.80	4 582.09	4 351.88	5 575.65
	伊朗	2 173.83	2 701.54	2 244.27	3 915.42	3 106.09	3 202.28	6 304.00	3 291.89
	约旦	13 635.17	7 367.38	2 919.07	1 952.14	1 377.24	1 377.75	1 874.88	2 360.43
	叙利亚	2 669.81	1 611.16	2 481.24	1 755.77	1 347.01	1 250.13	1 737.04	2 396.00
	伊拉克	1 841.23	7 083.31	13 401.82	16 653.00	16 119.39	15 589.95	7 243.49	7 463.73
	阿富汗	1 566.64	1 777.02	2 351.40	2 720.74	3 481.14	4 830.58	3 226.49	2 519.98
	巴勒斯坦	565.98	—	307.94	679.80	360.07	403.85	567.35	502.84
	阿塞拜疆	—	6.80	23.75	35.89	27.61	80.99	24.81	73.20
	格鲁吉亚	315.04	520.74	242.90	242.77	518.86	632.15	1178.99	948.77
	亚美尼亚	134.31	237.20	295.44	244.11	176.44	172.84	171.63	36.87
区域总计		81 191.07	78 066.68	87 724.29	98 351.00	92 624.09	89 307.69	74 709.08	84 045.74

（续表）

地区	国家	2012年	2013年	2014年	2015年	2016年	2017年	2018年	2019年
中东欧19国	波兰	5 161.58	7 811.26	9 351.88	9 567.36	10 445.68	9 725.42	13 622.50	20 110.63
	阿尔巴尼亚	189.83	604.96	436.86	500.56	848.14	477.84	533.48	922.95
	白俄罗斯	124.42	760.81	558.50	497.25	495.26	1007.38	161.89	581.28
	波黑	21.39	7.86	38.29	—	—	4.85	—	—
	爱沙尼亚	144.24	128.71	210.59	201.96	479.58	483.69	711.54	591.10
	保加利亚	1 303.85	1 334.75	1 786.37	1 652.71	1 394.00	1 535.54	1 954.07	2 312.99
	黑山	24.23	—	—	54.20	21.62	311.03	—	—
	捷克	3 602.97	6 185.85	5 884.60	5 958.76	5 727.09	7 375.97	12 355.78	14 202.99
	克罗地亚	554.66	528.47	1 021.23	981.69	711.66	952.15	1 027.42	396.88
	拉脱维亚	2 278.75	1 048.67	1 995.49	1 005.01	1 540.53	1 256.05	1 292.53	1 269.71
	立陶宛	1 420.71	2 911.49	2 968.86	2 183.90	2 274.16	1 335.55	2 126.13	12 004.54
	罗马尼亚	3 715.82	3 506.25	3 452.24	2 347.21	2 164.40	2 315.63	2 523.04	2 747.19
	马其顿	69.30	38.32	241.74	38.71	98.93	19.65	43.82	84.89
	摩尔多瓦	—	153.69	208.23	62.46	30.06	70.95	116.95	70.61
	塞尔维亚	85.53	663.06	1 212.30	693.08	558.18	498.72	838.62	637.45
	斯洛伐克	50.19	63.88	319.98	467.42	300.51	367.97	360.90	477.11
	斯洛文尼亚	592.74	243.60	1 729.10	1 970.16	1 609.76	2 808.19	1 943.26	2 026.88
	乌克兰	8 332.84	9 459.99	8 778.27	5 928.10	5 368.49	4 512.11	9 438.20	8 335.75
	匈牙利	1 209.93	1 558.19	2 512.06	4 230.58	3 799.76	4 458.83	5 947.64	3 708.26
区域总计		28 882.97	37 009.79	42 706.56	38 341.10	37 867.80	39 517.52	54 997.77	70 481.23
总计		711 283.62	805 188.12	895 751.83	1 044 023.85	1 049 509.09	1 172 926.44	1 323 393.25	1 433 061.09

数据来源：WITS数据库、UN COMTRADE数据库。

附表 4-7 中国对"一带一路"沿线国家的子仁果实及工业用或药用植物（HS12）出口额

地区	国家	2012年	2013年	2014年	2015年	2016年	2017年	2018年	2019年
东北亚 2 国	蒙古国	260.58	68.36	47.11	339.54	73.43	9.01	133.25	47.38
	俄罗斯	30 451.09	35 884.28	43 332.25	27 956.01	24 594.17	26 164.72	30 126.54	39 515.12
区域总计		30 711.67	35 952.64	43 379.36	28 295.56	24 667.59	26 173.73	30 259.79	39 562.50
东南亚 11 国	印度尼西亚	12 424.15	8 484.99	8 891.73	12 296.36	7 968.91	11 893.58	22 498.00	24 040.37
	新加坡	32 584.88	34 487.26	31 642.04	35 179.31	28 610.06	24 522.43	25 000.36	29 869.06
	马来西亚	59 610.27	68 689.17	108 498.11	107 211.39	59 790.63	62 374.36	67 471.69	63 008.85
	泰国	84 394.15	68 094.59	61 223.77	63 151.86	61 912.31	65 288.35	87 754.09	79 574.07
	越南	155 263.57	175 638.32	166 157.82	152 890.50	119 257.13	224 140.59	221 958.74	265 511.78
	菲律宾	10 897.89	8 434.80	8 098.01	9 082.02	8 199.48	12 536.76	22 566.27	26 899.33
	柬埔寨	636.29	0.47	56.63	—	70.90	3.48	6.18	11.20
	缅甸	893.20	3 181.97	12 378.30	16 091.22	13 192.03	13247.50	15 358.43	14 327.37
	老挝	42.00	20.71	—	3 324.00	—	951.82	2 054.40	29.08
	文莱	8.29	87.72	—	4.17	15.03	38.84	31.85	65.78
	东帝汶	101.19	172.22	20.94	40.13	51.19	17.48	—	—
区域总计		356 855.88	367 292.21	396 967.35	399 270.96	299 067.66	415 015.18	464 699.99	503 336.89
南亚 7 国	印度	10 910.00	8 623.95	9 706.16	14 403.75	11 876.02	18 692.56	14 293.77	10 078.57
	巴基斯坦	7 574.66	6 531.79	6 913.56	4 235.91	8 162.25	8 516.96	8 794.97	27 631.94
	斯里兰卡	253.08	350.39	315.28	515.92	310.22	370.94	267.37	343.74
	孟加拉国	1 483.68	1 194.33	1 372.22	1 349.32	1 599.68	1 372.14	1 949.78	2 008.62
	尼泊尔	128.01	86.64	328.11	220.42	187.50	399.13	500.10	543.84
	马尔代夫	0.04	—	—	—	—	15.00	6.65	2.73
	不丹	—	—	—	—	—	—	—	—
区域总计		20 349.48	16 787.10	18 635.33	20 725.31	22 135.66	29 366.72	25 812.64	40 609.44

(续表)

地区	国家	2012年	2013年	2014年	2015年	2016年	2017年	2018年	2019年
中亚5国	哈萨克斯坦	246.85	1 037.45	5 198.24	1 776.82	2 533.58	3 068.13	2 941.26	3 118.15
	吉尔吉斯斯坦	470.02	495.00	288.00	110.70	354.24	144.10	128.38	200.24
	塔吉克斯坦	—	—	—	—	—	87.97	271.93	419.24
	土库曼斯坦	—	284.40	1178.49	3021.52	5 150.29	4 201.83	2 802.88	2 566.58
	乌兹别克斯坦	22.25	347.20	679.81	448.43	541.20	514.82	812.76	7 598.96
区域总计		739.12	2 164.05	7 344.53	5 357.47	8 579.32	8 016.85	6957.20	13 903.16
西亚北非20国	沙特阿拉伯	6 608.29	7 854.84	11 439.70	14 622.95	15 714.37	20 064.41	22 133.53	29 133.04
	阿联酋	35 139.09	72 545.34	44 458.61	24 745.45	16 078.91	10 172.39	22 331.00	70 027.17
	科威特	9 096.61	13 179.80	26 424.06	5 398.81	4 918.42	3844.89	5 302.23	5 311.24
	土耳其	11 675.45	25 384.43	23 368.04	27 013.55	15 713.12	54 196.39	133 574.56	161 614.75
	卡塔尔	90.81	123.83	65.04	84.29	49.69	178.36	655.23	973.50
	阿曼	8.37	10.62	4.35	59.96	380.72	211.62	237.12	125.14
	黎巴嫩	22 750.99	18 540.40	21 600.38	25 732.41	20 223.52	26 847.02	33 942.45	27 786.09
	巴林	211.94	272.10	529.27	482.13	776.90	1 062.90	1 372.17	1 818.49
	以色列	11 880.52	8 445.50	13 276.53	8 821.31	10 200.00	9 442.20	10 815.34	10 908.63
	也门	1 755.66	1 203.82	1 783.95	690.85	1371.33	1 484.16	1 752.39	1 707.12
	埃及	100 865.74	110 194.10	65 818.40	86 000.18	66 462.71	75 660.92	99 355.39	104 809.71
	伊朗	26 909.59	28 824.60	60 374.49	136 961.31	206 380.67	158 994.91	115 488.46	72 628.02
	约旦	5 363.13	6 695.38	8 830.04	8 403.89	12 490.55	13 001.36	20 902.64	31 598.09
	叙利亚	7 980.69	6 102.61	9 484.07	11 118.47	2 419.91	207.96	2 950.79	2 443.72
	伊拉克	4 462.73	7 535.56	20 122.52	53 580.04	65 894.50	65 070.43	64 536.49	58 219.52
	阿富汗	52.76	—	148.48	485.62	894.93	4 857.29	2 648.98	824.88
	巴勒斯坦	—	23.51	15.87	—	—	—	43.20	23.50
	阿塞拜疆	447.42	748.83	778.07	725.78	341.80	263.92	272.43	139.54
	格鲁吉亚	609.37	554.21	408.97	341.02	171.63	142.45	175.18	547.79
	亚美尼亚	330.48	414.19	515.40	227.98	190.63	636.86	338.54	1 104.40
区域总计		246 239.63	308 653.66	309 446.20	405 496.01	440 674.29	446 340.45	538 828.13	581 744.33

(续表)

地区	国家	2012年	2013年	2014年	2015年	2016年	2017年	2018年	2019年
中东欧19国	波兰	8 299.76	9 333.41	16 868.36	17 228.74	13 401.14	11 237.60	12 415.08	13 759.19
	阿尔巴尼亚	199.74	685.21	741.03	366.82	198.06	226.37	357.68	330.59
	白俄罗斯	1 213.70	1 871.50	1 197.16	601.29	382.29	281.23	703.11	808.50
	波黑	301.61	423.65	510.98	155.23	96.09	147.90	487.21	561.76
	爱沙尼亚	142.95	89.22	62.18	108.49	115.93	146.60	50.12	38.60
	保加利亚	5 739.04	6 631.41	5 199.64	3 500.19	3 330.59	3 576.91	2 717.33	2 669.46
	黑山	122.14	172.96	80.17	30.42	21.00	85.38	115.10	267.47
	捷克	2 384.08	1 926.56	3 239.85	2 573.69	3 391.89	2 013.12	2 290.05	1 733.52
	克罗地亚	976.65	1 792.96	2 319.39	2 414.99	1 253.64	1 650.78	1 078.59	734.82
	拉脱维亚	1 495.59	1 125.20	1 976.21	1 714.60	3 618.44	1 437.50	2 352.87	1 077.64
	立陶宛	2 846.14	3 894.47	3 684.70	2 403.88	2 284.01	2 394.34	4 243.23	3 732.77
	罗马尼亚	4 543.05	6 976.23	5 908.12	4 095.91	2 634.40	1 826.57	2 582.83	2 770.50
	马其顿	1 692.29	2 605.90	2 524.73	1 860.53	1 147.34	1 729.84	1 677.18	1 155.56
	摩尔多瓦	18.59	35.90	196.25	69.33	103.28	—	55.68	165.54
	塞尔维亚	1 684.17	2 572.29	1 762.06	1 348.81	651.38	624.07	649.79	720.81
	斯洛伐克	378.00	896.78	644.51	871.48	363.65	129.23	416.14	—
	斯洛文尼亚	9 299.71	4 767.57	13 908.62	21 461.23	7 066.10	5 910.66	3 282.71	7 028.84
	乌克兰	3 225.97	3 447.36	2 183.87	1 171.72	936.74	1126.11	802.84	966.17
	匈牙利	833.85	1 855.00	1 808.99	2 158.79	1 418.30	928.25	1 464.41	1 143.93
区域总计		45 397.01	51103.58	64 816.81	64 136.12	42 414.25	35 472.44	37 741.94	39 665.67
总计		700 292.80	781 953.24	840 589.58	923 281.42	837 538.77	960 385.37	1 104 299.71	1 218 821.99

数据来源：WITS 数据库、UN COMTRADE 数据库。

附表 4-8 中国对"一带一路"沿线国家的糖及糖食（HS17）出口额

地区	国家	2012年	2013年	2014年	2015年	2016年	2017年	2018年	2019年
东北亚2国	蒙古国	1 359.07	2 557.12	958.24	1 563.92	18 219.23	19 701.28	22 246.17	16 102.51
	俄罗斯	42 273.79	49 587.51	47 486.95	35 798.93	31 976.33	35 829.63	34 769.00	33 212.32
区域总计		43 632.86	52 144.63	48 445.19	37 362.85	50 195.56	55 530.91	57 015.16	49 314.82
东南亚11国	印度尼西亚	95 078.18	108 704.04	106 259.10	130 304.15	187 960.50	178 131.08	199 450.78	186 517.12
	新加坡	17 855.62	15 969.59	25 797.24	28 223.33	25 570.42	23 900.91	22 992.35	22 191.28
	马来西亚	49 891.68	50 858.24	64 860.22	78 512.14	77 125.48	70 383.38	83 535.94	70 310.92
	泰国	34 742.88	56 378.14	57 581.81	64 850.65	54 231.64	61 237.87	81 585.26	99 222.18
	越南	41 316.58	47 255.62	54 195.13	59 525.55	55 018.86	66 822.54	87 816.80	104 820.05
	菲律宾	132 368.91	208 920.48	220 856.52	293 161.97	389 084.48	340 850.83	272 322.27	285 192.62
	柬埔寨	56.48	290.76	447.15	419.65	325.37	338.18	660.66	1 437.25
	缅甸	2 578.05	4 482.89	6 169.73	8 157.06	7 979.86	8 827.12	8 392.82	9 220.14
	老挝	—	24.26	22.17	122.38	19.98	21.40	132.61	—
	文莱	477.66	10.17	149.62	22.38	26.35	21.92	242.67	573.76
	东帝汶	—	—	8.97	0.08	—	—	—	—
区域总计		374 366.05	492 894.19	536 347.66	663 299.33	797 342.93	750 535.22	757 132.16	779 485.32
南亚7国	印度	11 984.70	14 721.23	20 125.27	28 763.97	11 245.13	17 605.79	22 316.07	15 788.36
	巴基斯坦	9 773.42	10 099.32	15 390.28	9 934.32	11 058.07	11 128.09	13 866.95	9 700.09
	斯里兰卡	1 191.28	1 184.14	1 340.44	1 795.61	1 982.46	2 184.97	2 491.45	3 696.19
	孟加拉国	8 044.25	9 677.59	9 526.33	9 455.65	9 280.29	11 669.87	11 867.07	12 863.04
	尼泊尔	319.52	235.23	55.56	105.09	77.02	172.55	228.47	766.91
	马尔代夫	—	56.89	69.71	39.37	9.20	18.31	43.76	58.43
	不丹	—	—	—	—	—	—	—	—
区域总计		31 313.16	35 974.39	46 507.60	50 094.01	33 652.18	42 779.57	50 813.77	42 873.02

（续表）

地区	国家	2012年	2013年	2014年	2015年	2016年	2017年	2018年	2019年
中亚5国	哈萨克斯坦	948.67	769.79	966.82	602.81	1 211.80	1 842.83	1 619.21	1 846.53
	吉尔吉斯斯坦	223.53	381.74	209.74	195.10	233.54	204.75	660.35	188.81
	塔吉克斯坦	48.14	262.68	285.01	22.43	6.55	33.08	32.83	61.48
	土库曼斯坦	210.79	—	3.20	—	9.30	—	—	339.85
	乌兹别克斯坦	1 877.58	1 948.01	1 529.26	1 167.72	766.84	767.73	916.62	1 025.07
区域总计		3 308.70	3 362.22	2 994.04	1 988.07	2 228.02	2 848.38	3 229.01	3 461.74
西亚北非20国	沙特阿拉伯	22 591.35	24 737.54	35 260.68	28 540.10	21 591.04	19 795.30	21 747.52	21 176.86
	阿联酋	26 267.23	23 876.27	24 673.98	23 940.12	23 484.66	23 370.42	18 194.74	17 895.01
	科威特	2 160.22	2 610.50	2 496.59	1 677.70	2 519.94	3 762.17	2 644.63	2 434.04
	土耳其	6 201.32	7 039.25	8 618.59	7 832.52	6 895.77	8 577.19	6 783.53	7 735.93
	卡塔尔	172.20	322.56	490.15	784.81	1 351.33	1 274.22	1 569.14	1 833.90
	阿曼	421.97	317.42	648.30	882.77	931.50	1 238.27	1 986.16	1 410.65
	黎巴嫩	1 102.56	1 736.91	2 135.56	2 023.49	3 264.79	2 485.75	2 737.29	1 347.51
	巴林	259.55	353.77	344.49	539.10	472.86	660.78	503.19	661.65
	以色列	8 359.19	10 245.58	9 316.82	7 781.76	11 991.01	11 983.27	11 447.72	13 140.02
	也门	19 020.78	17 427.37	18 693.32	12 257.82	14 170.14	10 870.53	10 397.78	12 643.68
	埃及	12 977.82	14 517.72	12 169.44	10 380.18	6 063.74	3 890.95	4 908.14	6 349.79
	伊朗	6 123.68	8 048.50	10 906.90	10 044.05	7 286.12	5 949.55	5 205.38	5 947.33
	约旦	3 766.12	5 972.24	4 614.44	2 440.51	3 588.53	3 905.27	4 597.27	5 365.61
	叙利亚	2 719.63	1 230.35	1 519.18	1 129.13	723.89	987.30	463.59	302.14
	伊拉克	433.24	1 094.02	1 046.80	882.55	2 089.54	1 256.08	1 061.47	1 637.69
	阿富汗	146.11	—	—	—	61.65	120.37	13.92	15.96
	巴勒斯坦	418.36	519.01	1 055.08	952.35	1 283.56	731.11	949.58	1 006.48
	阿塞拜疆	35.85	81.88	168.08	29.80	—	—	33.05	—
	格鲁吉亚	328.47	297.28	259.51	164.87	187.83	68.09	163.23	321.09
	亚美尼亚	714.15	832.69	1 034.68	616.93	393.86	410.83	84.26	46.23
区域总计		114 219.80	121 260.86	135 452.59	112 900.56	108 351.75	101 337.45	95 491.60	101 271.59

（续表）

地区	国家	2012年	2013年	2014年	2015年	2016年	2017年	2018年	2019年
中东欧19国	波兰	2 122.45	2 654.85	3 299.01	2 125.14	2 759.91	4 234.32	4 509.54	4 827.74
	阿尔巴尼亚	221.41	424.17	201.37	258.72	202.94	357.53	466.29	473.17
	白俄罗斯	317.02	218.47	278.57	146.54	99.68	240.05	148.40	100.30
	波黑	—	—	—	—	10.59	—	—	1.42
	爱沙尼亚	33.27	60.38	50.45	53.22	55.41	78.09	193.10	94.24
	保加利亚	99.41	63.05	90.77	85.11	83.10	132.36	416.76	124.50
	黑山	1 179.14	447.66	225.17	51.84	145.42	195.99	334.87	234.81
	捷克	352.19	506.74	463.54	551.66	559.98	596.15	1 062.92	948.08
	克罗地亚	2 554.87	2 114.19	689.51	121.39	213.49	354.10	604.00	1 189.28
	拉脱维亚	2 091.61	4 256.12	5 164.00	1 101.56	1 041.65	1 041.12	1 416.73	996.17
	立陶宛	2 248.65	2 185.16	1 880.24	1 243.73	1 998.41	2 217.06	3 004.01	1 775.62
	罗马尼亚	288.97	103.76	195.20	242.60	60.93	122.25	160.72	301.28
	马其顿	15.81	20.49	—	10.32	41.28	77.39	69.81	170.22
	摩尔多瓦	520.13	21.08	—	1.70	3.27	—	—	146.78
	塞尔维亚	10.56	61.84	0.06	37.18	428.36	230.91	452.38	237.89
	斯洛伐克	—	—	0.20	0.87	10.34	0.70	0.46	—
	斯洛文尼亚	467.05	114.23	7.16	95.89	134.49	334.08	117.53	93.23
	乌克兰	5 989.58	6 369.98	4 836.70	3 551.57	3 289.68	3 106.56	4 722.87	4 017.83
	匈牙利	243.58	170.33	94.93	143.80	298.80	195.37	53.21	244.06
区域总计		18 755.70	19 792.49	17 476.86	9 822.82	11 437.73	13 514.01	17 733.59	15 976.61
总计		585 596.27	725 428.76	787 223.93	875 467.64	1 003 208.16	966 545.55	981 415.29	992 383.10

数据来源：WITS数据库、UN COMTRADE数据库。

附表 4-9 中国对"一带一路"沿线国家的咖啡、茶及调味香料（HS09）出口额

地区	国家	2012年	2013年	2014年	2015年	2016年	2017年	2018年	2019年
东北亚2国	蒙古国	1 645.91	1 913.36	1 442.60	1 328.78	1 437.75	1 149.08	1 271.41	932.15
	俄罗斯	57 590.14	60 276.10	60 880.56	51 204.85	56 293.98	60 318.11	62 835.71	66 550.09
区域总计		59 236.05	62 189.46	62 323.16	52 533.63	57 731.74	61 467.19	64 107.13	67 482.24
东南亚11国	印度尼西亚	18 864.40	10 576.02	8 055.16	8 250.66	11 065.86	9 920.61	15 216.20	15 683.84
	新加坡	18 315.66	19 688.20	22 986.09	18 127.78	20 981.50	22 596.27	30 641.33	29 948.57
	马来西亚	82 108.35	108 822.57	106 784.24	85 954.82	114 690.83	140 099.74	159 344.05	284 416.60
	泰国	28 603.76	32 120.97	29 424.11	44 524.47	80 515.53	76 971.74	80 131.97	100 095.04
	越南	18 258.47	35 817.19	37 622.05	83 397.92	188 007.54	152 241.88	241 672.20	265 196.40
	菲律宾	12 096.29	22 091.31	21 435.53	10 556.28	6 300.98	8 939.43	5 842.33	19 316.88
	柬埔寨	51.08	75.48	53.31	146.14	61.01	227.65	1 069.81	4 579.08
	缅甸	9 023.14	8 070.72	14 441.49	21 156.22	34 902.24	21 363.61	33 930.72	46 029.79
	老挝	0.04	—	—	7.17	172.17	—	2 062.37	3.18
	文莱	438.29	1 037.65	1 721.71	1 071.47	820.76	1 020.89	1 018.42	1 188.79
	东帝汶	2.14	—	0.48	0.79	2.85	8.51	3.00	—
区域总计		187 761.62	238 300.12	242 524.17	273 193.71	457 521.26	433 390.32	570 932.39	766 458.16
南亚7国	印度	10 669.91	13 008.56	16 812.40	17 080.26	16 656.99	16 891.86	17 991.26	14 560.19
	巴基斯坦	5 5721.01	49 601.82	46 800.42	98 451.35	72 807.75	69 788.01	84 204.24	85 630.46
	斯里兰卡	8 652.20	8 056.50	7 583.97	7 220.01	5 995.32	7 397.02	7 875.96	7 067.49
	孟加拉国	26 381.65	42 916.95	17 704.35	40 505.04	39 237.53	34 342.21	45 207.14	73 090.81
	尼泊尔	5 574.20	8 079.26	49.50	121.48	2 065.32	—	159.39	912.57
	马尔代夫	178.15	320.20	556.96	416.09	211.96	402.58	554.04	546.93
	不丹	—	—	—	—	—	—	—	—
区域总计		107 177.10	121 983.30	89 507.60	163 794.23	136 974.87	128 821.67	155 992.02	181 808.44

（续表）

地区	国家	2012年	2013年	2014年	2015年	2016年	2017年	2018年	2019年
中亚5国	哈萨克斯坦	2 517.76	1 173.19	1 488.19	1 152.91	1 364.85	7 494.75	7 823.76	8 026.83
	吉尔吉斯斯坦	3 011.53	1 990.59	1 593.79	1 348.93	1 040.22	1 144.84	2 585.49	1 820.26
	塔吉克斯坦	4 008.76	4 140.13	3 502.45	5 102.65	5 618.25	6 033.85	6 339.85	6 488.27
	土库曼斯坦	5 222.72	4 881.59	5 679.73	4 743.52	8 317.70	3 757.13	3 823.25	6 794.97
	乌兹别克斯坦	51 140.76	52 839.44	38 008.57	50 405.09	31 505.39	42 519.82	47 085.83	36 173.91
区域总计		65 901.53	65 024.93	50 272.73	62 753.10	47 846.41	60 950.39	67 658.17	59 304.24
西亚北非20国	沙特阿拉伯	26 905.82	38 310.18	56 213.22	54 171.39	35 490.07	42 069.14	40 986.16	44 237.72
	阿联酋	26 101.00	50 715.32	84 475.19	62 293.06	45 415.33	51 188.36	44 168.34	57 350.08
	科威特	1 317.46	2 242.91	2 891.64	3 171.10	3 218.38	3 023.06	3 595.17	3 835.26
	土耳其	2 863.01	2 023.67	3 729.76	4 247.78	6 452.17	13 430.24	10 266.16	10 185.19
	卡塔尔	699.93	1 321.60	3 133.06	2 136.18	2 542.51	3 750.50	5 690.50	6 346.69
	阿曼	822.44	1 751.82	3 160.79	4 274.08	2 025.33	3 388.29	5 543.57	6 297.35
	黎巴嫩	1 175.99	1 389.74	2 072.13	2 919.41	2 746.73	3 176.65	3 138.56	2 721.13
	巴林	690.90	1 242.14	1 192.41	1 329.64	1 142.94	1 198.69	1 181.15	1 455.02
	以色列	2 448.16	2 833.63	6 344.63	7 786.19	12 163.87	12 528.56	10 560.16	13 375.67
	也门	2 548.31	3 155.83	3 841.05	1 132.87	342.53	140.39	145.03	540.92
	埃及	6 016.73	7 460.23	7 009.97	9 459.97	7 496.51	5 834.32	6 683.64	10 260.76
	伊朗	16 257.22	14 788.78	14 140.46	12 536.53	12 387.43	20 712.13	14 719.16	13 884.28
	约旦	918.30	1 445.78	1 924.20	2 818.17	3 076.34	2 868.61	3 109.41	3 793.18
	叙利亚	1 319.89	598.18	2 484.21	1 649.92	1 669.21	2 888.31	4 231.39	3 397.60
	伊拉克	55.23	47.33	87.93	1 156.63	1 299.72	3 436.86	3 438.30	2 623.94
	阿富汗	2 463.06	5 501.48	10 032.33	7 578.40	6 092.26	8 283.44	7 692.72	11 226.48
	巴勒斯坦	—	49.55	—	—	—	—	245.48	454.24
	阿塞拜疆	9.12	270.43	49.37	97.01	115.30	224.68	171.29	32.98
	格鲁吉亚	260.87	337.13	171.45	245.09	269.13	434.20	605.81	826.93
	亚美尼亚	—	—	—	33.32	—	55.48	19.93	34.16
区域总计		92 873.43	135 485.73	202 953.81	179 036.73	143 945.74	178 631.90	166 191.91	192 879.60

（续表）

地区	国家	2012年	2013年	2014年	2015年	2016年	2017年	2018年	2019年
中东欧19国	波兰	13 569.78	9 468.65	6 210.91	7 257.00	8 181.30	8 027.03	8 780.12	14 066.13
	阿尔巴尼亚	1 092.71	618.69	1 149.35	1 130.47	1 452.60	1 668.84	1 406.57	1 190.89
	白俄罗斯	711.38	458.44	165.52	35.68	128.57	37.94	283.58	615.84
	波黑	2.10	—	—	—	—	—	—	—
	爱沙尼亚	3.47	—	45.88	147.56	188.61	349.43	364.70	171.42
	保加利亚	481.06	1 062.68	4 579.17	4 038.48	6 257.15	8 628.44	6 995.89	7 542.85
	黑山	24.42	—	109.99	75.41	94.33	74.06	77.13	86.12
	捷克	227.57	830.25	154.38	271.37	505.98	659.74	830.71	874.34
	克罗地亚	168.54	376.35	364.10	375.75	184.28	3 88.60	474.08	240.38
	拉脱维亚	39.79	667.96	129.59	282.19	766.71	1 466.37	1319.56	602.03
	立陶宛	437.38	470.25	473.42	536.03	724.05	1 351.61	842.19	761.89
	罗马尼亚	376.29	710.53	561.48	827.89	2 086.15	2 460.83	3 203.37	2 188.93
	马其顿	175.27	136.42	318.11	229.17	217.38	192.57	28.44	198.52
	摩尔多瓦	—	4.26	—	33.65	—	—	37.40	—
	塞尔维亚	39.22	79.29	94.24	142.01	146.77	151.85	231.58	307.79
	斯洛伐克	113.52	289.20	374.40	524.40	—	337.89	6.94	3.24
	斯洛文尼亚	917.54	588.07	1 221.60	1 022.11	3 935.45	5 340.92	3 587.05	2 753.27
	乌克兰	9 210.51	12 387.68	10 163.43	6 279.45	7 398.67	7 646.62	8 509.32	8 299.24
	匈牙利	642.42	1295.09	1 849.49	1 604.10	2 051.92	2 102.67	2 442.94	3 590.67
区域总计		28 232.96	29 443.80	27 965.05	24 812.71	34 319.92	40 885.40	39 421.54	43 493.54
总计		541 182.70	652 427.32	675 546.52	756 124.10	878 339.93	904 146.86	1 064 303.16	1 311 426.22

数据来源：WITS 数据库、UN COMTRADE 数据库。

附表 4-10　中国对"一带一路"沿线国家的食品工业残渣废（HS23）出口额

地区	国家	2012年	2013年	2014年	2015年	2016年	2017年	2018年	2019年
东北亚2国	蒙古国	2 029.37	2 685.24	3 584.53	4 304.72	1 996.62	1 581.48	2 227.38	2 913.86
	俄罗斯	38 946.19	47 236.97	54 008.98	47 777.58	47 411.39	63 895.38	58 030.23	50 784.13
区域总计		40 975.55	49 922.20	57 593.50	52 082.29	49 408.01	65 476.86	60 257.61	53 697.99
东南亚11国	印度尼西亚	75 492.13	30 922.95	164 923.24	70 914.64	98 438.25	100 500.15	126 110.58	110 797.28
	新加坡	10 474.72	7 875.09	8 146.48	7 031.13	7 939.32	6 362.36	7 514.00	13 835.03
	马来西亚	63 174.51	50 475.63	85 295.20	50 310.86	46 248.29	54 247.91	53 336.87	44 208.12
	泰国	68 183.98	35 402.86	46 841.01	37 494.92	56 956.57	42 147.58	47 709.85	41 743.88
	越南	244 937.41	154 317.33	261 732.15	183 284.67	273 469.08	168 170.20	231 205.64	210 751.10
	菲律宾	29 880.59	28 178.98	25 011.22	21 376.65	19 298.60	27 600.93	35 387.40	35 464.21
	柬埔寨	2 889.93	3 648.71	7 403.59	12 375.49	7 439.72	7 089.79	7 058.74	3 049.60
	缅甸	1 565.25	1 720.03	2 554.84	2 550.98	5 258.02	3 878.30	6 320.92	6 970.44
	老挝	—	15.11	—	—	—	9.09	48.07	—
	文莱	116.98	121.20	195.30	418.09	437.39	705.11	621.86	1 175.89
	东帝汶	—	—	—	—	—	—	—	—
区域总计		496 715.48	312 677.90	602 103.04	385 757.43	515 485.22	410 711.41	515 313.94	467 995.54
南亚7国	印度	17 976.49	15 193.49	19 543.29	17 075.91	23 174.12	31 255.42	33 687.01	35 615.19
	巴基斯坦	31 601.07	31 139.77	25 588.34	18 051.49	18 205.83	21 280.40	23 563.02	22 704.77
	斯里兰卡	2 467.56	4 047.65	5 680.40	5 906.56	7 108.52	9 650.18	13 979.85	4 271.53
	孟加拉国	10 617.21	1 853.81	9 759.56	4 694.90	7 065.83	4 886.61	5 885.99	8 841.20
	尼泊尔	20.23	47.10	90.49	61.63	508.72	739.17	1 063.91	940.12
	马尔代夫	—	—	—	—	—	—	9.04	3.54
	不丹	—	—	—	—	—	—	—	—
区域总计		62 682.56	52 281.81	60 662.07	45 790.49	56 063.01	67 811.78	78 188.82	72 376.35

(续表)

地区	国家	2012年	2013年	2014年	2015年	2016年	2017年	2018年	2019年
中亚5国	哈萨克斯坦	55.90	451.68	1 165.62	399.83	783.40	572.01	1 190.59	1 790.38
	吉尔吉斯斯坦	184.44	20.01	66.34	57.00	18.32	14.97	27.04	20.04
	塔吉克斯坦	—	—	—	11.90	—	—	15.50	7.60
	土库曼斯坦	—	—	—	21.60	—	—	—	—
	乌兹别克斯坦	43.60	—	8.31	22.89	—	28.11	224.69	746.65
区域总计		283.94	471.69	1 240.28	513.23	801.71	615.09	1 457.81	2 564.66
西亚北非20国	沙特阿拉伯	1 414.39	1 810.00	441.54	1 520.98	1 438.73	1 418.65	2 964.30	2 046.13
	阿联酋	326.23	6 184.19	2 960.96	1 928.29	1 469.05	723.97	1 740.21	1 532.37
	科威特	71.96	94.42	117.07	73.12	86.85	122.09	109.06	399.51
	土耳其	12 095.55	6 901.08	8 457.79	9 661.32	11 461.59	13 495.48	11 329.52	15 999.28
	卡塔尔	10.75	3.71	163.47	95.61	39.65	38.98	19.62	14.37
	阿曼	105.89	243.40	308.08	196.87	141.82	216.28	266.78	176.92
	黎巴嫩	100.84	187.16	290.50	408.99	308.33	331.15	666.09	624.74
	巴林	16.32	2.79	8.59	5.33	9.28	54.50	90.35	95.09
	以色列	7 418.55	5 696.10	6 187.09	7 742.48	7 433.27	8 811.50	9 617.76	7 340.72
	也门	8 5.57	60.75	166.67	33.82	218.31	456.29	815.38	244.36
	埃及	3995.78	2 012.97	4 246.35	3 395.75	4 446.18	3 321.61	7 102.82	5 145.26
	伊朗	8 350.24	7 211.13	6 296.14	6 528.71	7 083.32	9 071.78	11 530.97	9 179.31
	约旦	901.71	1 158.76	913.72	1 093.24	1 661.05	2 319.85	3 438.46	2 166.13
	叙利亚	1 227.66	914.33	765.55	718.61	493.53	519.16	1 395.57	969.36
	伊拉克	11.34	46.59	98.65	199.68	113.00	240.55	57.39	3.00
	阿富汗	—	—	—	—	—	—	—	4.90
	巴勒斯坦	—	—	—	—	—	—	—	—
	阿塞拜疆	34.83	34.83	15.80	13.26	—	—	17.34	—
	格鲁吉亚	50.42	27.98	—	52.81	10.37	10.94	191.78	207.28
	亚美尼亚	29.21	—	17.77	9.90	315.64	5.77	0.32	—
区域总计		36 247.23	32 590.18	31 455.74	33 678.76	36 729.97	41 158.55	51 353.72	46 148.72

（续表）

地区	国家	2012年	2013年	2014年	2015年	2016年	2017年	2018年	2019年
中东欧19国	波兰	2 721.92	4 381.34	4 245.64	4 180.32	5 021.08	8 039.17	10 432.58	15 845.36
	阿尔巴尼亚	—	—	—	—	—	—	—	—
	白俄罗斯	324.83	601.29	468.48	595.21	1129.19	1 404.38	1 340.46	1 814.20
	波黑	—	—	—	10.00	10.00	—	—	—
	爱沙尼亚	40.80	167.00	424.80	177.68	276.35	18.24	24.79	79.13
	保加利亚	500.20	501.65	282.84	142.41	116.77	203.03	357.31	713.76
	黑山	—	—	—	187.17	—	—	—	—
	捷克	6 590.97	7 030.44	7 546.08	7 974.39	8 867.17	9 680.13	11 054.27	11 554.84
	克罗地亚	884.68	1 185.32	782.06	442.76	813.49	981.15	1 437.71	1 070.82
	拉脱维亚	1 732.16	1 164.03	2 097.17	859.02	1 346.61	1 911.83	2 717.05	1 836.06
	立陶宛	6 178.63	4 749.45	3 285.95	4 180.85	5 777.97	8 185.76	7 621.36	8 835.62
	罗马尼亚	181.54	250.82	295.21	212.99	481.36	829.90	1 039.14	1 348.27
	马其顿	—	—	—	—	—	—	—	—
	摩尔多瓦	165.30	68.43	189.17	—	16.50	94.70	8.01	20.20
	塞尔维亚	254.27	160.29	88.14	124.31	107.53	140.96	165.17	65.40
	斯洛伐克	88.61	177.04	1 725.25	831.35	624.76	1 549.46	3 107.35	186.05
	斯洛文尼亚	16 939.11	13 566.34	8 837.99	8 679.03	9 050.16	11 152.45	16 810.94	2 318.28
	乌克兰	49.55	283.09	317.59	369.14	462.53	764.64	482.90	15 685.95
	匈牙利								849.81
区域总计		36 652.59	34 286.50	30 586.38	28 966.61	34 101.48	44 955.76	56 599.03	62 223.76
总计		673 557.35	482 230.29	783 641.00	546 788.81	692 589.40	630 729.45	763 170.94	705 007.01

数据来源：WITS数据库，UN COMTRADE数据库。

附表 5-1 中国对 "一带一路" 沿线国家的动、植物油、脂及蜡等（HS15）进口额

地区	国家	2012 年	2013 年	2014 年	2015 年	2016 年	2017 年	2018 年	2019 年
东北亚 2 国	蒙古国	—	—	—	—	574.12	155.03	257.70	498.48
	俄罗斯	2 153.86	7 503.61	8 539.66	74 733.62	194 483.78	225 690.01	387 579.93	494 313.15
区域总计		2 153.86	7 503.61	8 539.66	74 733.62	195 057.90	225 845.04	387 837.63	494 811.64
东南亚 11 国	印度尼西亚	4 014 017.77	2 679 125.79	2 978 843.74	3 064 802.20	2 726 626.87	3 448 978.01	3 528 846.36	3 956 106.41
	新加坡	9 040.76	7 357.40	6 202.05	5 827.60	7 456.90	7 551.64	12 747.71	12 069.98
	马来西亚	3 828 141.06	3 205 441.37	2 672 909.54	1 780 653.15	1 444 165.51	1 634 012.08	1 417 844.08	1 500 616.57
	泰国	20 030.06	35 108.26	26 483.18	19 896.80	15 468.22	27 148.01	32 795.32	37 940.96
	越南	20 200.94	30 110.17	22 099.07	13 380.34	14 716.84	9 289.12	10 113.55	21 566.79
	菲律宾	30 740.74	48 916.75	18 874.73	10 940.90	21 617.61	76 419.42	56 922.79	55 409.06
	柬埔寨	0.31	—	0.28	—	—	—	—	0.57
	缅甸	34.22	374.00	267.86	—	—	—	9.46	44.84
	老挝	43.32	—	—	—	0.90	—	4.32	—
	文莱	—	—	—	—	—	—	0.15	—
	东帝汶	—	—	—	—	0.88	—	—	—
区域总计		7 922 249.16	6 006 433.73	5 725 680.45	4 895 501.00	4 230 053.73	5 203 398.28	5 059 283.73	5 583 755.18
南亚 7 国	印度	414 857.10	359 266.38	273 725.34	321 649.83	299 498.71	410 636.17	418 631.89	407 060.55
	巴基斯坦	—	—	—	—	35.07	50.34	—	69.08
	斯里兰卡	545.28	325.72	69.31	76.39	340.26	698.65	1 504.73	680.28
	孟加拉国	630.66	158.21	535.24	557.27	936.50	1 084.18	114.13	468.14
	尼泊尔	40.12	14.99	—	—	1.36	1.56	—	—
区域总计		416 073.15	359 765.30	274 329.88	322 283.48	300 811.90	412 470.91	420 250.74	408 278.06

(续表)

地区	国家	2012年	2013年	2014年	2015年	2016年	2017年	2018年	2019年
中亚5国	哈萨克斯坦	23.09	62.45	6 580.03	12 571.54	19 844.13	45 055.89	56 184.05	96 717.55
	吉尔吉斯斯坦	—	—	—	—	75.03	—	—	—
	塔吉克斯坦	—	—	20.17	—	—	—	—	4.24
	乌兹别克斯坦	—	—	—	—	—	—	—	26.63
区域总计		23.09	62.45	6 600.21	12 571.54	19 919.16	45 055.89	56 184.05	96 748.42
西亚北非20国	沙特阿拉伯	—	—	—	—	0.52	—	—	—
	阿联酋	120 497.48	247 648.16	113 730.44	38 861.73	3 668.87	2 294.74	2 418.00	162 341.35
	科威特	—	—	—	—	—	—	—	0.24
	土耳其	5 375.08	6 626.63	16 760.79	16 487.20	15 938.76	39 902.80	25 076.81	18 632.13
	阿曼	—	—	—	1759.77	—	—	—	—
	黎巴嫩	3.25	—	15.12	—	—	4.17	0.70	—
	巴林	—	—	—	—	—	—	—	0.06
	以色列	709.74	829.01	640.36	631.59	674.16	700.11	808.85	1 807.25
	埃及	212.43	379.12	23.29	—	22.75	1.11	—	5.85
	约旦	6.78	—	—	—	0.47	—	0.49	0.44
	叙利亚	2 214.76	941.95	131.88	—	31.72	—	3.25	11.04
	阿塞拜疆	—	—	—	53.31	—	—	—	—
	格鲁吉亚	—	—	—	—	—	68.36	3.52	2.69
	亚美尼亚	—	—	—	—	—	—	0.01	—
区域总计		129 019.52	256 424.87	131 301.88	57 793.60	20 337.24	42 971.30	28 311.62	182 801.06

(续表)

地区	国家	2012年	2013年	2014年	2015年	2016年	2017年	2018年	2019年
中东欧19国	波兰	22.22	99.98	619.83	0.61	42.20	131.45	151.28	124.86
	阿尔巴尼亚	—	—	—	0.36	1.96	1.36	31.80	1.11
	白俄罗斯	—	—	—	20.37	1 362.55	25.87	14 511.76	37 236.98
	波黑	—	—	—	2715.10	—	—	—	—
	爱沙尼亚	—	—	—	—	—	—	0.43	—
	保加利亚	2.73	706.87	11 456.52	663.06	517.54	288.71	563.29	1 587.32
	捷克	0.04	—	0.05	0.98	—	24.31	34.52	15.41
	克罗地亚	84.18	99.11	—	1.98	6.81	0.36	0.20	0.09
	拉脱维亚	—	—	—	—	—	—	—	16.38
	罗马尼亚	22.54	—	—	1 153.11	1 014.79	605.06	171.23	1 162.78
	摩尔多瓦	—	—	—	137.03	178.69	74.57	1.60	0.26
	塞尔维亚	—	—	—	20.57	448.81	1 020.72	97.93	1 421.46
	斯洛伐克	—	—	—	13.24	173.96	81.40	—	—
	斯洛文尼亚	—	183.84	—	1.77	20.73	0.04	125.31	11.53
	乌克兰	113 182.01	479 986.03	450 862.58	638 256.22	681 154.41	548 749.38	444 401.73	806 522.75
	匈牙利	74.85	55.64	3.15	151.08	825.20	68.08	92.39	64.47
区域总计		113 388.57	481 131.46	462 942.32	643 135.47	685 747.64	551 071.32	460 183.46	848 165.39
总计		8 582 907.34	7 111 321.43	6 609 394.39	6 006 018.70	5 451 927.56	6 480 812.73	6 412 051.23	7 614 559.74

数据来源：WITS 数据库、UN COMTRADE 数据库。

附表 5-2 中国对"一带一路"沿线国家的食用水果及坚果（HS08）进口额

地区	国家	2012 年	2013 年	2014 年	2015 年	2016 年	2017 年	2018 年	2019 年
东北亚 2 国	蒙古国	4 150.62	—	2 211.56	37 668.87	75 843.87	89 201.78	28 807.07	277.14
	俄罗斯	61 472.95	5 554.31	48 430.54	89 205.40	38 814.71	29 853.20	26 100.35	54 015.94
区域总计		65 623.57	5 554.31	50 642.11	126 874.26	114 658.58	119 054.97	54 907.41	54 293.07
东南亚 11 国	印度尼西亚	49 818.02	10 799.88	58 468.26	72 541.81	62 848.68	91 130.32	88 740.24	97 641.75
	新加坡	—	—	—	—	—	38.43	0.10	—
	马来西亚	3 328.03	12 268.31	22 869.93	42 674.35	43 568.92	24 070.92	51 012.26	83 277.98
	泰国	1 058 429.47	1 295 042.83	1 105 379.80	1 169 259.87	1 153 256.89	1 197 898.97	2 020 709.80	3 318 297.33
	越南	527 034.71	608 610.48	763 089.37	924 484.15	638 409.32	703 998.88	849 947.11	885 008.29
	菲律宾	327 398.72	334 912.32	624 115.37	577 398.53	492 469.19	531 312.53	742 937.22	754 774.10
	柬埔寨	309.68	2.04	459.83	171.67	181.64	508.91	1 284.23	24 300.80
	缅甸	35 888.24	21 080.89	20 597.60	21 128.18	19 042.37	26 357.69	41 488.06	31 891.85
	老挝	—	—	—	20.15	—	175.67	20.08	3 592.68
	文莱	—	—	—	—	—	—	3.26	—
区域总计		2 002 206.85	2 282 716.75	2 594 980.17	2 807 678.70	2 409 777.02	2 575 492.31	3 796 142.36	5 198 784.78
南亚 7 国	印度	2 043.90	2 934.32	4 040.38	4 003.59	11 094.38	9 779.10	5 439.08	13 714.95
	巴基斯坦	8 988.47	23 668.81	33 674.45	56 449.98	34 683.20	38 969.77	9 573.65	1 795.37
	斯里兰卡	—	8.53	10.73	25.45	46.88	63.48	79.78	72.46
	孟加拉国	—	—	—	—	—	0.43	0.01	—
区域总计		11 032.37	26 611.65	37 725.56	60 479.02	45 824.47	48 812.79	15 092.51	15 582.78

（续表）

地区	国家	2012年	2013年	2014年	2015年	2016年	2017年	2018年	2019年
中亚5国	哈萨克斯坦	5 462.86	217.64	24 254.05	20 737.26	—	111.84	—	6 088.65
	吉尔吉斯斯坦	394.10	6 078.71	5 897.75	3 461.82	1 794.32	1 761.30	2 496.89	1 945.50
	塔吉克斯坦	0.21	44.46	1 124.79	619.18	243.87	365.78	262.36	528.21
	乌兹别克斯坦	7 411.39	6 420.63	8 619.39	19 433.73	25 419.83	16 454.79	21 139.49	28 736.80
区域总计		13 268.56	12 761.44	39 895.98	44 252.00	27 458.02	18 693.70	23 898.74	37 299.16
西亚北非20国	沙特阿拉伯	181.53	336.81	709.84	606.91	722.52	671.21	1 520.01	2 569.52
	阿联酋	490.06	870.94	862.12	511.35	458.47	840.96	923.09	1485.94
	科威特	—	—	—	—	—	—	—	—
	土耳其	8 903.52	9 468.48	9 454.15	16 096.03	36 217.12	32 449.21	29 878.17	44 218.06
	黎巴嫩	1 895.41	81.26	73.82	695.57	4 268.57	—	0.04	0.17
	以色列	1 477.37	2 682.95	7 903.33	21 493.22	27 692.72	13 864.96	14 901.06	13 738.93
	埃及	35 573.77	10 563.21	18 296.34	34 784.34	22 500.29	85 521.68	86 627.03	156 640.99
	伊朗	—	—	—	—	—	6 426.50	39 312.57	299 658.81
	约旦	—	—	—	—	—	—	—	—
	叙利亚	34.50	—	—	—	—	3.20	—	0.10
	伊拉克	2 007.81	1 457.55	1 335.98	729.59	1 093.09	1 009.41	1 523.92	774.10
	阿富汗	1.58	—	—	487.60	—	112.67	15 014.43	21 908.47
	格鲁吉亚	174.30	364.00	—	—	—	—	617.87	2 710.00
区域总计		50 739.86	25 825.20	38 635.57	75 404.61	92 952.77	140 899.80	190 318.20	543 705.08

(续表)

地区	国家	2012年	2013年	2014年	2015年	2016年	2017年	2018年	2019年
中东欧19国	波兰	1 071.14	1 849.10	2 302.48	1 467.69	4 956.95	3 817.87	4 856.20	5 197.20
	阿尔巴尼亚	—	—	0.02	—	—	—	—	—
	白俄罗斯	3 422.87	710.44	134.59	39.18	17.15	55.21	110.02	757.12
	波黑	—	—	—	—	—	—	—	—
	爱沙尼亚	2 112.53	1 408.17	152.12	—	—	27.69	—	—
	保加利亚	36.21	265.20	308.84	552.25	68.29	355.65	269.83	127.25
	拉脱维亚	9 241.48	11 126.54	5 023.25	2 454.75	245.58	4 655.88	7 392.96	8 482.97
	立陶宛	4 112.62	6 853.67	898.58	129.11	9 000.54	1 727.81	44.28	1 036.43
	罗马尼亚	3 305.68	—	7 621.39	880.55	2 400.00	96.18	1229.36	1409.05
	摩尔多瓦	810.06	1 633.09	2 563.19	—	140.11	85.26	—	0.41
	塞尔维亚	174.00	553.27	535.04	305.17	487.30	952.02	1431.49	957.91
	斯洛伐克	—	—	—	—	—	—	0.001	—
	斯洛文尼亚	—	—	—	—	—	—	0.17	—
	乌克兰	7 327.68	2 436.00	1 551.77	383.17	399.16	1 640.77	2 786.22	10 009.61
	匈牙利	—	6.22	2.07	7.08	68.67	4.59	299.75	0.07
区域总计		31 614.28	26 841.69	21 093.33	6 218.94	17 783.96	13 418.92	18 420.28	27 978.02
总计		2 174 485.49	2 380 311.04	2 782 972.70	3 120 907.52	2 708 454.82	2 916 372.49	4 098 779.51	5 877 642.89

附表 5-3 中国对"一带一路"沿线国家的鱼等水生动物（HS03）进口额

地区	国家	2012年	2013年	2014年	2015年	2016年	2017年	2018年	2019年
东北亚2国	蒙古国	159.19	23.44	40.24	209.25	72.91	—	—	17.49
	俄罗斯	1 342 445.08	1 359 101.69	1 266 338.56	1 170 738.24	1 359 291.84	1 443 658.22	2 112 086.20	185 647.22
区域总计		1 342 604.27	1 359 125.13	1 266 378.80	1 170 947.50	1 359 364.75	1 443 658.22	2 112 086.20	185 664.70
东南亚11国	印度尼西亚	156851.49	211 440.06	221 402.37	278 161.02	320 170.43	344 368.04	543 401.85	653 821.87
	新加坡	5 363.06	7 030.96	3 928.89	2 945.63	3 995.76	2 705.02	4 688.15	10 843.71
	马来西亚	25 217.84	15 135.10	26 249.99	46 231.17	51 349.99	50 143.21	99 293.14	233 259.27
	泰国	152 402.80	164 663.28	171 183.69	166 986.99	162 544.05	172 096.21	268 802.07	427 321.33
	越南	55 238.47	68 438.54	89 661.10	79 920.94	126 102.24	228 812.43	550 044.95	975 541.02
	菲律宾	18 288.38	31 284.70	33 945.16	36 395.43	40 273.26	54 409.34	77 923.26	88 722.25
	柬埔寨	3 828.02	3 342.76	3 851.62	2 395.04	2 459.66	969.64	922.54	—
	缅甸	59 676.21	55 057.48	50 715.93	33 069.49	27 918.13	22 262.42	27 521.35	35 827.19
	文莱	143.88	191.78	230.79	221.11	771.43	2 583.80	1 357.43	1 389.38
区域总计		477 010.16	556 584.66	601 169.54	646 326.81	735 584.95	878 350.11	1 573 954.72	2 426 726.02
南亚7国	印度	129 346.70	146 737.44	110 119.49	122 796.33	92 899.90	118 257.38	392 571.48	225 932.74
	巴基斯坦	40 309.63	32 515.26	47603.09	45 971.23	52 982.51	60 254.92	86 164.42	130 681.19
	斯里兰卡	4 366.47	1 468.57	1 812.65	1 231.22	1 223.22	14 81.28	3 376.24	5 840.18
	孟加拉国	47 547.98	65 601.84	68 644.53	69 807.88	82 821.98	72 277.67	95 683.56	103 759.81
	马尔代夫	8.67	4.76	66.48	53.91	195.24	534.84	955.13	12.05
区域总计		221 579.45	246 327.86	228 246.24	239 860.56	230 122.84	252 806.09	578 751.21	466 225.97

(续表)

地区	国家	2012年	2013年	2014年	2015年	2016年	2017年	2018年	2019年
中亚5国	哈萨克斯坦	333.66	355.22	405.42	1 592.20	2 032.50	4 292.82	5 708.88	5 667.11
	土库曼斯坦	—	—	58.52	26.27	—	—	—	821.35
区域总计		333.66	355.22	463.94	1 618.47	2 032.50	4 292.82	5 708.88	6 488.47
西亚北非20国	沙特阿拉伯	—	—	—	—	—	—	430.03	180 635.26
	阿联酋	508.13	127.24	—	—	—	—	—	—
	土耳其	781.32	289.57	2 221.97	2 907.79	2 801.26	6 376.77	10 767.10	17 518.29
	阿曼	1 184.27	250.52	257.25	1 352.69	1 999.66	1 408.72	6 830.64	—
	以色列	—	9.37	—	4.95	12.96	10.76	134.94	14.28
	也门	289.31	54.12	53.86	1 093.89	425.87	664.45	855.88	—
	埃及	2.15	—	—	—	2 482.62	2 037.70	753.29	1 931.98
	伊朗	9 851.06	4 484.69	2 820.90	3 163.95	378.15	4 197.38	3 389.86	3 437.74
	阿富汗	—	0.32	—	—	—	—	—	—
区域总计		12 616.23	5 215.82	5 353.98	8 523.27	8 100.53	14 695.78	23 161.73	203 537.55
中东欧19国	波兰	1 489.23	217.10	—	359.69	138.24	1 761.67	3 364.74	3 159.28
	爱沙尼亚	1 700.46	6 242.88	5 773.51	8 086.64	8 437.53	15 078.64	20 786.67	21 195.51
	保加利亚	351.58	372.80	2 659.24	338.27	—	508.25	—	85.50
	克罗地亚	816.88	—	89.51	—	21.99	—	—	—
	拉脱维亚	429.14	1 075.88	474.04	—	291.23	927.77	1 847.47	411.71
	立陶宛	476.59	146.72	1331.12	0.63	33.85	1 630.53	450.03	3 272.67
区域总计		5 263.88	8 055.38	10 327.41	8 785.24	8 922.84	19 906.86	26 448.91	28 124.68
总计		2 059 407.64	2 175 664.08	2 111 939.90	2 076 061.84	2 344 128.41	2 613 709.87	4 320 111.65	6 316 767.39

附表 5-4 中国对"一带一路"沿线国家的谷物（HS10）进口额

地区	国家	2012 年	2013 年	2014 年	2015 年	2016 年	2017 年	2018 年	2019 年
东北亚 2 国	蒙古国	—	—	93.66	257.58	—	—	—	—
	俄罗斯	1 231.84	1 465.94	8 275.65	17 144.31	11 578.59	5 909.35	29 302.17	36 175.87
区域总计		1 231.84	1 465.94	8 369.31	17 401.88	11 578.59	5 909.35	29 302.17	36 175.87
东南亚 11 国	印度尼西亚	135.01	—	—	—	—	0.40	0.10	0.07
	马来西亚	—	—	0.06	—	0.48	—	5.64	36.85
	泰国	161 122.67	235 870.27	484 368.54	474 889.95	462 226.06	544 373.48	508 371.13	345 729.29
	越南	682 130.32	616 297.87	626 111.89	732 411.65	733 934.95	1 021 704.00	739 174.54	240 742.89
	菲律宾	0.20	9.69	3.31	0.74	1.73	0.48	1.54	15.46
	柬埔寨	3 006.12	19 033.18	31 690.07	68 946.35	73 814.94	101 125.21	122 879.23	171 535.38
	缅甸	6 483.01	9 426.26	14 681.61	17 313.01	50 928.81	56 707.18	58 971.44	237 002.56
	老挝	21 559.89	32 868.09	44 078.03	62 323.90	69 481.01	77 934.11	78 741.11	75 928.41
区域总计		874 437.21	913 505.37	1 201 433.51	1 355 885.60	1 390 387.97	1 801 844.86	1 508 144.72	1 070 990.91
南亚 7 国	印度	496.68	1 409.45	1 421.03	330.48	10.79	16.93	42.15	517.44
	巴基斯坦	268 780.71	172 375.83	158 967.56	162 506.83	250 630.92	93 642.03	145 363.39	234 868.59
区域总计		269 277.39	173 785.28	160 388.59	162 837.32	250 641.71	93 658.96	145 405.54	235 386.03

(续表)

地区	国家	2012年	2013年	2014年	2015年	2016年	2017年	2018年	2019年
中亚5国	哈萨克斯坦	44 091.71	25 867.01	70 393.04	27 647.26	53 755.07	56 597.35	99 813.35	96 221.90
区域总计		44 091.71	25 867.01	70 393.04	27 647.26	53 755.07	56 597.35	99 813.35	96 221.90
	土耳其	—	11.85	0.31	—	—	0.14	—	0.28
	黎巴嫩	—	—	1.05	—	—	—	—	—
	以色列	—	—	0.68	2.55	2.80	—	0.49	0.05
	约旦	—	—	—	—	1.72	—	—	—
区域总计		0.00	11.85	2.05	2.55	4.52	0.14	0.49	0.33
中东欧19国	保加利亚	—	120.50	32 569.93	39 100.59	202.71	153.27	33.00	921.42
	捷克	—	—	—	—	0.42	—	0.48	—
	克罗地亚	—	—	—	—	—	—	0.15	0.02
	立陶宛	—	—	—	—	—	—	—	54 806.99
	罗马尼亚	—	—	—	—	—	—	0.07	0.01
	斯洛文尼亚	—	—	—	—	0.06	—	—	—
	乌克兰	—	26 177.66	290 694.38	1 061 169.23	570 255.70	518 262.65	731 964.18	1 085 933.12
	匈牙利	0.09	—	0.83	4.90	43.72	—	—	0.79
区域总计		0.09	26 298.15	323 265.14	1 100 274.72	570 502.62	518 415.92	731 997.88	1 141 662.35
总计		1 189 038.24	1 140 933.59	1 763 851.64	2 664 049.32	2 276 870.47	2 476 426.57	2 514 664.15	2 580 437.38

附表 5-5 中国对"一带一路"沿线国家的食用蔬菜（HS07）进口额

地区	国家	2012年	2013年	2014年	2015年	2016年	2017年	2018年	2019年
东北亚2国	蒙古国	38.28	20.13	20.34	4.62	4.00	—	12.09	—
	俄罗斯	1 869.67	1 318.07	668.87	686.82	1 282.55	888.67	707.43	940.09
区域总计		1 907.95	1 338.20	689.21	691.44	1 286.55	888.67	719.51	940.09
东南亚11国	印度尼西亚	9 226.64	28 066.14	29 340.42	11 097.40	8 530.86	8 023.66	9 509.03	19 494.74
	新加坡	—	—	—	2.82	—	0.05	1.11	1.72
	马来西亚	132.88	228.85	171.97	90.00	63.07	99.50	79.83	853.73
	泰国	1 248 244.14	1 447 760.64	1 718 405.54	1 706 052.68	1 142 203.29	1 201 725.36	1 000 634.52	572 102.37
	越南	525 118.06	341 905.24	341 880.13	386 067.85	237 467.25	253 551.09	207 979.25	107 070.35
	菲律宾	6.57	3.34	7.65	—	—	0.49	—	0.15
	柬埔寨	5 342.65	12 845.64	25 653.81	22 079.88	15 482.48	1 609.54	11 047.41	15 355.72
	缅甸	21 771.93	17 078.79	17 092.33	27 322.89	15 213.65	13 784.47	16 307.31	56 395.40
	老挝	498.75	16.25	337.62	—	0.08	1 855.90	2 476.13	15 422.47
区域总计		1 810 341.62	1 847 904.87	2 133 389.46	2 152 713.52	1 418 960.68	1 480 650.06	1 248 034.59	786 696.63
南亚7国	印度	217 134.25	196 458.91	76 387.10	57 345.08	22 409.66	26 418.77	57 855.21	89 231.10
	巴基斯坦	42 894.80	18 850.44	19 398.74	5 817.67	4 053.49	7 013.14	4 954.88	6 290.80
	斯里兰卡	—	—	55.23	74.14	—	0.31	—	19.48
	孟加拉国	—	—	—	—	—	—	—	—
	尼泊尔	1.45	—	—	—	—	—	0.80	—
区域总计		260 030.50	215 309.35	96 341.07	63 236.90	26 463.15	33 432.22	62 810.88	95 541.38
中亚5国	哈萨克斯坦	—	—	—	27.39	—	—	—	134.80
	乌兹别克斯坦	—	—	—	—	—	24.64	17 728.34	22 775.90
区域总计		0.00	0.00	0.00	27.39	0.00	24.64	17 728.34	22 910.70

（续表）

地区	国家	2012年	2013年	2014年	2015年	2016年	2017年	2018年	2019年
西亚北非20国	阿联酋	—	—	—	—	—	—	0.003	—
	土耳其	51.92	1 003.02	109.05	326.77	95.13	135.35	1 505.39	5 276.98
	黎巴嫩	—	—	1.45	3.12	2.74	—	2.80	2.42
	以色列	—	—	0.17	14.56	38.67	—	207.77	627.01
	埃及	6.09	29.79	13.58	9.77	45.93	44.79	19.41	27.63
	约旦	—	—	—	—	2.39	1.39	0.76	1.18
	叙利亚	—	3.04	—	—	—	1.45	—	—
	阿富汗	0.11	—	—	—	—	—	—	—
区域总计		58.12	1 035.85	124.25	354.22	184.85	182.97	1 736.13	5 935.22
中东欧19国	波兰	91.91	31.62	99.95	705.87	1 135.32	482.91	898.93	349.65
	阿尔巴尼亚	1.83	2.00	3.16	4.85	4.92	3.58	3.50	—
	波黑	30.72	5.46	8.72	—	—	—	—	—
	爱沙尼亚	—	—	—	—	—	—	0.06	13.08
	保加利亚	—	—	—	—	—	22.65	—	24.15
	黑山	3.26	6.50	—	—	—	—	—	—
	捷克	0.42	—	—	—	4.37	16.31	—	—
	克罗地亚	—	—	—	0.28	—	—	—	—
	拉脱维亚	2.39	—	—	0.73	1.78	—	—	—
	立陶宛	—	0.79	0.63	2.70	9.22	2.94	—	—
	罗马尼亚	26.33	36.75	31.48	107.34	62.08	21.07	41.90	27.66
	塞尔维亚	—	—	—	—	0.02	—	71.28	—
	斯洛文尼亚	94.58	92.91	5.78	22.48	25.79	167.39	2.76	14.14
	匈牙利	—	—	—	—	—	—	—	—
区域总计		251.44	176.03	149.73	844.26	1 243.48	716.85	1 018.43	428.68
总计		2 072 589.62	2 065 764.30	2 230 693.71	2 217 867.73	1 448 138.71	1 515 895.41	1 332 047.88	912 452.71